増補改訂版

創作者のための

ファンタジー世界事典

使えるネタが見つかる
世界の神話・伝説データベース

JN103595

幻想世界探究倶楽部 編

はじめに
Introduction

　この本は、ギリシア神話、北欧神話、ケルト神話、日本神話など、世界のさまざまな神話・伝説の知識を徹底的に整理し、「使えるデータベース」として提供する事典である。

　ファンタジーの創作に取り組む人が、設定やストーリーを作るときに最高の「ネタ」を拾えるよう、簡潔に、わかりやすく、多くの事例を網羅して編纂した。

　ファンタジー以外のジャンルの創作においても、神話や伝説の知識があれば、設定をより深め、ストーリーを広げることができる。

　また、自分では創作を行っていない読者も、この本を通じて世界の神話・伝説にふれることで、さまざまな創作物の「元ネタ」を知り、多くのコンテンツをより深く楽しめるだろう。

　神話や伝説は、人類が数千年、いや数万年という時間をかけて蓄積してきた、「心をゆさぶる物語」の宝庫である。

　ゲームにせよマンガにせよアニメにせよ小説にせよ、創作においてこれを利用しない手はない。

　「旧約聖書によると……」といった形で出典をはっきり示すことで重厚感を出すのもよいだろうし、玄人でなければ見逃してしまうような小ネタを仕込むのも面白い。

　本書では、「神と英雄」「天使と悪魔」といったテーマごとに章を分け、さまざまな神話・伝説を横断して、定番のものからマニアックなものまで膨大な知識を紹介している。

　ページをパラパラとめくっていただければ、次から次に「ネタ」に出会えるはずだ。

　もちろん、冒頭から順に熟読していっていただいても、さまざまな発見があるだろう。

　巻末には、世界観の構築やネーミングを考えるときに便利な付録ページも用意している。

　この本があなたの手もとに1冊あれば、必ず「ネタ」は見つかるはずである。
　創作に行き詰まったら、とにかくこの本を開いていただきたい。
　そして、この本を使い倒していただきたい。

　　　　　＊

　この本は、2018年に学研プラスから刊行された『創作者のためのファンタジー世界事典——ゲームクリエイターが知っておきたい神話・幻獣・魔術・異世界のすべて』の増補改訂版である。
　圧倒的な情報量を噛みくだいて270ページほどに詰め込んだ旧版は、手に取ってくださった読者のみなさまから、望外の好評をいただいた。
　このたび、全体に改訂を加え、ファンタジー世界の構築に役立つ新章と新項目を大幅に補って、新版をお届けする。
　初めて出会う読者のみなさまにも、旧版をお読みいただいたみなさまにも、大いに役立てていただけるものと考えている。

幻想世界探究倶楽部

本書のおもなテーマ

第1章　神と英雄

さまざまな神話・伝説・宗教に登場する神と、それに劣らぬ活躍を見せる英雄を紹介。ファンタジーの主人公や、主人公に使命を与える存在である。

第2章　天使と悪魔

神の使いである天使と、神に逆らう悪魔を紹介。ファンタジーの主人公を助ける援助者や、主人公を抹殺しようとする敵対者である。

第3章　幻獣・精霊・妖精

空想上の生きものや、さまざまな事物・現象を象徴する超自然的存在を紹介。主人公の敵として登場することもあれば、力を貸してくれることもある。

第4章　魔術・呪術・錬金術

人の望みをかなえるための、神秘的な力を利用する方法を紹介。ファンタジーの登場人物たちが用いる魔法などに相当する。

第5章　武器と魔導具

神話や伝説に登場する、不思議な力をもった武具・道具を紹介。ファンタジーにおける、魅力的な装備やアイテムである。

第6章　異世界

神話や伝説の中では、日常の世界以外に、さまざまな異世界が語られる。ファンタジーの主人公は、ときに冒険の中で、そういった異空間へ赴くことになる。

第7章　社会・制度・冒険の舞台

ファンタジーの舞台となる世界を形作っている要素を紹介。主人公が旅する町やフィールド、ダンジョン、出会う人々などの設定に役立つだろう。

右の図は、これらのテーマを、ファンタジーの主人公を中心とするマトリクスで示したものである。もちろんこれは、考え方の一例にすぎない。特にファンタジーの創作にたずさわる方には、独創的な世界観を構築していただきたい。

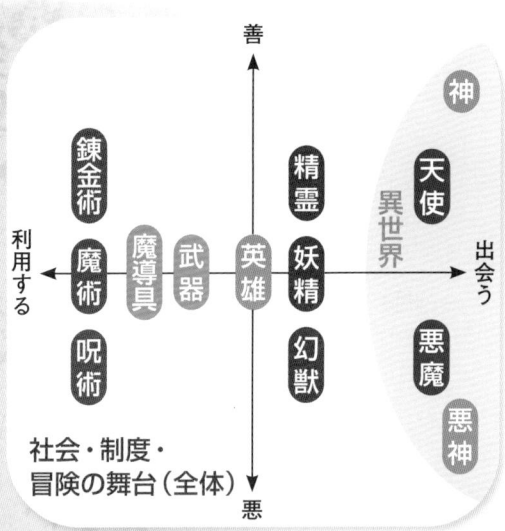

本書で扱うおもな神話・伝説・宗教

《ギリシア・ローマ神話》

前15世紀頃から語り継がれ、前8世紀頃の叙事詩にまとめられたギリシア神話は、ローマ神話にも影響を与えた。

《ケルト神話》

前5世紀頃からヨーロッパに広がり、前1世紀以降衰えたケルト民族の神話。中世以降、アイルランドやウェールズで文字化された。

《キリスト教》

ユダヤ教の中から、1世紀に改革者イエスが登場。その弟子たちが広めた教えが、世界宗教キリスト教となった。

《メソポタミア神話》

前3500年頃からティグリス川・ユーフラテス川流域で成立したメソポタミア文明において、複数の民族の間で受け継がれた神話。

《ペルシア神話》

現在のイランにあたる、古代ペルシアの神話・伝説。古代アーリア人の神話、ゾロアスター教の神話、中世の叙事詩による神話の、3つの層がある。

《インド神話》

前15世紀頃にやってきた古代アーリア人の自然神崇拝がバラモン教を生み、4世紀頃までの間にヒンドゥー教へと再構成されていった。

《日本神話》

8世紀に成立した『古事記』『日本書紀』や各地の風土記に記載された神話。そのほかに、豊かな民間伝承がある。

《北欧神話》

北方のゲルマン民族が、キリスト教化される前に信仰していた神話。キリスト教社会になったあとも口承で残り、記録された。

《ユダヤ教》

前13世紀にエジプトから脱出したユダヤ人が、その後の苦難の中で形成した宗教。唯一神ヤハウェを信仰する。

《イスラム教》

610年頃にアラブ人のムハンマドが創始。ユダヤ教・キリスト教の流れを汲みつつ、独自の教義を構築した。

《エジプト神話》

前5000年頃からナイル川下流域で生じ、前3000年頃には統一国家を成立させた、古代エジプト文明における神話。

▲古代世界におけるメソポタミア・エジプト・ペルシア・ギリシア周辺の地図。

《中国神話》

漢民族の間に伝わる神話のほか、道教の神話、周辺地域の少数民族の神話・伝説も含む。

《アメリカ大陸の神話》

ヨーロッパ人の到達・侵略以前のアメリカ大陸には、独自の古代文明とその神話が、複数存在した。

創作者のための**ファンタジー世界事典** 目次

第1章 神と英雄　11

第2章 天使と悪魔 89

第3章 幻獣・精霊・妖精 117

第 **4** 章 魔術・呪術・錬金術 173

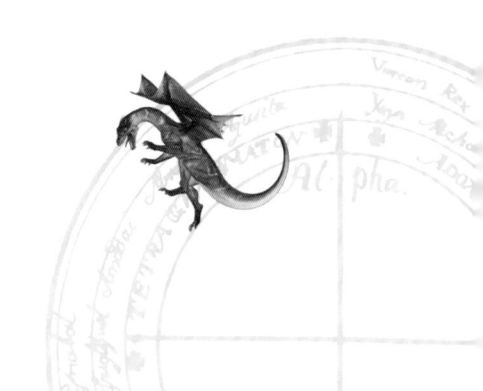

第 1 章

神 と 英 雄

01 カオスと原初の神々

ギリシア神話における世界の始まり

◀ベルガモのサンタ・マリア・マッジョーレ教会の聖職者祈禱席（きとう）の背もたれに描かれたカオスの画像（16世紀）。

古代ギリシアの創世神話において、最初にあったとされるのが、空隙（くうげき）の神カオス。そこにさまざまな神が生じ、世界が始まる。

Check

① ギリシア神話における世界の始まり。
② 光のない混沌の中に神々が生まれる。

　古代ギリシアの詩人**ヘシオドス**の『**神統記**（しんとうき）』（前700年頃）に記された神話では、世界に最初に存在したのは**カオス**だとされる。これは、世界のあらゆるものが生まれる以前の巨大な空隙（くうげき）である。

　それに続いて生じたのが、大地を象徴する母なる神**ガイア**と、光のない奈落（ならく）**タルタロス**、そして愛の神**エロス**である。ガイアはこのあと、さまざまな神を産むことになる。エロスは、世界の中のものを互いに結びつける、結合の原理だと考えられる。

　そののち、カオスから分離する形で、闇の神**エレボス**と、夜の女神**ニュクス**が現れた。エレボスとニュクスはエロスに導かれて結合し、夫婦となる。そしてニュクスは、天上の清らかな空気の神**アイテル**と、昼の光の神**ヘメレ**を産んだ。

　このようにして、混沌（こんとん）とした暗黒の中から、世界が誕生してきたとされる。ただし、ギリシア神話は多様であり、世界の始まりについてもこれ以外の説明がいくつも存在する。

⑫ ウラノスとティターン神族

ガイアから生まれたゼウス以前の神々

◀ジョルジョ・ヴァ
ザーリ《ウラノス
の去勢》（1560 年
頃）。鎌をもった
クロノスが、父ウ
ラノスの男根を切
断している。

 地の神ガイアと天空の神ウラノスの間に生まれた、巨体を誇るティター
ン 12 神。その末弟クロノスは、ウラノスを倒し覇権を握る。

　　大地の神**ガイア**は、独力で天空の神**ウラノス**と山と海を産み、
さらにウラノスと交わって、新たな神々の母になる。このガイア
から生まれた巨人たちが、**ティターン神族**である。

　　さらにガイアは異形の巨人を産みつづける。ひとつ目の**キュク
ロプス**たちと、100 の腕をもつ**ヘカトンケイル**たちだ。だがウラ
ノスはこれらの巨人を憎み、ガイアの胎内に押し戻した。苦しん
だガイアはティターン神族に、ウラノスへの復讐を要請。末の息
子の**クロノス**がそれを引き受け、ガイアが発生させた**アダマス**と
いう金属の大鎌（204 ページ）で、ウラノスの男根を切断した。
そしてクロノスは父に代わって、世界の支配者となったのだった。

Check

① ガイアとウラノスの間に、ティターン神族が生まれる。

② ティターン 12 神の末弟クロノスがウラノスを倒し、王座につく。

ティターン（男神）	ティターン（女神）
オケアノス（海の神）	テイア
コイオス	レア（大地の女神）
クレイオス	テミス（掟の女神）
ヒュペリオン（太陽の神）	ムネモシュネ（記憶の女神）
イアペトス	ポイベ（光明の女神）
クロノス（農耕の神）	テテュス（水の神）

第1章　神と英雄

第2章

第3章

第4章

第5章

第6章

第7章

03 ゼウス

絶対的な最高神にして希代の浮気者

▶ジャン＝オーギュスト＝ドミニク・アングル《ジュピターとテティス》（1811年）。ゼウス（中央）はローマ神話ではユピテルと呼ばれ、その英語名がジュピターである。

ゼウスはクロノスの息子で、オリュンポス神族を率いてティターン神族を倒し、神々の王となった。

ギリシア神話の最高神

　ティターンの**クロノス**と**レア**との間に生まれた神**ゼウス**は、ギリシア神話において全世界を支配し、**オリュンポス12神**（16〜19ページ）をはじめとする神々を束ねる最高神である。

　オリュンポス山の山頂にある宮殿（234ページ）に住み、雨や雲など、空で起こるさまざまな現象をつかさどる。特にひとつ目巨人**キュクロプス**から提供された雷霆（らいてい）という武器は、凄（すさ）まじい威力の雷と稲妻を放ち、あらゆる者を圧倒する。

　ゆったりした衣をまとい、ときには最高の権力を象徴する鷲（わし）を肩に載せて現れる。ほかの神々とは一線を画した至高の存在であり、オリュンピアの地における**古代オリンピック**も、ゼウスを称える祭典であった。

誕生から王位奪取まで

ゼウスの父クロノスは、「自分の子に王座を奪われる」という予言を受けていた。彼はこれを恐れて、妻のレアが産む子どもたちを次々に呑み込んでしまう。しかしレアはゼウスを産んだとき、石を産着（うぶぎ）でくるんでクロノスに差し出し、息子だと騙（だま）して呑み込ませました。

クレタ島で精霊ニンフ（168ページ）に育てられて成人したゼウスは、父クロノスに嘔吐（おうと）薬（やく）を飲ませて兄弟姉妹を救い出すと、彼らを率いてクロノスたちティターン神族に戦いを挑む。この戦争をティタノマキア*という。10年におよぶ戦いの末、ゼウスたちは勝利し、ティターン神族を地底のタルタロスに幽閉。ゼウスは天を、兄弟のポセイドンとハデスはそれぞれ海と地下を支配することになる。オリュンポス神族の時代の始まりである。

＊ゼウスはティタノマキアのとき、クロノスがタルタロスに閉じ込めていたキュクロプスらを解放し、味方につけた。

浮気に使われた変身能力

ゼウスは最高の力と威厳をもつ絶対的な神であると同時に、空前絶後といえるほどの浮気者である。

ティターン神族に属する知恵の女神メティスや掟（おきて）の女神テミス、自分の姉妹であるヘラと次々に結ばれたほか、多くの人間の女性を愛人にしている。正妻ヘラは激しく嫉妬するが、ゼウスは変身能力を用いて美女に近づき、子をもうけるのだった。

スパルタ王の妻レダに懸想（けそう）したときには、白鳥に変身して彼女の腕に飛び込んだのち、正体を現して交わった。テュロス王の娘エウロペにひと目ぼれしたときは、白い牡牛（おうし）に化けて彼女をクレタ島に連れ去った。アルゴス王の娘ダナエに近寄るときは、黄金の雨に姿を変えた。また、イオという美女との密通の際は、嫉妬するヘラの目を欺（あざむ）くため、イオを白い牝牛（めうし）に変えたという。

Check
① 父クロノスらを倒して王座についた最高神。
② すぐれた変身能力をもつ好色の神。

第1章 神と英雄
第2章
第3章
第4章
第5章
第6章
第7章

⑭ オリュンポス12神①

第1世代、クロノスとレアの子どもたち

▶ ヤーコブ・ヨルダーンス《嵐の中のネプトゥヌスとアンフィトリテ》（1644年）。ローマ神話の海の神ネプトゥヌス（中央右の男性）は、ギリシア神話のオリュンポス12神のひとり、ポセイドンに当たる。右手には、三叉の矛トリアイナ（みつまた ほこ）（203ページ）を握っている。ポセイドンの妻アンフィトリテ（中央左の女性）も海の女神であり、強大な力をもつ。

　　ゼウスの兄弟姉妹、およびゼウスの子どもたちが、ギリシア神話で活躍するオリュンポス12神である。

◆ ギリシア神話の主たる神々 ◆

　ギリシアのテッサリア地方に、標高2917メートルの**オリュンポス山**がそびえている。この山の上には、ギリシア神話の主たる神々の宮殿があるとされる。男女6人ずつのその神々を、**オリュンポス12神**という。

　オリュンポス12神は、クロノスとレアの間に生まれたゼウスたち**第1世代***と、ゼウスの子どもら**第2世代**に分けられる。

　第1世代は、互いに兄弟姉妹の間柄である。彼らはゼウス以外、みな一度クロノスに呑み込まれたのちに2度目の出産のように吐き出されたのだが、生まれたときとは逆の順番で出てきたため、兄弟姉妹の順位が入れ替わったという説もある。

＊ゼウスをクロノスの末の息子とする説と、長男とする説がある。

オリュンポス第1世代

海の神**ポセイドン**は、ゼウスに次ぐ第2の実力者である。ときには荒れ狂う大海のように狂暴になり、嵐・津波・地震を引き起こす。海の巨大な怪物に、人間たちの都市を襲わせることもある。

母性や結婚の女神**ヘラ**は、ゼウスの正妻である。彼女は嫉妬深く、夫の浮気を感知する能力が非常に高い。ギリシア神話には、ゼウスの浮気心とヘラの怒りによって、人間の女性がひどい目に遭わされてしまう話が多々ある。

豊穣の女神**デメテル**は、人間に穀物の栽培方法を教えたとされる。ゼウスとの間に**ペルセポネ**という娘がいる（ペルセポネは地下の大河の女神ステュクスの娘だとする説もある）。

ヘスティアは、炉や祭壇の女神である。ポセイドンやアポロンの求愛を拒み、永遠の処女として家庭生活をつかさどっている。

Check

① 第1世代はゼウスの兄弟姉妹。

② ギリシア神話のメインキャラクター。

第1章 神と英雄

第2章

第3章

第4章

第5章

第6章

第7章

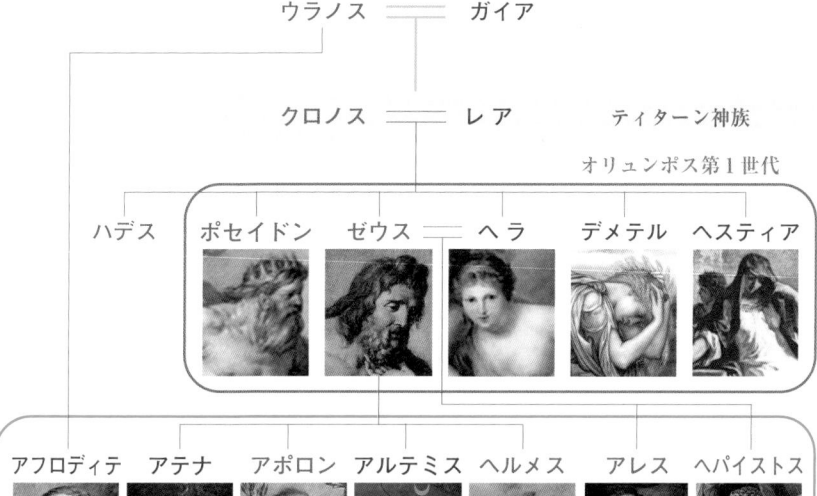

```
        ウラノス ════ ガイア
              │
        クロノス ════ レア        ティターン神族
              │
                          オリュンポス第1世代
  ハデス  ポセイドン  ゼウス ══ ヘラ  デメテル  ヘスティア
```

アフロディテ　アテナ　アポロン　アルテミス　ヘルメス　アレス　ヘパイストス

オリュンポス第2世代

05 オリュンポス12神②
第2世代、ゼウスの子どもなど

▶シャルル・メニエ《光と雄弁と詩歌と美術の神アポロンと天文の女神ウラーニア》(1798年)。太陽の神ともされる、美しく若々しいアポロンが、月桂冠(げっけいかん)をかかげている。月桂樹(げっけいじゅ)は、アポロンを象徴する植物である。

ゼウスの子どもの世代に当たるオリュンポス第2世代にも、アテナやアポロンなど、非常に重要な神々が顔をそろえている。

◆ オリュンポス第2世代 ◆

　オリュンポス第2世代には、ゼウスの子どもが多い。ただし、ゼウスは恋多き神なので、子どもの母親はみな同じではない。

　知恵と技術の女神**アテナ**はゼウスの娘だが、変わった生まれ方をしている。ゼウスは知恵の女神メティスを妊娠させたうえで、彼女を呑み込んだのだが、そのゼウスの頭の中から、アテナが武装した姿で飛び出してきたのだ。

　アテナは有力な都市国家アテナイ(ポリス)の守護神で、巧妙な策略によって英雄たちを助ける戦いの神でもある。肩には聖鳥であるフクロウを載せ、灰色の瞳で戦況を冷徹に見通している。

個性豊かな神々

　光と芸術の神**アポロン**、および狩猟の女神**アルテミス**は、ゼウスが女神レトに孕ませた双子だとされる（別の伝承もある）。アポロンは永遠の美青年であり、輝ける古代ギリシア文化を象徴する神である*。アルテミスは処女神で、自分の裸を覗き見た青年アクタイオンを鹿に変えてしまうほど純潔にこだわりをもつが、同時に多産をもたらす神でもある。

　鍛冶の神**ヘパイストス**と、戦いの神**アレス**は、ゼウスと正妻ヘラの息子である（ヘパイストスには、ヘラがひとりで産んだ息子だという伝承もある）。風よりも速く走る伝令の神**ヘルメス**は、ゼウスと女神マイアの息子で、泥棒と嘘の才能をもっている。美と愛の女神**アフロディテ**は、切断されたウラノスの男根の泡から生まれたとされる。

　ちなみに、ヘスティアの代わりに、酒と酩酊の神**ディオニュソス**がオリュンポス12神に入れられることもある。

＊アポロンは予言能力も有する。巫女を通して人間に神託を与えるのは、有名なデルフォイの神殿で、このアポロンだ。

オリュンポス12神	属性	ローマ神話では
ゼウス（第1世代）	最高神・天空	ユピテル（ジュピター）
ポセイドン（第1世代）	海・地震	ネプトゥヌス（ネプチューン）
ヘラ（第1世代）	母性・結婚	ユーノー（ジュノー）
デメテル（第1世代）	農耕・大地	ケレス（セレス）
ヘスティア（第1世代）	炉・家庭生活	ウェスタ（ヴェスタ）
アテナ（第2世代）	知恵・技術	ミネルウァ（ミネルヴァ）
アポロン（第2世代）	光・芸術・予言	アポロー（アポロ）
アルテミス（第2世代）	狩猟・純潔	ディアーナ（ダイアナ）
アレス（第2世代）	戦争・破壊	マールス（マーズ）
ヘルメス（第2世代）	伝令・盗賊	メルクリウス（マーキュリー）
ヘパイストス（第2世代）	鍛冶・炎	ウルカヌス（バルカン）
アフロディテ（第2世代）	愛・美	ウェヌス（ヴィーナス）
ディオニュソス（第2世代）	豊穣・酒	バックス（バッカス）

Check

① オリュンポス第2世代はゼウスの子どもたち。

② 多彩な属性をもち活躍する。

第1章　神と英雄

第2章

第3章

第4章

第5章

第6章

第7章

ギリシア神話	神	死

06 ハデス

地下を統治する冥府の王

▼ ウォルター・クレイン《ペルセポネの運命》（1877年）。黒い馬とともに突然現れたハデスは、ニンフたちの前から美女ペルセポネをさらい、冥府へと連れ帰る。

ゼウスの兄弟のハデスは、日の当たらぬ冥府に住んでいる。彼の心の慰めは、地上からさらってきた美しい妻ペルセポネである。

Check

① 地下にある死者の国・冥府の王。

② ペルセポネをさらって妻にした。

ゼウスの兄弟**ハデス**は、地下にある死者の国**冥府**（238ページ）の王である。といっても、悪魔のような存在ではない。地下に住んでいるため普通はオリュンポス12神に数えられないものの、それと同格の神であり、ゼウスとポセイドンに次ぐ実力者だといえる。

彼の妻は、ゼウスとデメテルの娘**ペルセポネ**である。彼女にひと目ぼれしたハデスは、冥府に無理やり連れてきて、**石榴**の実（217ページ）を食べさせた。冥府のものを食べた者はそこにとどまらねばならないという掟があり、ペルセポネは1年の3分の1を冥府で暮らすことになった。彼女が冥府にいる間、母である豊穣の女神デメテルは、悲しみのあまり地上に実りをもたらさず、冬という季節が生まれたのだという。

07 プロメテウス

人間に火を与えゼウスの怒りを買った神族

プロメテウスは**ティターン神族**の系統に属する巨人の神だが、先見の明があり、**ティタノマキア**では**ゼウス**に味方した。そののち泥から**人間**を創り（別の伝承もある）、家や文字などの文化を授けたという。しかし、寒さや飢えに苦しむ人間を憐れんで、ゼウスが禁じていた**火**を与えたことが、ゼウスの逆鱗にふれる。

ゼウスはプロメテウスをコーカサス山の頂に磔にし、鷲に肝臓をついばませた。プロメテウスは不死身なので肝臓は再生するが、それをまた鷲が喰い荒らすのである。この責め苦は**ヘラクレス**（22ページ）が助けにくるまで、非常に長い時間続いたという。

Check

① 人間を作り、火を与えた。

② 鷲に肝臓を喰われつづけた。

---

08 ペルセウス

恐ろしい怪物メドゥーサを退治した英雄

「孫に殺される」との予言を受けていたアルゴス王**アクリシオス**は、娘の**ダナエ**がゼウスの子**ペルセウス**を産むと、娘と孫を箱に入れて川に流した。セリポス島に流れ着き、たくましく成長したペルセウスは、島の王の命を受け、恐ろしい怪物**ゴルゴン**（128ページ）のひとり**メドゥーサ**を見事に退治する。帰路ではエチオピアの王女**アンドロメダ**を海の怪物から救い、彼女を妻にした。

そののち、彼は故郷アルゴスに戻り、競技会に参加する。ペルセウスが円盤を投げると、競技会を見にきていた祖父アクリシオスに命中し、予言どおりアクリシオスは命を落としたのだった。

Check

① ゼウスの血を引く英雄。

② メドゥーサや海の怪物を退治。

⑨ ヘラクレス

12の試練を乗り越えたギリシア神話最大の英雄

◀ ヨハン・ケーラー《ケルベロスを地獄の門から引き剥がすヘラクレス》（1855年頃）。ケルベロス（123ページ）は、3つの頭をもつ冥府の番犬である。このケルベロスを地上に連れてくることも、ヘラクレスの試練のひとつだった。

ゼウスの息子ヘラクレスは、贖罪のために12の試練に立ち向かい、ギリシア神話最大の英雄となった。

Check

① 12の試練をなし遂げる。

② ギリシア神話最大の英雄といわれる。

ゼウスとミュケナイ王女アルクメネの子**ヘラクレス**は、ゼウスの正妻ヘラの恨みを買い、あるとき狂気を吹き込まれて自分の子どもたちを殺害してしまう。その贖罪のために、彼はミュケナイ王**エウリュステウス**が命じる難題を受けることになり、**12の試練**を成し遂げた。そののち**ギガントマキア**（**ギガンテス**という巨人族とゼウスたちとの戦争）で活躍してギリシア神話最大の英雄となったが、最後は**ケンタウロス**（132ページ）の**ネッソス**の罠にかかって猛毒に苦しみ、不死身の命を捨てることとなった。

ヘラクレスの12の試練

❶ ネメアの不死身の獅子退治	❼ クレタの暴れ牛の捕獲
❷ レルネの9頭の毒蛇ヒュドラ退治	❽ ディオメデスの人喰い馬の捕獲
❸ 黄金の角をもつ牡鹿の捕獲	❾ アマゾンの女王の帯の獲得
❹ エリュマントスの山の猪の捕獲	❿ ゲリュオンの牛の捕獲
❺ 3000頭の牛が棲む牛小屋の掃除	⓫ ヘスペリデスの園の黄金の林檎の獲得
❻ 怪鳥ステュムパリデス退治	⓬ 冥府の番犬ケルベロスを地上に連れ出す

第1章 神と英雄

第2章

第3章

第4章

第5章

第6章

第7章

⑩ イアソン

ギリシア神話　英雄　冒険

金羊毛を求めるアルゴー船の冒険者

◀ ジャン＝フランソワ・ド・トロワ《金羊毛皮の獲得》（1742 〜 1743 年）。中央でイアソンがかかげているのが金羊毛である。左側にはコルキス王女メデイアと、アルゴー船が見える。金羊毛を求めるアルゴー船の冒険は、ヘラクレスをはじめさまざまな英雄たちがギリシア全土から集結した、古代ギリシア最大のプロジェクトであった。これに参加した英雄たちを、アルゴナウタイという。

イアソンは自分がつくべき王位を取り戻すため、アルゴー船に英雄たちを乗せ、金羊毛を探す旅に出た。

イアソンはイオルコス王アイソンの王子だが、父が叔父**ペリアス**から王位を奪われて以降、ケンタウロスの賢者**ケイロン**のもとで教育を受けた。彼は美しい若者に成長し、王位を返すよう叔父に迫る。するとペリアスはイアソンに、遠いコルキスの地から**金羊毛**（226 ページ）を奪取してくることを条件として提示。イアソンは 50 人あまりの英雄たちとともに、**アルゴー船**で冒険の旅に出た。そして長い旅の果てに、彼にひと目ぼれしたコルキス王女**メデイア**の助けを借りて、金羊毛を手に入れるのである。イアソンは金羊毛とともに、メデイアも故郷に連れ帰る。

　さて、ペリアスにはもともと王位を譲る気などなかった。それを知ったメデイアは、イアソンのためにペリアスを殺す。しかしイアソンは、魔術を使い殺人も辞さないメデイアを恐れ、別の女性と結婚しようとした。結果、彼は新しい花嫁をメデイアに殺され、諸国を彷徨した末、アルゴー船の残骸の下敷きになって死ぬ。

Check

① 金羊毛を求めてアルゴー船で冒険する。

② コルキスの王女メデイアを裏切り、復讐される。

ギリシア神話　英雄　怪物退治

⑪ テセウス
迷宮の怪物ミノタウロスと戦った王子

Check

① ミノタウロスを退治。

② 「エーゲ海」の由来となる悲劇。

　アテナイ王**アイギウス**とトロイゼンの王女**アイトラ**の子**テセウス**は、母の国で育ったのちにアテナイへと旅をし、多くの困難を乗り越えて王の子として認められた。さらに彼は、父に「無事ならば船に白い帆をかけて戻る」と約束してクレタ島へ赴き、アテナイの若者たちを餌食とする怪物**ミノタウロス**（130ページ）を退治した。しかしアテナイへ戻るとき、彼の船には黒い帆がかけられていた。それを見た父王アイギウスは絶望し、海に身を投げる。その海は王の名にちなんで「エーゲ海」と名づけられた。

　テセウスはアテナイ王となり善政を敷いたが、晩年追放された。

ギリシア神話　英雄　怪物退治

⑫ オイディプス
父を殺し母と交わった悲劇の王

Check

① スフィンクスを退治。

② 知らずに父を殺し母と交わる。

　テーバイ王**ライオス**は「自分の子に殺される」との予言を受けていたため、王妃**イオカステ**との間に生まれた男児を山に捨てさせた。このとき足に傷がつき、「腫れた足」を意味する**オイディプス**と名づけられたこの子は、コリントス王のもとで成長した。

　彼はやがてテーバイに戻るが、その途中で父王ライオスと出会い、父とは知らずに殺してしまう。故郷に着いたオイディプスは、人々を悩ませる怪物**スフィンクス**（131ページ）を退治して王となり、母と知らずにイオカステと結ばれる。そして自分の恐るべき運命に気づいてしまったとき、自分の目を抉り出すのだった。

`ギリシア神話` `英雄` `不死身`

⑬ アキレウス

不死身の体にひとつだけの弱点

　アキレウスは、プティア王ペレウスと海の女神**テティス**との間の子である。生後すぐ冥府の川**ステュクス**に浸されて不死身になったが、このとき母がアキレウスの踵(かかと)をつかんでいたため、水につからなかった踵が弱点となった（「アキレス腱(けん)」の由来）。

　黄金の林檎(りんご)（217ページ）をきっかけに起こった、ギリシアとトロイアの間の**トロイア戦争**に際して、アキレウスは「この戦争で戦ったら死ぬ」との予言を受けていた。しかし親友の**パトロクロス**を殺された怒りから、アキレウスは参戦。ギリシア方の最強の戦士として活躍した末に、踵に矢を受けて落命したのだった。

Check
① 「アキレス腱」の由来。
② トロイア戦争の最強の戦士。

`ギリシア神話` `英雄` `知略`

⑭ オデュッセウス

知略に長けた将軍は長い苦難を経験する

　オデュッセウスは、10年にわたる**トロイア戦争**に、計略によって終止符を打ったことで知られる知将だ。巨大な木馬を作らせて内部にギリシア兵を隠し、それをトロイアの城内に引き入れさせて、難攻不落のトロイアを滅ぼした。

　彼の本当の苦難はそのあとに始まった。戦後、彼は故郷のイタケ島に戻れず、10年も海を彷徨(さまよ)うことになる。彼の苦難の旅は、**ホメロス**の叙事詩『**オデュッセイア**』に歌われる。イタケ島では妻ペネロペイアが、邪(よこしま)な求婚者たちに言い寄られていたが、とうとう帰還したオデュッセウスは、求婚者たちを滅ぼすのだった。

Check
① 木馬の計略の発案者。
② トロイア戦争後、苦難の帰国。

第1章　神と英雄

第2章

第3章

第4章

第5章

第6章

第7章

⑮ ギリシア神話の神と人々

神話の中で語り継がれるキャラクターたち

これまでに挙げた神や英雄以外にも、ギリシア神話には多くのキャラクターが登場する。

アスクレピオス 医学の神。死者をも生き返らせることができる。

アドニス 美少年の代名詞的存在。女神たちに愛された。

アトラス ティターン神族の巨人。天を背負わされる。

アネモイ 風の神たち。4人で東西南北をつかさどる。

アルクメネ ゼウスに愛され、ヘラクレスを産んだ美女。

アンティゴネ オイディプスの娘。兄を葬るため掟に背いた。

アンドロメダ エチオピアの王女。ペルセウスに助けられ、妻となる。

イカロス ダイダロスの息子。空を飛んだが、墜落死する。

エオス 暁（あかつき）の女神。すべての星々を産んだ母。

エリニュス ティターン神族に属する復讐の女神たち。

オルフェウス 吟遊詩人（ぎんゆうしじん）。妻エウリュディケに会いに冥府を訪問。

カッサンドラ トロイアの王女。予言能力をもっていた。

キルケ アイアイエ島の魔女。オデュッセウスを引き止めた。

シシュポス テッサリア王の息子。タルタロスで永遠の苦行に従事。

セレネ 月の女神で絶世の美女。銀の馬車で夜空を駆ける。

ダイダロス クレタの工人。ミノス王のもと、さまざまなものを発明。

タナトス 死の神。死にゆく人の魂を奪い去る。

ダフネ ニンフのひとり。アポロンの求愛を逃れ月桂樹に変身。

タンタロス 息子を殺して神に食べさせ、タルタロスに送られる。

テイレシアス 盲目の予言者。性の転換を経験したともいわれる。

デウカリオン プロメテウスの息子。箱舟で大洪水を生き延びる。

トリトン ポセイドンの息子で海神。法螺貝を吹いて波を操る。

ナルキッソス 美少年。水に映る自分の姿に恋をして水仙になる。

ニ ケ 勝利の女神。サモトラケ島で発見された彫像が有名。

ネメシス 義憤の女神。非礼をはたらく人間に罰を与える。

パエトン 太陽神の息子。父の馬車を暴走させたせいで死ぬ。

パ ン 山羊の角をもつ半獣神。羊飼いと羊の群れを監視。

パンドラ 人類最初の女性。人間に禍をもたらすため神々が派遣。

ピュグマリオン キプロス島の王。自作の彫像ガラテアと夫婦に。

ヒュプノス 眠りの神。木の枝を人間の額に当てて眠らせる。

ヘカテ 魔術や出産をつかさどる。中世には魔女とされた。

ヘレネ 人間界一の美女。トロイア戦争の原因に。ゼウスが実父。

ミダス ペシヌスの王。ふれたものすべてが黄金に変わった。

ムーサ 文芸をつかさどる女神たち。フランス語ではミューズ。

モイラ 運命をつかさどる三女神。人間の運命の糸を握る。

第1章 神と英雄

第2章

第3章

第4章

第5章

第6章

第7章

⑯ オーディン

知恵を求めつづける北欧神話の最高神

◀イギリスの挿絵画家アーサー・ラッカムが描いた、リヒャルト・ワーグナーの楽劇『ニーベルングの指環』に登場する神々の王ヴォータン（1910 年）。ドイツ語のヴォータンは、古ノルド語のオーディンに当たる。

北欧神話の最高神オーディンは、巨人族の祖を殺して世界を創造した。そのため巨人族の復讐を恐れ、いつも知恵を追い求めている。

北欧神話の最高神

　北欧神話の最高神**オーディン**は、老人の姿で描かれることが多い。帽子を深くかぶり、黒いローブをまとって、手には**グングニル**（202 ページ）という槍をもっている。普段は世界中が見渡せる王座**フリズスキャールヴ**に腰を下ろしており、いざ戦いとなると、黄金の鎧兜に身を固め、青いマントをなびかせて戦場に赴く。

　肩には**フギン**と**ムニン**という 2 羽のカラスがいる。この 2 羽は世界中を飛び回って、オーディンのために情報収集する。足もとには 2 頭の狼がいて、オーディンは自分の食べものをすべて狼に与え、自分は葡萄酒しか飲まないといわれる。愛馬は足が 8 本もある**スレイプニル**（140 ページ）で、空や海を駆けることもできる。

オーディンの誕生と創世

　北欧神話では、世界の始まりには炎の国と氷の国が存在し、ふたつの国の間に大きな裂け目があったとされる＊。その場所で氷塊に熱風が吹きつけてしずくがしたたり落ち、巨人族の祖**ユミル**と巨大な牝牛**アウズンブラ**が生まれた。ユミルに乳を飲ませながらアウズンブラが氷塊の中の岩をなめていると、徐々に岩が溶け、最初の神**ブーリ**が姿を現す。

　オーディンは、ブーリの息子と巨人族の女との間に生まれた。しかしオーディンはやがてユミルを邪魔に思うようになり、兄弟と協力して殺害してしまう。彼らはユミルの肉から大地を、血から海を、骨から岩山を、髪の毛から木々を、頭蓋骨から天空を創った。これが北欧神話における世界の創造だ。しかしオーディンがユミルを殺したことは、神々と巨人族との対立を生むのだった。

＊炎の国はムスペルヘイム、氷の国はニヴルヘイム、裂け目はギンヌンガガップという。

知恵を求めて

　オーディンは、「やがて巨人族が復讐のために立ち上がり、最終戦争**ラグナロク**が起こって、神々は滅びる」との予言を受けていた。滅亡を何とか防ごうと、オーディンは貪欲に知恵を求める。フギンとムニンを使役して情報を集めるのもそのためだ。

　飲むと知恵が得られるという**ミーミルの泉**を訪れたときも、泉の主に「片目を担保として預けるなら水を飲ませてやる」と言われたオーディンは、迷わず目を差し出して泉の水を飲んだ。このため彼は隻眼になった。また、呪術的な**ルーン文字**の秘密を得るために、世界樹**ユグドラシル**で首を吊り、自分自身を生け贄として槍で串刺しにしたこともある。

　さらに彼は戦いに備え、死んだ勇士の魂（**エインヘリャル**）を集める。そのために勇士をわざと夭折させることさえあるのだ。

Check

① 貪欲に知恵を求めつづける。

② 巨人ユミルを殺して世界を創造。

第1章　神と英雄

第2章

第3章

第4章

第5章

第6章

第7章

17 トール

北欧神話最強の戦闘力を誇る神

◀ モルテン・エスキル・ヴィンゲ《トールと巨人の戦い》（1872 年）。トールは 2 頭の山羊タングノストとタングリスニルの引く戦車に乗り、最強のハンマーであるミョルニルを振りかざしている。

雷 神トールは北欧神話で最強の神とされる。ミョルニルと呼ばれるハンマーの威力は絶大だ。

オーディンの率いる**アース神族**に属する**トール**は、北欧神話最強ともいわれる雷神である。赤い目と赤い髪の大男で、敵対する巨人族などに対しては荒々しくふるまうものの、仲間や人間には親切であり、農耕神として農民からの信仰も受けた。

武闘派としての彼のトレードマークは、**ミョルニル**（205 ページ）という柄の短いハンマーで、その威力は桁外れである。

また、2 頭の山羊**タングノスト**と**タングリスニル**に戦車を引かせているが、その戦車の立てるゴロゴロという音が雷鳴になったといわれる。ちなみにこの山羊たちは、いくら肉を食べられても、翌日にトールがミョルニルを振るともとどおりになる魔法の山羊である（ただし、皮と骨が残っていないと復活しない）。

Check

① 北欧神話最強の雷神。
② 強力な武器ミョルニルをもつ。

⑱ テュール
勝利をもたらす勇敢なる軍神

第1章 神と英雄

第2章

第3章

第4章

第5章

第6章

第7章

◀ヨン・バウエルの描いたテュールとフェンリル（1911 年）。

軍 神テュールは北欧神話の神々の中でもっとも勇敢であり、凶暴な狼フェンリルの口の中にも恐れず腕を差し込んだ。

アース神族の**テュール**は勇敢な軍神で、戦いにおける勝負の決定者であり、法の神、剣の神である。人々はテュールを象徴する**ルーン文字**（182 ページ）を自分の剣に彫り、テュールの名を2回唱えて勝利を祈願したという。

テュールは、腕が1本ない。巨人族に属する**フェンリル**（139ページ）という狼に喰いちぎられたのである。

「神々に禍をもたらす」と予言されていたフェンリルは、厳重な管理下に置かれていたのだが、この凶暴な狼の世話役を引き受けたのがテュールだった。その後、巨大になっていくフェンリルを恐れた神々は、絶対に切れない紐**グレイプニル**（227 ページ）を用意し、フェンリルを騙して縛ろうとした。そのとき、フェンリルを騙さないという保証として、テュールがフェンリルの口の中に腕を入れてみせたのだった。結局、フェンリルの拘束と引き換えに、テュールは片腕を嚙み切られたのである。

Check

① 勇敢な軍神で、法の神、剣の神。

② 巨人族のフェンリルに片腕を嚙み切られた。

⑲ ニョルズ

ヴァン神族からアース神族への人質

Check

① ヴァン神族の人質。
② 巨人スカジと結婚。

　北欧神話には、オーディンらの属する**アース神族**という神々のほかに、**ヴァン神族**という神々も登場する。両者は争った末に和解したのだが、その際に人質として、ヴァン神族の海の神**ニョルズ**がアース神族の国**アースガルズ**にやってきた。

　海で洗われたきれいな脚をしており、そのため、巨人族の娘**スカジ**と結婚した。というのも、神々に父親を殺されたスカジは、和解のために神族と結婚することになり、「脚だけを見て決める」という条件で相手を選んだのだ。しかし、海の神ニョルズと野山を愛するスカジの結婚生活はうまくいかず、結局破綻（はたん）した。

⑳ フレイ

巨大な男根をもつ美貌の神

Check

① 最高の美貌を誇る。
② 黄金の猪を連れている。

　ニョルズにはもともと**フレイ**という息子と**フレイヤ**という娘がおり、一緒にアースガルズへやってきた。フレイは神々の中でも最高の美貌のもち主とされる。豊穣や繁栄の神として信仰されていたようで、その像は巨大な男根を有した形で作られている。

　フレイは黄金の猪（いのしし）**グリンブルスティ**を連れている。この猪は、すぐれた鍛冶（かじ）職人である**エイトリ**（**シンドリ**とも）と**ブロック**という**ドヴェルグ**（169ページ）の兄弟が**ミョルニル**（205ページ）などと同時に作り出した宝で、陸上では馬より速く走り、水中も空中も進むことができる。

北欧神話　神　豊穣

㉑ フレイヤ
黄金の美を誇る女神

　フレイの双子の妹**フレイヤ**は、すべての女神たちの中でもっとも美しいとされ、北欧神話の神々の中でも高い人気を誇る。美と愛欲の女神、そして子宝と豊穣の女神である。彼女の自慢の品は**ブリーシンガメン**と呼ばれる黄金の首飾りで、これを手に入れるために**ドヴェルグ**たちに体を許したともいわれている。

　フレイヤの夫**オーズ**は、よく長旅に出て家をあけた。いつまでも帰ってこない夫を思ってフレイヤが泣くと、その美しい涙が地中にしみ込んで黄金になった。そしてフレイヤが旅に出て夫を探し回ったため、世界のあちこちに黄金が散らばったのだという。

Check
① 美と豊穣をつかさどる。
② 黄金の涙を流す。

北欧神話　神　光

㉒ ヘイムダル
虹の橋を守る光の神

　ヘイムダルはアース神族の光の神で、神々が住む世界**アースガルズ**と人間が住む世界**ミズガルズ**を結ぶ虹の橋**ビフレスト**の番人をしている。彼は眠る必要がなく、夜でも160キロ先まで見通すことができ、草が伸びるわずかな音も聞き取れる。**ギャラルホルン**という角笛をもっており、神々と巨人族の最終戦争**ラグナロク**が始まるときにこれを吹き鳴らす。

　また彼は、**人類の祖**とされることもある。世界を旅して3人の女性と交わり、生まれた3人の子どもがそれぞれ奴隷・自由農民・王侯になったといわれ、これが階級の始まりになったという。

Check
① 虹の橋ビフレストの番人。
② 角笛ギャラルホルンをもつ。

第1章　神と英雄
第2章
第3章
第4章
第5章
第6章
第7章

㉓ ロキ
神の国に住む、いたずら好きの巨人族

◀ヨン・バウエルの描いたロキ（1911年）。グルヴェイグという女神の心臓を握っている場面である。

ロキは巨人族でありながらアース神族とともに暮らし、さまざまなトラブルを起こす。やがてオーディンらに敵対するようになり、最終戦争ラグナロクでは巨人族とともに神々の国アースガルズに攻め込む。

トリックスター

　北欧神話の主役が**オーディン**だとすると、その相手役は巨人族の**ロキ**になるだろう。ロキは神々の仇敵の巨人族でありながら、**アース神族**の国**アースガルズ**に住み、オーディンと義兄弟の契りまで結んでいる。**トール**とも仲がいい。

　ロキはいたずら好きの**トリックスター**（秩序を乱し、新しい展開をもたらす者）だ。ずる賢くて嘘がうまく、変身術を得意とする。邪悪な性格のもち主でトラブルメイカーだが、神々のためにめざましいはたらきをすることも多い。

　その名は「終わらせる者」を意味しており、最終戦争**ラグナロク**では、神々を裏切って巨人族の側に立つのだ。

ロキの子どもたち

ロキは巨人族の女性**アングルボザ**との間に、蛇の**ヨルムンガンド**（138ページ）、狼の**フェンリル**（139ページ）、半死人の姿の娘**ヘル***という３人の子どもをもうけている。人間の娘シギュンとの間にも、**ヴァーリ**と**ナリ**というふたりの息子がいた。また、牝馬（めすうま）に変身して牡馬（おすうま）と交わり、名馬**スレイプニル**（140ページ）を自ら産んだこともある。

「ロキの子どもたちは神々に 禍（わざわい）をもたらす」と予言されたせいで、神々はヨルムンガンドを海に捨て、フェンリルを拘束する。そしてヘルは死の国**ヘルヘイム**（240ページ）に送られ、死者を迎え入れる役目を担わせられることになる。このような仕打ちをされたからか、ロキは計略によってオーディンの息子**バルドル**を殺す。だが神々に捕えられ、ナリを殺されるなどの罰を受けた。

*ヘルの体の形は人間と同じだが、体の半分は死んで青く（または黒く）なっている。

ロキの復讐とラグナロク

その後、ロキは洞窟の中に、自分の息子ナリの腸で巨岩に縛りつけられ、蛇の毒を浴びせられている。苦痛で彼が悲鳴を上げながら身を震わせると、地上で地震が起こるという。憎めないいたずら者だったロキは、こののち、復讐の鬼へと変貌していく。

ロキが恨みを晴らすために立ち上がるのは、ラグナロクのときである。世界の終焉（しゅうえん）の日、フェンリルの子**スコル**と**ハティ**によって太陽と月が呑み込まれ、星が天から落ちて光が消滅する。するとすべての戒め（いまし）が解け、ロキの体は自由になり、巨人族を引き連れてアースガルズに攻め込む。大蛇ヨルムンガンドや狼フェンリルも参戦。ついに最終戦争が始まるのだ。

神々と巨人族は最後まで死力を尽くして戦い、世界は一度滅亡することになる。ロキは**ヘイムダル**と相討ちになり息絶える。

Check

① 巨人族のトリックスターで、怪物たちの父。

② ラグナロクでアース神族に戦いを挑む。

第１章　神と英雄

第２章

第３章

第４章

第５章

第６章

第７章

㉔ ワルキューレ

天馬で戦場を駆け、戦死者の魂を探す乙女たち。

◀ペーテル・ニコライ・アルボ《ワルキューレ》（1869年）。

武装した半神の乙女ワルキューレたちは、戦場をめぐり、死んだ戦士の魂をヴァルハラへと連れていく。

ワルキューレは、北欧神話の神の使いとしてはたらく半神の集団である。鎧兜（よろいかぶと）と剣や槍で武装した乙女の姿をしている。文献によって、挙げられる名前や人数（6人、9人、11人など）が異なる。

Check

① 何人もいるとされる半神の乙女たち。

② 武装して天馬に乗り、勇者の魂を収集。

　彼女たちは、天馬に乗って戦場を駆けめぐり、戦死した勇者の魂（**エインヘリャル**）を、**グラズヘイム**という場所にある宮殿**ヴァルハラ**（251ページ）へと連れていく。オーディンの命を受け、**最終戦争ラグナロク**で味方となる戦士をスカウトしているのである。オーディンの戦士は死者でなければならないので、ときには勇者が早く死ぬように仕向けたりもする。

　ヴァルハラに集められたエインヘリャルたちは、来（きた）るべき戦いのときのために殺し合いの訓練を行うが、傷ついても死んでも夕方にはもとに戻り、宴会を開く。そのときに戦士たちを饗応（きょうおう）するのも、ワルキューレたちの役目である。

25 シグムンド

北欧神話　英雄　復讐

オーディンに目をつけられ翻弄された英雄

シグムンドは北欧神話の美しい英雄で、オーディンの子孫とされる無双の勇士**ヴォルスング**の息子である。双子の妹**シグニュー**とガウトランド王**シゲイル**との婚礼の日、だれも抜けなかったオーディンの剣**グラム**（200 ページ）をやすやすと引き抜いて手に入れたが、そのことがもとでシゲイルに逆恨（さかうら）みされ、一族を殺されてしまった。

シグムンドはシグニューとともに苦難を乗り越えて復讐を果たし、王にもなるが、彼を**エインヘリャル**として迎えたいと望むオーディンに運命を翻弄（ほんろう）され、戦いの中で命を落とすのだった。

Check
① オーディンの剣を抜く。
② 一族の復讐を遂げる。

26 シグルズ

北欧神話　英雄　怪物退治

呪いの黄金を手に入れた「竜殺しの英雄」

シグムンドの遺児（いじ）**シグルズ**は、北欧神話の中でもっとも名高い英雄で、ドイツの叙事詩『**ニーベルンゲンの歌**』の主人公**ジークフリート**に当たる人物である。

彼は父の剣**グラム**を受け継いで**ファーヴニル**（141 ページ）という竜を退治し、その竜が守っていた**黄金**を手に入れた。また、**竜の血**を飲んだことで、動物の言葉がわかるようになる。

しかし、竜の黄金には手に入れたものを破滅させる呪いがかかっていた。シグルズは美しいワルキューレのひとり**ブリュンヒルデ**との悲恋の末、非業（ひごう）の死を遂げることになる。

Check
① 竜ファーヴニルを倒す。
② ブリュンヒルデとの悲恋。

ケルト神話 　神 　豊穣

㉗ ケルヌノス
ケルト人が古くから信仰した神

Check

① 牡鹿の角をもつケルトの神。

② 狩猟・豊穣・冥界の神。

　ケルヌノスは、ガリア地方（フランス）やブリテン島（イギリス）で信仰されていた、**ケルト**の非常に古い神のひとりとされる。頭に牡鹿の大きな角を2本生やした森林と動物たちの支配者ケルヌノスは、狩猟と豊穣、多産、そして冥界の神だった。

　ケルヌノスを信仰した**ケルト人**は、前1500年頃にはヨーロッパにいたとされる民族である。馬と戦車、鉄製の武器を使って周囲の民族を圧倒し、一時はほぼヨーロッパ全土に広まるも、のちに**ローマ帝国**などの進出により圧迫された。しかしその文化は、**キリスト教**に取り込まれて形を変えつつ生き残った。

ケルト神話 　神 　集団

㉘ ダーナ神族
アイルランドを支配していた神々

Check

① アイルランドを支配。

② ダヌを中心とする神の一族。

　ケルト神話には**ダーナ神族**という神々が登場する。生命の女神**ダヌ**を中心とする神の一族である。神話の中で、ケルト人の到来以前のアイルランドを支配していたとされる。

　ダーナ神族がやってくる前、アイルランドは**フィル・ボルグ族**に支配され、**フォモール族**との間で抗争が続いていた。そこへダーナ神族が現れ、まずはフィル・ボルグ族を倒し、さらにフォモール族を打ち負かしてアイルランドを支配したという。しかしそんなダーナ神族も、のちに上陸してきた**ミレー族**に追われ、**ティル・ナ・ノーグ**という土地へと落ちのびたという。

㉙ クー・フーリン
短い生涯を戦い抜いた英雄

クー・フーリンは、アイルランドのケルト神話のひとつ**アルスター物語群**における英雄である。王族に生まれ、光の神の息子ともいわれる。彼は**ドルイド**（184ページ）から、「今日騎士となった若者は長く伝えられる英雄になるが、その生涯は短いものになるだろう」と予言され、すぐに志願して騎士となり、短い生涯で多くの武勲を立てた。

いざ戦闘となると、彼の体はすさまじい変化を見せる。髪の毛は逆立ち、ひとつの目は頭に入り込んで、もうひとつの目は頬に突き出る。筋肉は膨れあがって体は巨大化し、光を放ったという。

Check
① 戦闘になると姿が変化。
② 短い生涯を予言される。

㉚ フィン・マックール
「知恵の鮭」の力を手に入れた

フィン・マックールは、アイルランドの**フィン物語群**の中心となる英雄で、**ダーナ神族**の王**ヌアザ**の子孫ともいわれる。太陽のように明るい金髪と白い肌をもつ美青年である。

親指をなめると、難題を解決する知恵が湧くという能力をもつ。少年時代に**フィネガス**という**ドルイド**に弟子入りしていたとき、**知恵の鮭**を調理して親指についた脂をなめ、さらにその鮭を食べたために手に入れた能力である。

さらに**回復の水**を作る能力ももち、人望の厚い彼は、**フィアナ騎士団**（40ページ）という精強な騎士団の首領となった。

Check
① 知恵と回復能力を手に入れた。
② フィアナ騎士団の首領。

第1章 神と英雄／第2章／第3章／第4章／第5章／第6章／第7章

③ オシーン

「常若の国」から数百年後に帰還した

◀オシーンのイメージ。

> **フ**ィアナ騎士団の一員オシーンは、常若の国ティル・ナ・ノーグを訪れ、数百年の時を越えて故郷に戻った。

フィン・マックールの息子とされる**オシーン**も、**フィアナ騎士団**の一員として活躍した。しかしある日、美しい妖精の王女**ニアム**に誘われ、**ティル・ナ・ノーグ**（38ページ）へ赴く。そこは金銀宝石が輝き、老いることも死ぬこともない**常若の国**だった。

Check

① 常若の国ティル・ナ・ノーグを訪れた。
② ケルト版「浦島太郎」ともいえる境遇。

そこでしばらくすごしたのちオシーンが帰郷を望むと、ニアムは彼に白馬を与え、「この白馬から地面に降りてはいけません」と忠告する。帰還した故郷では、何と数百年の歳月が経過しており、父も友人もみな死んでいた。そしてオシーンが馬から地面に降りたとき、たちまち彼は白髪の老人となったのだった。

フィアナ騎士団のおもなメンバー

フィン・マックール	キールタ・マック・ロナン
オシーン	ディアリン・マクドバ
オスカー	ルガイド
ゴル・マック・モーナ	コナン・マウル
ディルムッド・オディナ	リア・ルケア

㉜ アーサー王
ヨーロッパに伝わる伝説の王

◀ アーサー王と「円卓の
騎士」たちのイメージ。

聖

剣をもち「円卓の騎士」を従えるアーサー王の物語は、ケルト人の伝
説と聖杯伝説が結びついて作られた。

　アーサー王は、イギリスのウェールズ地方で6世紀に活躍した
と語られる、ケルトの伝説の王である。その物語はキリスト教に
取り込まれたのちに**聖杯伝説**（220ページ）と結びつき、ヨーロッ
パの中世騎士物語の中でももっとも有名なものとなった。

　ほかのだれも抜けなかった剣を抜いて王になったアーサーは、
自ら武勲を立てるだけでなく、多くの猛者を従えて大きな円卓に
つかせた。そしてこの**円卓の騎士**たちを、キリストの血を受けた
という**聖杯**を探す冒険に送り出したのである。

円卓の騎士のおもなメンバー		
ランスロット	ガレス	ボールス
ケイ	アグラヴェイン	ガラハッド
ペディヴィア	ユーウェイン	パーシヴァル
ガウェイン	モードレッド	トリスタン

Check
① 円卓の騎士を率いて戦う。
② ケルト伝説の要素ももつ。

第1章　神と英雄

第2章

第3章

第4章

第5章

第6章

第7章

③ アブラハムの宗教の神

3つの宗教に共通する唯一神

▶ グエルチーノ《父なる神と天使》（1620年）。キリスト教の神が絵に描かれるときは、「父」「子」「聖霊」という三位一体の中の「父」の姿をしていることが多い。

ダヤ教・キリスト教・イスラム教は「アブラハムの宗教」と呼ばれる。それぞれ唯一の神を信仰し、それらは同じ神だと考えられている。

同じ神を信じる

　　ユダヤ教・キリスト教・イスラム教という3つの宗教は、じつは同じ神を信仰している。

　　ユダヤ教では、恐るべき裁きの力をもつ唯一の神が信じられた。キリスト教は、1世紀以降ユダヤ教の中から誕生してきた宗教であり、信じる神は同じである。そして7世紀に成立したイスラム教も、ユダヤ教・キリスト教と同じ神を信仰しているのだ。

　　これら3つの**一神教**（282ページ）は、**ノアの洪水**のあとに登場した最初の**預言者***である**アブラハム**を共通の宗教的始祖とし、「**アブラハムの宗教**」と総称される。

*
預言者とは、神の言葉を聞き、それを人間に伝える者のこと。

唯一の神

古代イスラエルのユダヤ人は、唯一神を**ヤハウェ**の名で呼んでいたと考えられるが、正確な発音は忘れ去られた*。そのほか「アドナイ」「エロヒム」など、さまざまな名や称号がある。慈しみ深いが、罰を下すにあたっては容赦のない、恐ろしい神である。

キリスト教の多くの教派では、神について**三位一体説**が採用された。神はひとつの実体でありながら、**父・子**（父なる神の言葉であるイエス・キリスト）・**聖霊**の３つの**位格**（ペルソナ）をもつという考え方である（172ページ）。

イスラム教では、開祖**ムハンマド**に啓示を与えた神を**アッラー**と呼ぶ。啓示は20年以上、断続的に授けられ、のちに聖典**クルアーン**（コーラン）にまとめられた。イスラム教では偶像崇拝が厳しく禁じられ、アッラーは絵や像に表されることはない。

＊神の名は、母音のないヘブライ語の神聖文字で記録されたが、口に出すことすら恐れられたため、発音が消失した。

グノーシスの神学

ただし、それぞれの宗教にはさまざまな教派が存在した。神に関する考え方も、一定であったわけではない。

たとえばキリスト教の中には、「ユダヤ教の神と、イエス・キリストの宣教した神は、別々の神である」とする考え方があった。１世紀に発生して２世紀に力をもった**グノーシス主義**である。

ギリシア語で「認識」を意味するグノーシスの思想によると、ユダヤ教・旧約聖書の**創造神**は低劣な神であり、その神に創られたこの世界も望ましくないものである。本当にすぐれた**至高神**は、悪しき世界から人間を救うため、キリストを地上に送った。そのことを「認識」してこの世界を脱し、至高神のもとに迎えられることが、魂の救済なのだという。

しかし、このような思想はキリスト教の中では異端とされた。

Check

① 神の性格のとらえ方に違いがある。
② 同じ唯一の神を信じる３つの宗教。

第1章 神と英雄

第2章

第3章

第4章

第5章

第6章

第7章

34 ティアマト

引き裂かれた死体が天と地になった神

◀ティアマトとマルドゥクの戦いを表現したアッシリアのレリーフ。左がティアマト。ティアマトは女神ではあるが、獣や竜、あるいはウミヘビのような怪物としての体をもっていたようである。

ティアマトはまだ混沌としていた世界を象徴する、原初の海水の女神である。彼女がマルドゥクに殺されることで天地が創造される。

Check

① 混沌とした原初の海の女神。

② マルドゥクに殺され、世界の材料となる。

　メソポタミア神話はいろいろな形があるが、その中のひとつによると、原初の海水の女神**ティアマト**が、淡水の神**アプスー**と交わって神々を生み出し、その子孫の中から、天空と太陽の神**アン**や大気の神**エンリル**、知恵と水の神**エンキ**などが登場したという。

　エンキらの世代があまりに騒がしくなったため、アプスーは彼らを滅ぼそうと考えた。しかし逆に、アプスーはエンキに殺されてしまう。夫を殺されて激怒したティアマトは、11匹の怪物を使って神々を倒していった。しかし、彼女はエンキの息子**マルドゥク**に打ち倒される。ふたつに引き裂かれたティアマトの体は天と地となった。乳房は山になり、目から流れるふた筋の涙は、ティグリス川とユーフラテス川になったと伝えられている。

㉟ マルドゥク

世界と人間の創造主

▶イランのアパダナ宮殿（ペルセポリス）の遺跡に見られる、翼を有するマルドゥクの姿。ティアマトを倒して天地の秩序を確立したことで、マルドゥクの地位は上がり、主神の座についた。彼の神殿は、旧約聖書のバベルの塔（279ページ）のモデルとなったといわれる。

マルドゥクは混沌を征服して秩序を打ち立てた神であり、バビロニア神話の主神の座につく。

メソポタミア神話の中でも早い時期のシュメール神話では、**ア****ン**や**エンリル**、**エンキ**が中心となっていたが、のちのバビロニア神話でもっとも重視されたのは、エンキ（アッカド神話とバビロニア神話では**エア**）の息子**マルドゥク**である。4つの目と4つの耳をもち、口から火を吐いたともいわれる。

ティアマトと戦ってこれを殺したのち、彼は天地だけではなくさまざまなものを創造している。ティアマトの尾から天の川を創り、星座・太陽・月を創り、それらを所定の場所に置いた。さらに、ティアマトの息子とも夫のひとりともいわれる**キングー**を倒し、その血と土から人間が創り出されたという。

マルドゥクは**ムシュフシュ**という竜を連れている姿でも描かれる。シュメール語で「恐ろしい蛇」を意味する名のこの竜は、もとはティアマトに生み出された怪物の1体だったともいわれる。

Check

① バビロニア神話の主神となった。

② 天と地と人間を創造し、秩序を確立した。

第1章　神と英雄
第2章
第3章
第4章
第5章
第6章
第7章

36 イナンナ

冥界へ下った美しき女神

◀ルイス・スペンスの『バビロニアとアッシリアの神話と伝説』（1916年）に掲載された、イーヴリン・ポールによる挿画。イナンナと同一視されるイシュタルを描いている。

シュメール神話の豊穣の女神イナンナは、イシュタルとも呼ばれ、冥界下りのエピソードが有名である。

イナンナは古代メソポタミアのシュメール神話における女神で、その名は「**天の女主人**」を意味する。のちに**イシュタル**や**アスタルト**などさまざまな名で周囲に広がり、ギリシア神話の**アフロディテ**（19ページ）の原型にもなっている。たいへん人気があり、金星の女神や美と愛の女神、豊穣の女神など、さまざまな性格をもつ。

　あるとき彼女は、姉の**エレシュキガル**が統治する**冥界**に関心をもち、そこへ下っていった。しかしエレシュキガルはその来訪を快く思わず、7つの門をくぐるたびに宝飾や服を剥ぎ取ったあげく、**死の眼差し**を向けてイナンナを殺す。地上の神々は何とかイナンナを生き返らせるが、「だれかを身代わりに冥界へ送る」との条件つきだった。イナンナは、自分の死にも喪に服さず、華美な服装をしていた夫**ドゥムジ**を身代わりに指名。結局、ドゥムジとその姉が半年ずつ交互に冥界にとどまることになったという。

Check

① 金星、美と愛、豊穣の女神。

② 夫を身代わりに冥界から帰還。

37 バアル
ウガリット神話の主役となった豊穣神

◀嵐と雷の神アダドの像を運ぶアッシリアの兵士たちの絵（1900年頃）。アダドはバアルの本来の名を表す（本文でふれている「ハッド」と同じ語源）。

ウガリットの主神バアルは、恵みの雨をもたらす嵐の神だが、ユダヤ教やキリスト教では悪魔とされた。

シリアの古代都市**ウガリット**は、メソポタミアとエジプトの文明を取り込み、独自の文明を発展させた。そのウガリットでもっとも崇拝され、神話の主役となったのが、嵐の神**バアル**である。

その名は「主」を意味し、本来は固有名詞ではない。実際の名は**ハッド**というが、ハッドが主神つまり「バアル」として崇められている間に、その呼び方が固有名詞化したらしい。

最高神**イル**と愛の女神**アスタルト**（イシュタル、イナンナ）の間に生まれた豊穣神バアルは、海と川を象徴する竜神**ヤム・ナハル**と対決する。そのエピソードは、文明が荒々しい自然の水を制御できるようになったことを象徴している。また彼は死の神**モート**を計略にかけて倒すが、これは実り豊かな土地を作ることで死を遠ざけたことを象徴するといえるだろう。

しかし、ユダヤ教はバアルを邪悪なものとして敵視し、「蝿の王」**ベルゼブブ**（106ページ）などの悪魔の名に用いるようになる。

Check

① 天候の神であり、治水の象徴でもある。

② 聖書では悪魔とされる。

第1章　神と英雄

第2章

第3章

第4章

第5章

第6章

第7章

38 ギルガメシュ

古代オリエント最大の英雄

◀ギルガメシュのレリーフ。ルーブル美術館（フランス）。

▼『ギルガメシュ叙事詩』が記された石碑の一部。スレイマニヤ美術館（イラク）。写真：オサマ・シュキール・ムハンマド・アミン。

武 勇も容姿もすぐれた英雄として、世界最古の文学作品『ギルガメシュ叙事詩』に登場するギルガメシュの遍歴は、死への恐れと不死への願いをめぐるものだった。

都市国家ウルクの王

「**あらゆることを見た人**」とも呼ばれる**ギルガメシュ**は、古代オリエント世界最大の英雄で、世界最古の文学作品ともされる『**ギルガメシュ叙事詩**』の主人公である。シュメールの都市国家**ウルク**の伝説的な王**ビルガメス**をルーツとする彼は、神々から知恵や美や雄々しさを授かっていた。

エンキドゥとの友情

　ギルガメシュは最初は暴君だった。その振る舞いを見かねた神は、粘土で**エンキドゥ**という野人を作り、ギルガメシュに対抗させる。ギルガメシュとエンキドゥは激しく戦うが決着がつかず、結局お互いに力を認め合うことになった。ふたりは影響し合い、人間的に成長していく。そしてギルガメシュは、だれからも敬愛される真の王となったのだ。

　ギルガメシュとエンキドゥは、協力して**フンババ**（148ページ）という怪物を倒し、森からレバノン杉をもち帰った。また、女神**イシュタル**の怒りを買ったせいで**天の牡牛（グガランナ）**に地上を荒らされたときも、ともに戦い、これを退治した。ふたりは互いに頼もしい戦友であり、無二の親友だったのだ*。

*もとになったシュメールの神話では、エンキドゥは従者の立場だった。

第1章　神と英雄

第2章

第3章

第4章

第5章

第6章

第7章

不死へのむなしい願い

　しかし、神々のものである天の牡牛を殺した報いとして、エンキドゥに死が与えられた。ギルガメシュは親友の死を嘆くとともに、自分の死を恐れるようになり、死の恐怖から逃れるため、不死を求める旅に出る。

　ギルガメシュは、人間の中でただひとり不死を得たという男**ウトナピシュティム**を探し、とうとうその男と会う。しかしウトナピシュティムは、「人間は死ぬべき運命にあるのだ」とギルガメシュを諭し、自分が不死を得ることになったいきさつとして、**大洪水と箱舟**の物語を語る。

　それでも結局ウトナピシュティムは、ギルガメシュに**不老の草**があることを教えた。ギルガメシュはそれを取って国に帰ろうとするのだが、油断した隙に蛇に食べられてしまう。彼は絶望とともに帰国し、人間としての命をまっとうしたのだった。

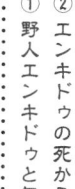

Check

① エンキドゥの死から、不死を求めるようになる。

② 野人エンキドゥと無二の親友に。

㊴ アトゥム

ヘリオポリス神話の天地創造の神

◀ 創造の神アトゥム。その名は「完全なるもの」の意とされ、また、「極限までの王」「宇宙の神」を意味するネブ・エル・ジェルの名でも呼ばれた。アトゥムはやがて、太陽神のひとりケプリと習合（同一視されること）し、さらに太陽神ラーとも習合することになる。

両 性具有の神アトゥムは、自慰によって大気と湿気を生み出した。そこから世界が創造されていったという。

Check

① 原初の水であるヌンから生まれる。

② 自慰によって大気と湿気を生み出す。

　　アトゥムは古代エジプトの**ヘリオポリス神話**では、天地を創造した原初の神と考えられた。**ヌン**と呼ばれる原初の水から生まれたその姿は、最初は蛇のようだったという。エジプト人にとって蛇は最初の生物に一番近い存在であり、脱皮して生と死を無限にくり返す存在として認識されていたのだ。しかしのちにアトゥムが**ラー**（51ページ）と習合すると、蛇はむしろ彼の敵となる。

　　一般的には、アトゥムはひげのある老人として表現されるが、本来は**両性具有**で、自慰によって大気の神**シュウ**と湿度の女神**テフヌト**を生んだ（これにちなんでエジプトの**ファラオ**〔王〕は、年に一度ナイル川に向かって自慰をして精液を放出し、農作物を育てるエネルギーを与えたと伝えられている）。さらにシュウとテフヌトから、大地の神**ゲブ**と天空の女神**ヌト**が生み出された。こうしてエジプトの主要な神が誕生していくのである。

⑩ ラー

さまざまに姿を変える太陽の神

◀太陽神ラー。その名自体、太陽を意味する。ラーは1日のうちに生と死をくり返す不死の存在だった。ベンヌという不死鳥の姿で誕生したとも考えられた。

人間の胴にハヤブサの頭をもつラーは、古代エジプトの太陽信仰の対象であった。

　ラーは古代エジプトでもっとも信仰されていた太陽神である。体は人間だが、頭部はハヤブサという姿で描かれており、その頭には太陽を象徴する円盤が載せられている。

　太陽が朝昇り、昼は天に輝き、夜は沈んでいくことから、古代エジプト人は、ラーも変身すると考えた。すなわち、朝は糞を転がして運び餌とするコガネムシ（スカラベ）になり、昼は大空を飛翔するハヤブサになり、そして夜は牡羊（おひつじ）の姿で船に乗って死の世界を旅すると考えていたのである。

　ヘリオポリス神話ではアトゥムが創造神なので、ラーもアトゥムに創られたということになるはずだが、「ラーは原初の水ヌンの中で、睡蓮（すいれん）の蕾（つぼみ）から自力で出てきた」と考えられることが多かった。また、アトゥムと習合してアトゥム・ラーと呼ばれることもあった。

Check

① 古代エジプトでもっとも信仰された太陽神。

② 1日のうちにさまざまな姿に変身する。

第1章　神と英雄

第2章

第3章

第4章

第5章

第6章

第7章

⑪ ヘリオポリス9柱の神々

エジプトの創世神話を彩る神の一族

◀人間に文明を伝えた、穀物の生産をつかさどる神オシリス。イシスを妻とし、人々から尊敬されて神の王となったが、弟のセトから嫉妬され殺される。妻のイシスは魔術によって、死んだオシリスとの間に息子ホルスをもうけた。その神話は、ローマのプルタルコスの『エジプト神イシスとオシリスの伝説について』にも詳しく記録されている。

　　ア　トゥムの子・孫・曾孫（ひまご）たちは、ヘリオポリス9柱の神々として、創世神話の主役となる。そしてセトによるオシリス殺害から、ドラマティックな物語が展開した。

アトゥムの子孫

　古代エジプトのヘリオポリス創世神話には、創世にかかわる9人の神々の話が描かれている。**アトゥム**とその息子**シュウ**と娘**テフヌト**、シュウとテフヌトの息子**ゲブ**と娘**ヌト**。そしてゲブとヌトの間には4人の子が誕生する。それが穀物の神**オシリス**、豊穣の女神**イシス**、砂漠と破壊の神**セト**、葬祭をつかさどる女神**ネフティス**の4兄弟で、この9人を**ヘリオポリス9柱の神々**（エネアド）と呼ぶ。

　オシリスはミイラの姿で描かれることが多い。イシスはハヤブサの頭をもったり、背にハヤブサの翼を生やしたりした姿で描かれる。セトはツチブタのような獣の顔をもつ。ネフティスは死者の着る麻布を着ている。

オシリスの死と復活

　ゲブから王位を継いだオシリスは、人間たちに小麦の栽培方法やパンの作り方を教え、法律を作って広めたため、熱心に崇拝された。

　そのことを妬んだセトは、オシリスを騙して箱に閉じ込め、ナイル川に投げ込んで殺した。オシリスの妻であり妹でもあるイシスは、たいへんな苦労の末に箱を見つけてもち帰ったが、王位を奪ったセトはオシリスの死体を今度は14もの部分に切断して、国中にばらまいてしまった。

　イシスはそれでもあきらめず、オシリスの体をひとつずつ集め、ミイラにして復活させた*。復活したオシリスは冥界の王となる。

その後、イシスが魔術によって産んだオシリスの**息子ホルス**（54ページ）が、セトから王座を奪還することに成功した。そして地上はホルスが、冥界はオシリスが統治することになったのだ。

▲ 壁画に描かれた女神イシス（前1360年頃）。

息子ホルス（54ページ）

＊ただしオシリスの男根だけは、セトによってナイル川に投げ込まれ、カニに食べられたせいで、見つけることができなかった。

9柱の神	属性	エピソードなど
アトゥム	創造	エジプト9柱の神の筆頭。
シュウ	大気	妹のテフヌトとの間にゲブとヌトをもうけた。
テフヌト	湿度	ライオンの頭をもつ。
ゲブ	大地	妹のヌトとの抱擁を分けられたため、天地が分かれた。
ヌト	天空	兄のゲブと交わり、4人の神を産む。
オシリス	穀物と死	人々に文明をもたらし崇拝されたが、セトに殺された。
イシス	豊穣	オシリスの復活のために奔走した。
セト	砂漠と破壊	オシリスを殺してバラバラにし、王位を奪った。
ネフティス	葬祭	セトの妻だがセトを裏切りオシリスの復活に協力した。

Check

① アトゥムとその子孫たち。

② セトがオシリスを殺害。

第1章　神と英雄

第2章

第3章

第4章

第5章

第6章

第7章

42 ホルス

王そのものを象徴する天空神

◀天空の神ホルス。エジプト統一の象徴でもあった。古代エジプトでは多くの都市国家が上エジプトと下エジプトのふたつにまとまり、さらに前3150年頃に統一されたが、上エジプトは蛇を、下エジプトはハヤブサを信仰していたので、統一国家のファラオは王冠に両方を飾った。その影響でホルスは、蛇を巻きつけた太陽を頭に戴くハヤブサの姿で描かれるようになった。

ハヤブサの姿で描かれる太陽神ホルスは、偉大なるオシリスとイシスの息子である。

Check

① ホルスの目は太陽と月の象徴。

② ハヤブサの姿をした天空の神。

　ホルスは、ハヤブサの姿をした、またはハヤブサの頭部をもつ天空の神である（のちに人間の姿でも描かれるようになる）。と同時に、彼は地上を治める神でもある。

　じつはこの神は、太陽神**ラー**の息子と、**オシリス**と**イシス**の息子が、同じホルスという名前だったため同一視され、ひとつの神になったものだと考えられている。

　オシリスとイシスの息子としてのホルスは、オシリスの死後、イシスが自らの魔術によってひとりで妊娠して産んだ。ホルスは成長後、父オシリスを殺した叔父**セト**から王座を奪還した。代々のエジプトの**ファラオ**は、ホルスの化身と考えられていた。

　太陽と月はホルスの両目であると考えられていた。のちに月の象徴は**ウアジェトの目**（左目）、太陽の象徴は**ラーの目**（右目）とされるようになる。特にウアジェトの目は、すべてを見通す知恵のシンボルとなった。

⑬ アヌビス
ミイラ作りを始めた死者の神

第1章　神と英雄

第2章

第3章

第4章

第5章

第6章

第7章

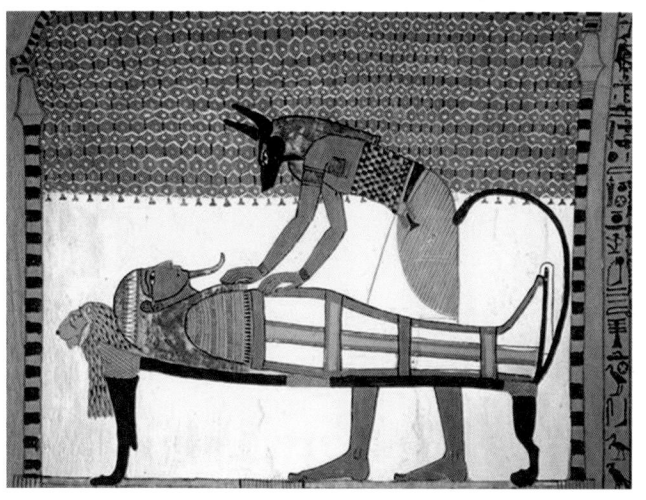

◀死者の神アヌビス。イシスの依頼を受けて、オシリスの遺体をエジプトで初めてのミイラにした神でもある。アヌビスが黒く描かれるのは、ミイラ作りの際に防腐のために使用するタールの色だといわれる。

 犬　またはジャッカルの頭をもつ冥界の神アヌビスは、オシリスの補佐役として、死者の裁きを行う。

　犬またはジャッカルのような頭部をもつ死者の神は、エジプトでは**インプゥ**と呼ばれていたが、ギリシア人の呼んだ**アヌビス**という名のほうが有名である。

　彼は冥界の支配者**オシリス**の補佐役であり、墓地とミイラ作りをつかさどっている。死者がやってくると冥界への門を開き、死者をオシリスの裁きの部屋に導く。その部屋には**ラーの天秤**(てんびん)があり、一方の皿にはダチョウの羽根（**真実の羽根**）が載せられている。死者から心臓が取り出されてもう一方の皿に載せられ、魂の罪が重いと秤が傾く。アヌビスはその様子を見ていて、罪人の心臓は、ワニの頭をした怪物**アメミット**に喰わせてしまう。心臓を喰われた死者は魂も死滅し、二度と再生できなくなるという。

Check

① 犬かジャッカルの頭をもつ。

② オシリスの補佐として裁きに同席。

④ アフラ・マズダ
ゾロアスター教の最高神

▼20世紀初頭の『ユダヤ大百科事典』に掲載されたアフラ・マズダのイラスト。

ア フラ・マズダはゾロアスター教の最高神で、善と光の神である。有翼光輪（こうりん）を背負った姿で描かれる。

Check

① ゾロアスター教の最高神である善神。
② 翼のついた光の輪を背負う王者の姿。

　イラン高原の**古代アーリア人**社会に現れた宗教家**ザラスシュトラ・スピターマ**は、「この世界は善と悪が闘争する舞台であり、人間は善の側について戦うべきである。世界の終末のとき、必ず救世主が現れて、善が勝利するだろう」と説く**ゾロアスター教**を創始した。

　その最高神が、善と光の神**アフラ・マズダ**である。彼は六大天使**アムシャ・スプンタ**（116ページ）を従えて、悪の勢力と戦う。翼のついた光の輪を背景に、王者の姿で描かれることが多い。

　火を尊ぶ（とうと）ことから拝火教（はいかきょう）とも呼ばれるゾロアスター教は、それまでの古代アーリア人の自然神崇拝を取り込んで神話を再構築したものであるだけでなく、キリスト教や仏教など世界中の宗教に決定的な影響を与えたともいわれている。

⑤ アンラ・マンユ

ゾロアスター教の悪なる闇の神

▼アンラ・マンユのイメージ。

第1章　神と英雄

第2章

第3章

第4章

第5章

第6章

第7章

アンラ・マンユはゾロアスター教の悪神であり、善神アフラ・マズダとの間に長い戦いをくり広げている。

アンラ・マンユは、ゾロアスター教における暗黒の悪神である。蛇やトカゲのような爬虫類（は ちゅうるい）の姿で出現するといわれる。さらに**アジ・ダハーカ**（149 ページ）という竜や**ダエーワ**と呼ばれる悪魔たちを生み出し、善神**アフラ・マズダ**の勢力と戦う。

ゾロアスター教の創世神話によると、太古の宇宙の中で、光と闇は上方と下方に分かれていた。しかしあるとき、闇の悪神が光の存在を知り、破壊の衝動に駆られて攻めていった。その際、光の善神アフラ・マズダと闇の悪神アンラ・マンユの間で取り決めがなされ、以後、3000 年ずつ3つの期間で戦いが行われることになったという。そして善神がさまざまな善なるものを創ると、アンラ・マンユも負けじと多くの悪なるものを創造していった。

Check

① ゾロアスター教の悪神。

② 闇をつかさどり、善神と対立する。

46 インドラ

理想の戦士として人気を誇る雷神

◀1920年代に描かれたインドラの絵。白いゾウはインドラのヴァーハナ（神の騎乗する乗りもの）として名高いアイラーヴァタであり、本来7本の鼻と4本の牙をもつ。インドラはそのほかに、7つの頭の空飛ぶ馬ウッチャイヒシュラヴァスもヴァーハナとする。

雷　神で戦士の神でもあるインドラは、ヒンドゥー教が確立する以前は、もっとも人気の高い神であった。

Check

① 『リグ・ヴェーダ』でもっとも人気のあった神。

② アーリア人の理想の戦士として称えられた。

　前15世紀頃にイラン高原からインドに進出してきた**古代アーリア人**は、自然現象を神格化して信仰し、やがて**ヴェーダ**と呼ばれる宗教文書を編纂していった。

　そのひとつが、神々への讃歌を集成した『**リグ・ヴェーダ**』だ。その中で、もっとも多くの讃歌が捧げられているのが、アーリア人にとって理想の戦士として崇拝された雷神**インドラ**である。

　インドラは黄金色または茶褐色の体で、髪やひげは赤か黄金色、手には、稲妻を象徴する武器**ヴァジュラ**（205ページ）をもっている。また、4世紀頃にまとめられた叙事詩『**マハーバーラタ**』などには、悪魔の王**ラーヴァナ**の大軍を一撃で死滅させたという超兵器**インドラの炎**が登場する。

　人気のあったインドラだが、のちにヒンドゥー教が隆盛すると**シヴァ**（61ページ）などに主役の座を奪われてしまう。ただし、仏教では**帝釈天**（69ページ）として崇められる存在となった。

㊼ アグニ
古代インドの火の神

◀ 1830年頃に描かれたアグニの絵。

火の神としてアグニは人々の生活のそばにあり、また、神々と人間との間を仲介した。

インド神話における火の神**アグニ**は、古代アーリア人に古くから信仰されていたようで、『**リグ・ヴェーダ**』にはインドラに次ぐ数の讃歌が収録されている。

Check

① ふたつの頭で炎の服を身にまとった姿の火の神。

② 人間と神々を仲介する存在でもある。

　絵画などには、炎の髪が生えたふたつの頭をもち、赤い体に炎の服を着た姿で描かれることが多い。あごや歯は黄金で、3枚から7枚の舌がある。天では太陽として輝き、空中では雷光となり、地上では祭事の炎となるといわれる。

　人々が神に生け贄や供物（くもつ）を捧げるとき、アグニに仲介してもらう。捧げものを火で燃やして煙にすることで、天上の神々に届けるのである。この儀式を**ホーマ**といい、仏教の**護摩**（ごま）のルーツとなっている（アグニ自身も仏教に取り入れられ、**火天**（かてん）と呼ばれる）。

　また、人々や動物が食べものを消化して栄養を得ることができるのも、体の中でアグニがはたらき、食べものを燃やしているからだとされた。

48 ブラフマー

ヒンドゥー教の創造をつかさどる神

◀1700年頃に描かれたブラフマーの絵。ブラフマーは、仏教には「梵天（ぼんてん）」として取り入れられている。

ブラフマーはヒンドゥー教のトリムルティ（最高神の３つの様相）のひとりで、「創造」をつかさどる。

　古代インドにおいて、自然神信仰は**バラモン教**にまとめあげられ、さらにそれが**ヒンドゥー教**へと再構築された。

　ヒンドゥー教には、**三神（トリム）一体（ルティ）**という理論がある。もともとひとつのものである最高神に、**創造・破壊・維持**という３つの役割があり、それぞれ**ブラフマー、シヴァ、ヴィシュヌ**という３人の神として出現する、との考え方である。

　「創造」をつかさどるブラフマーが単独で描かれるときは、それぞれ東西南北を向いた４つの顔をもつ、赤い肌の男の姿をしており、４本の手には、数珠（じゅず）、聖典ヴェーダ、小壺、笏（しゃく）をもっている。白ひげの老人として描かれることもある。

　宇宙の根本原理を神格化したものであり、すべての生物の主、神々の父とされるが、抽象的な神であるため、シヴァやヴィシュヌのような強い力をもつ者として語られることは少ないようだ。

Check
① 宇宙と生物の創造主。
② ４つの頭に４本の腕。

⑭ シヴァ
ヒンドゥー教の破壊と再生をつかさどる神

第1章　神と英雄

第2章

第3章

第4章

第5章

第6章

第7章

◀ 踊るシヴァ神の絵（1820年頃）。シヴァはナラタージャ（踊りの王）とも呼ばれる。シヴァの踊りは3種類ある。カイラス山で神々の前で踊るダンスと、墓場や火葬場で魔物らと踊る「ターンダヴァ」、ターラカの森で小さな悪鬼たちを踏んで踊った「ナーダーンタ」である。特に「ターンダヴァ」は、死と再生を表現する重要な踊りだとされる。

トリムルティのひとりであるシヴァは、「破壊」をつかさどる。ヒンドゥー教でもっとも人気のある神のひとり。

　シヴァは「破壊」の神である。虎の皮をまとい、数珠と蛇を首に巻きつけた姿で描かれることが多い。荒々しく束ねられた髪からは水が流れているが、それはインドを流れるガンジス川を表している。額に**第3の目**をもっていて、その目からは、ヒマラヤを焼き尽くすほどの光を放ち、欲望（カーマ）を灰にするという。

　三叉の戟（げき）**トリシューラ**と、**ダムルー**という小さな太鼓をもっている。ヒマラヤのカイラス山に住み、瞑想を行っているといわれるため、修行僧の姿で描かれることもしばしばだ。

　シヴァの原型とされるのは、『**リグ・ヴェーダ**』に登場する暴風雨の神**ルドラ**である。暴風雨は破壊的でありながら、水をもたらして生命を育む面ももつ。そのためシヴァ神は、破壊のあとに再生を担う神として信仰されるようになったのだ。

 Check
① 破壊と再生をもたらす。
② 第3の目はあらゆるものを焼き尽くす。

⑤ ヴィシュヌ

ヒンドゥー教の維持をつかさどる神

◀「維持」を担う神ヴィシュヌ。ヴィシュヌを最高神と崇拝するヴィシュヌ派によれば、宇宙ができる前にヴィシュヌは大蛇シェーシャの上に寝ていたが、彼のヘソからハスの花が咲いて伸び、そのハスの花からブラフマーが生まれ、さらに、ブラフマーの額からシヴァが生まれたと考えられている。ヴィシュヌは、メール山の中心にあるヴァイクンタという場所に住んでいるという。

　トリムルティのひとりで「維持」をつかさどるヴィシュヌは、世界に危機が訪れたとき、さまざまな化身を使い分けて、地上に出現する。

維持の神

　ヴィシュヌは、トリムルティの３神の中で「維持」を担う神である。腕が４本ある美青年で、２本の右手には投擲用の武器である円盤と棍棒をもち、左手には法螺貝と蓮の花をもっている。彼の**ヴァーハナ**（乗りもの）は**ガルダ**（151 ページ）という鳥の王で、鷲のような姿をしている。

　ヴィシュヌは世界を維持するため、その姿をさまざまに変えるが、その化身を**アヴァターラ**（「アバター」の語源）という。

さまざまなアヴァターラ

　あるとき、**マヌ**という人間の王が、小さな魚（**マツヤ**）を助ける。マツヤは巨大化して**大洪水**の到来を予言し、「7人の賢者とすべての種子を船に乗せよ」と宣託する。やがて本当に大洪水が起こり、世界は破滅するが、マヌ王たちは助かって人間の祖先になった。このマツヤはヴィシュヌのアヴァターラだった。

　ヴィシュヌはまた、魔人**ヒラニヤカシプ**を倒すため、半人半獣の**ナラシンハ***というアヴァターラになる。魔神は「神にも人や獣にも、昼と夜にも、家の中でも外でも、地上でも空中でも、そしてどんな武器にも殺されない体」をもっていたが、神でも人でも獣でもないナラシンハはこの魔人を、夕方に玄関で、自分の膝の上で、素手で引き裂いて殺したのだった。

　ヴィシュヌのアヴァターラは代表的なものが10あるといわれ、**十化身**_{ダシャーヴァターラ}として知られている。

▲ヴィシュヌのアヴァターラのひとつとされる英雄ラーマ。

アヴァターラ	属性	エピソードなど
マツヤ	半人半魚	洪水から人類を救う。
クールマ	亀	宇宙を支える亀。
ヴァラーハ	猪	大地の女神を救った。
ナラシンハ	半人半獣	体の半分が獅子、半分が人間。
ヴァーマナ	小人	変身能力にすぐれ、巨大化することもできる。
パラシュラーマ	聖者	斧をもち、邪悪な戦士階級（クシャトリヤ）を滅ぼす。
ラーマ	英雄	叙事詩『ラーマーヤナ』の主人公。
クリシュナ	神	非常に人気のある愛・知・美の神。
ブッダ	賢者	ヒンドゥー教は仏教をヒンドゥー教の一派とみなす。
カルキ	英雄	悪徳の時代（カリ・ユガ）を終わらせる白馬の英雄。

*サンスクリット語で、「ナラ」は人、「シンハ」はライオンを意味する。ナラシンハはライオンの頭部に人の半身の姿である。

Check

① 青い肌で4本の腕が特徴。

② 無数の化身をもつ。

第1章　神と英雄

第2章

第3章

第4章

第5章

第6章

第7章

51 盤古
ばんこ
中国神話の創世における巨人神

Check

① 死体から万物が生成された。

② 成長により天地を分かつ。

盤古は、中国神話において原初に生まれた巨人の神である。

最初、鶏の卵のように混沌としていた宇宙に、盤古が誕生した。それから1万8000年が経過する中で、宇宙の混沌の中の明るく澄んだものが上昇して天ができ、暗く濁ったものが下って地となった。その間に盤古は、一日に9度も姿を変えながら背を伸ばしていき、それとともに天は高く、地は厚くなった。

盤古が死ぬと、その死体から自然界の万物ができていった。目は太陽と月に、髪の毛や髭は星に、体は山に、肉は土に、血は川に、体毛は植物になったといわれている。

52 伏羲と女媧
ふっき　　じょか
大洪水を生き延びた半人半蛇の男女神

Check

① 大洪水を生き延びた。

② 男女一対の神で人類の祖。

伏羲と**女媧**は、半人半蛇の夫婦神または兄妹神で、蛇の体をからませ合った姿で描かれる。彼らは**大洪水**を生き延びて人類の祖になったといわれるが、それ以外にもさまざまな伝説が、古くから語り継がれている。

女媧には**人間創造**の説話もある。最初は黄土を練ってひとりずつ人間を創っていたが、途中から時間短縮のため、縄を泥に浸して引き上げ、飛び散った泥を人間にしたと伝えられている。彼女はまた、天を支える4本の柱が傾いて地上が壊滅的な状態になったとき、天と地を補修し秩序を回復したという。

53 天帝
てんてい

天上から万物を支配する最高神

天帝は、儒教と道教における最高神である。

儒教では、人間を見守り、天命を授けて王朝を興させたり、古い王朝を倒す革命を起こさせたりする神だとされた。天命を受けた君主は天子と呼ばれ、天帝を祀った。

道教では、天地の万物を支配する絶対的な存在であり、その姿は見えないものとされた。善を行う者には恩恵を与え、悪を行う者には天罰を下すという。

もとは「大帝」や「上帝」などとも呼ばれ、ほかのさまざまな神とも同一視された。

Check

① 万物を支配する神。
② 古代より天子は天帝を祀る。

54 黄帝
こうてい

武勇を誇った伝説の帝王

黄帝は、中国の伝説の君主であり、最高の帝王とされる。武勇の人で、従わない諸侯を次々と滅ぼして、領土を広げていったという。夏王朝、殷王朝をはじめ、多くの王朝の君主は黄帝の子孫とされている。

彼は天下を平定して制度を整備しただけでなく、さまざまなものの発明者として伝えられ、中国の文化の祖といわれる。暦を定め、大豆・麦・米の生産を促進し、弓矢を発明し、多くの医学書を著して東洋医学の祖ともされた。そして鼎（3本脚の器）を発明したのち、飛来した竜に乗って天へと去っていったという。

Check

① 最高の帝王で諸王朝の祖。
② 弓矢の発明者。

第1章 神と英雄

第2章

第3章

第4章

第5章

第6章

第7章

55 如来（にょらい）

真理を知って苦しみから解脱した存在

◀如来のイメージ。

仏教において信仰の対象となる、最上位の「仏」が如来である。

　日本では「神様仏様」というように神と仏が同じようなものとして語られることも多いが、もともと仏教における**仏**は**ブッダ**といい、「**悟りを開いた者**」、つまり「**宇宙の真理を知った者**」という意味である。仏教の開祖である**ガウタマ・シッダールタ**（前5世紀頃、**釈迦**）自身、悟りを開き、そのことによってこの世界の苦しみから解放されたブッダ（のひとり）だった。

　仏は**如来**とも呼ばれる。「**真理の世界からこの世に来た者**」という意味である。仏教が各地に広まり、変化し枝分かれする中で、如来を「苦しむ人々を救ってくれる別世界の神的存在」のようにイメージし、崇拝の対象とする見方も出てきた。

Check

① 仏教における最上位の崇拝の対象ともなった。

② 「悟り」を開いて苦しみから解放された存在。

有名な如来	どのような存在か
釈迦如来（しゃかにょらい）	「シャカ族」出身の仏教の開祖ガウタマ・シッダールタを指す。
阿弥陀如来（あみだにょらい）	西方浄土（さいほうじょうど）（253ページ）の主とされる。
薬師如来（やくしにょらい）	人々の病気や災難を取り除く。
大日如来（だいにちにょらい）	宇宙の真理を体現する、すべての根源となる仏。

56 菩薩 (ぼさつ)

衆生を救うため悟りの手前にとどまる

◀菩薩のイメージ。

慈 悲の心をもって他者の救済に尽力する菩薩は、仏教において如来に次ぐ地位とされる。

仏教において崇拝の対象とされる存在のうち、如来に次ぐ位置を占めるのが**菩薩**（ぼさつ）である。もともとは「悟りをめざす者」という意味で、真理に到達する前の修行者を指す言葉だったが、**衆生**（しゅじょう）（あらゆる生きものたち）の救済を重視する**大乗仏教**（じょうぶっきょう）の中で、**他者を苦しみから救うために尽力する存在**として位置づけられた。菩薩は、自分ひとりが修行を極めて苦しみから解放されることよりも、衆生を救うことを選び、あえて悟りの手前にとどまって**慈悲**（じひ）の手を差し伸べているといわれる。

質素な服装で表現される如来に対して、菩薩は装飾具を身にまとった姿で描かれることが多い。

Check

② 「悟り」の手前にとどまって衆生を救う。

① 如来に次ぐ地位にあるとされる。

有名な菩薩	どのような存在か
観世音菩薩（かんぜおんぼさつ）	「観音菩薩（かんのんぼさつ）」とも。慈悲の象徴とされ、人々の苦しみを救済する。
弥勒菩薩（みろくぼさつ）	未来にこの世に現れて仏となるとされる。
文殊菩薩（もんじゅぼさつ）	賢明と智慧（ちえ）をつかさどる。勉学に励む人々から信仰される。
普賢菩薩（ふげんぼさつ）	実践によって悟りに至る道を示す。

第1章　神と英雄

第2章

第3章

第4章

第5章

第6章

第7章

57 明王
みょうおう

仏の教えを守る強大な力のもち主

◀明王のイメージ。

菩薩に次ぐ地位にあるとされるのが、仏教の強力な守護者である明王だ。

仏教の中でも**密教**（192ページ）に特有の**明王**という存在は、仏の教えの強力な守護者である。従わない者を説得したり、ときには力を用いて正したりする役割を担っており、菩薩に次ぐ地位にあるとされる。武器をもち恐ろしい顔をしているが、そのいかつい外見も、人々を守るためのものである。

もっとも有名なのは、大日如来の補佐役、または化身ともいわれる**不動明王**だろう。不動明王は**煩悩**（悟りに向かう妨げとなるもの）にとらわれた衆生を力ずくでも救うため、火炎を背負って剣や縄をもっている。

Check
① 力ずくでも仏の教えを守り、人々を導く。
② 如来と菩薩に次ぐ地位にあるとされる。

有名な如来	どのような存在か
五大明王	不動明王、降三世明王、軍荼利明王、大威徳明王、金剛夜叉明王。
愛染明王	衆生の愛欲を否定せずに悟りへと導く。
孔雀明王	孔雀に乗っている。毒や災難から守ってくれる。
烏枢沙摩明王	不浄を清める力をもつ。五大明王に数えられることも。

58 天部
仏教に取り込まれた各地の神々

◀天部のイメージ。

明 王に次ぐ地位にあるとされる天部は、神に当たる存在だが、悟りを開いてはいない。

仏教は古代インドで哲学的思想として生まれたのち、宗教化しながら広がっていった。その際、**古代インドの神々**をはじめ、各地の神々が仏教に取り入れられ、**天部**というグループを形成した。**インドラ**（58ページ）をもとにした**帝釈天**とそれに仕える**四天王**、**薬師如来**に従う**十二神将**など、多くの神がこのグループに属する。

　天部は神であり、人々を守ったり現実的なご利益を与えたりする。しかし、宇宙の真理を悟るには至っておらず、悟りを開いた如来などよりも下の階層だとされる。

　仏教では、**地獄道、餓鬼道、畜生道、修羅道、人間道、天道**という6つの世界（**六道**）があり、衆生はそれらの中を生まれ変わって永遠に生の苦しみを味わうとされる（バラモン教の**輪廻転生**の世界観を受け継いでいる）。天部が住むのは最上位の天道で、そこには苦しみはないが、苦しみに満ちた世界に生まれ変わってしまうことがありうるのだ。そして、宇宙の真理を知ってこの輪廻転生の苦しみから解放されることが、仏の悟りなのである。

Check

① 古代インドの神々をはじめとする、仏教に取り込まれた各地の神。

② 悟りは開いておらず、輪廻転生の中にとらわれている。

第1章 神と英雄

第2章

第3章

第4章

第5章

第6章

第7章

59 閻魔 (えんま)

魂の行方を決める冥界の裁判官

◀古い中国の絵に描かれた閻魔。

死者の世界をつかさどる閻魔は、死者の魂の審判を行う。

仏教の**天部**の中でも、特に有名な神的存在のひとりが**閻魔**である。インド神話における最初の死者で、死後の世界の主となった**ヤマ**が、仏教に取り込まれて閻魔となったとされる。

閻魔は、冥界へやってきた死者の魂に対する審判を行う。よい行いと悪い行いを審査して、**六道**のどこに生まれ変わるかを決定するのである。審判の場には、死者の生前の行いをすべて映し出す**浄玻璃鏡**（じょうはりのかがみ）という鏡が置かれており、死者が生前の行いについて嘘を述べたとしても必ず露見（ろけん）する。嘘をついた死者は、閻魔から舌を抜かれてしまうともいわれる。死者の審判は7日ごとに7回行われ、49日目に最終的な判決が下される（そのときよい判決が出るようにと願って遺族などが行うのが、**四十九日**（しじゅうくにち）と呼ばれる法要である）。

閻魔は、赤い顔に髭を生やし、ぎょろりと目をむいた様子で描かれることが多い。多くの場合、中国の唐（とう）王朝時代の役人風の服装で、手には笏をもっていることもある。

Check

① 生前の行いをもとに死者を裁く。

② インド神話のヤマがルーツ。

| 仏教 | 神的存在 | 戦闘 |

60 阿修羅（あしゅら）
仏の教えに帰依した戦いの神

　三面六臂（さんめんろっぴ）（3つの顔と6本の腕）の姿に描かれる**阿修羅**（あしゅら）も、仏教の**天部**に属する。インドでは、インドラなどの神々（**デーヴァ**と呼ばれる）と戦う悪神**アスラ**だったのだが（さらに前にはイラン高原の太陽神）、仏教に帰依（きえ）して教えの守り神となった。ただし、人間道の下の**修羅道**に住み、戦いに明け暮れているともいう。

　ちなみに阿修羅は、**天**（てん）（デーヴァをルーツとする神々）、**龍**（りゅう）、**夜叉**（やしゃ）（もともと人を喰う鬼神）、**乾闥婆**（けんだつば）（音楽神）、**迦楼羅**（かるら）（鳥の姿の神）、**緊那羅**（きんなら）（半獣の音楽神）、**摩睺羅伽**（まごらか）（蛇の首の音楽神）とともに、**八部衆**（はちぶしゅう）というカテゴリーを形成している。

Check
① インドのアスラがルーツ。
② 修羅道で戦いに明け暮れる。

| 仏教 | 神的存在 | 母親 |

61 鬼子母神（きしもじん）
鬼女が反省して子どもの守り神に

　鬼子母神（きしもじん）は、仏教において安産や育児にご利益があるとされる神だが、もともとは人間の子どもをさらって食べる鬼女だった。彼女には数百とも1万以上ともいわれる子どもがいて、その子らを育てるためのエネルギーが必要だったのだ。しかし、**釈迦**が彼女の末っ子を一時的に隠し、母親としての苦しみをわからせたうえで諭したため、彼女は反省して子どもの守護神となった。

　鬼子母神はインド神話では**ハーリティー**と呼ばれ、鬼神**ヤクシャ**の女性**ヤクシニー**のひとりであった。ヤクシャは**八部衆の夜叉**のルーツに当たる。

Check
① ルーツはインドのヤクシニー。
② 安産や育児にご利益ある女神。

第1章　神と英雄
第2章
第3章
第4章
第5章
第6章
第7章

62 別天津神と神世七代
ことあまつかみ　　　かみよななよ

『古事記』の最初に登場する謎多き神々

▶『古事記』において世界の始まりに現れたとされる、アメノミナカヌシノカミのイメージ。

世界の始まりのとき、謎めいた神々が登場しては姿を消したと、『古事記』は伝えている。

造化三神

　日本の神話を伝える書として712年に成立した『古事記』によると、世界の始まりのときに**高天原**（237ページ）と呼ばれる天上界にまず出現したのは、**アメノミナカヌシノカミ**という神だった。この神は高天原の主宰神と考えられることもある。

　さらに、**タカミムスビノカミ**と**カミムスビノカミ**という2柱の神も現れる。このふたりは、宇宙の中でものが生成する原理としての「ムスビ」の力を表す神だと考えられている。

　万物を作り育てる根源ともされるこれら3柱の神々は、**造化三神**と呼ばれる。彼らはすぐに姿を隠し、表舞台にはほとんど姿を現さず、下の世代の神々の活躍を見守るようになった。

別天津神

その頃、地上界はまだ水に浮かんだ脂のように漂っていた。そんな中、**ウマシアシカビヒコジノカミ**と**アメノトコタチノカミ**という神も生まれたが、これらも姿を消した。ここまでの5柱の神々は**別天津神**と総称される。性別も配偶者もない「独り神」である。

別天津神	どのような神か
アメノミナカヌシノカミ	高天原の主宰神とされることもある。
タカミムスビノカミ	万物の生成の原理「ムスビ」を表す。
カミムスビノカミ	万物の生成の原理「ムスビ」を表す。
ウマシアシカビヒコジノカミ	葦の芽のように萌えあがるものから生じた。
アメノトコタチノカミ	天自体が神格化されたものだと考えられる。

神世七代

別天津神のあと、**クニノトコタチノカミ**と**トヨクモノノカミ**という2柱の独り神が生まれた。さらにそこから、5組の男女一対の神（「双び神」という）が出現する。これらを**神世七代**という。

神世七代	どのような神か
クニノトコタチノカミ	大地（国土）のすべてを象徴する。
トヨクモノノカミ	ものが固まってくる様子を象徴する。
ウイジニノカミ スイジニノカミ	泥のような原初的な大地を象徴する。
ツノグイノカミ イクグイノカミ	万物をはぐくむ繁殖や成長の力を象徴する。
オオトノジノカミ オオトノベノカミ	固まった大地を象徴する。男女の性器の象徴という説も。
オモダルノカミ アヤカシコネノカミ	大地の表面が過不足なく完成したことを象徴する。
イザナギノミコト イザナミノミコト	ともに「国産み」「神産み」を行う。

第1章 神と英雄

第2章

第3章

第4章

第5章

第6章

第7章

Check

① 最初に、造化三神を含む5柱の別天津神が現れた。

② 次に、2組の独り神と5組の双び神の神世七代が出現した。

⑥③ イザナギとイザナミ

日本の国土と多数の神々を産んだ夫婦神

◀小林永濯《天瓊を以て滄海を探るの図》
（1880 年代中頃）より。右がイザナギ、
左がイザナミである。

日本の国土と神々を生
み出した夫婦神。ま
た、死も彼らに由来する。

国産みと神産み

　神世七代の最後の代として生まれた**イザナギノミコト**と**イザナ
ミノミコト**は、日本の国土を創造したとされる夫婦神である。『古
事記』だけでなく、「歴史書」として編纂されて 720 年に完成し
た『**日本書紀**』にも記されている。

　ふたりは**別天津神**から**天沼矛**という槍を与えられて、天と地を
結ぶ**天浮橋**に立ち、混沌とした下界をかき混ぜた。その槍を引き
上げると、落ちたしずくが固まって**オノゴロ島**＊になった。その
オノゴロ島に降り立ったふたりは結婚して、国土を生み（**国産み**）、
神々を生んでいく（**神産み**）。

　しかし、火の神を産んだときにイザナミは大火傷を負い、死ん
でしまった。妻をあきらめきれないイザナギは、イザナミを連れ
戻そうと、死者の世界である**黄泉の国**（241 ページ）を訪れる。

＊「自ずから凝り固まって
できた島」という意味。

黄泉の国にて

黄泉の国の妻に向かい、イザナギは「一緒に帰ろう」と呼びかける。イザナミは「黄泉の国の大神に相談するので、その間、絶対に中を見ないでください」と言うが*、待ちきれないイザナギは、櫛(くし)の歯に火をともして中を覗いた。すると見えたのは、蛆(うじ)のわいた恐ろしい姿の妻で、怖くなったイザナギは逃げ出した。

約束を破られたイザナミは、**黄泉醜女**(よもつしこめ)という悪霊たちなどにイザナギを追わせた。イザナギは何とか地上に逃げ戻り、黄泉の国との間の境界の**黄泉比良坂**(よもつひらさか)を、大岩でふさいでしまう。追いかけてきたイザナミは岩越しに、「こんな仕打ちをするなら、私は地上の人間を、一日に1000人殺します」と言う。イザナギは、「では私は、一日に1500の産屋(うぶや)を建てよう」と応えた。こうして地上では、生まれる者の数が死者の数を上回るようになったという。

＊黄泉の国の食べものを食べてしまっていたイザナギは、地上に戻ることはできないと言われていた。

穢れを清める

黄泉の国を訪れることで死の穢れ(けが)を身に帯びてしまったイザナギは、禊(みそ)ぎをしなければならないと思い、清らかな水で体をすすいだ。

すると その汚れの中から、禍(わざわい)をもたらす**マガツヒノカミ**や、その禍を直す**ナオビノカミ**など、多くの神々が生まれた。

仕上げにイザナギは顔を洗った。左目を洗うと、太陽のような**アマテラス**（76ページ）が生まれ、右目を洗うと、月のような**ツクヨミ**が生まれた。そして鼻を洗うと、嵐のような**スサノオ**(77ページ)が生まれた。この3柱の神を**三貴子**(さんきし)という。

三貴子の誕生に、イザナギはとても喜んだ。彼はアマテラスには神々の暮らす**高天原**を、ツクヨミには夜の世界（**夜之食国**(よるのおすくに)）を、スサノオには海原を治めさせることにしたのだ。

Check

① イザナギは矛で混沌をかき回し、国土を創る。

② イザナギは黄泉の国を訪れる。

第1章 神と英雄

第2章

第3章

第4章

第5章

第6章

第7章

75

64 アマテラス

皇室の祖となる太陽の女神

▼ 三代豊国《岩戸神楽ノ起顕》(1957 年)。天の岩戸隠れのエピソードが描かれている。中央で光を放っているのがアマテラス。

太 陽を神格化した神で皇祖神。天の岩戸にアマテラスが隠れたとき、世界は光を失った。

Check
① 日本神話の最高神で、皇室の祖神。
② 天の岩戸伝説で有名。

アマテラスオオミカミは日本神話の最高神で、太陽の女神である。祭祀を行う日の巫女としての性格ももつ。美しいアマテラスが誕生した瞬間、天地いっぱいに光があふれたため、父**イザナギ**はとても喜んだという。父から**高天原**の統治を任されたアマテラスは、のちに地上の統治を自分の子孫に委ねることになる。そのことから彼女は、**皇祖神**（天皇家の祖先の神）ともなった。

アマテラスはあるとき、弟**スサノオ**の蛮行に耐えかねて、**天の岩戸**という洞窟の中に閉じこもった。そのため世界はまっ暗になり、さまざまな禍が起こる。困った神々は知恵をしぼって、踊り騒いでアマテラスの気を引き、岩戸から引き出した。すると、天上と地上に光が戻ったという。

65 スサノオ

荒ぶる神にして出雲神話のヒーロー

◀歌川国芳《須佐之男命》（1840年）。三貴子の中でも、エピソードの多さではスサノオが一番である。

> **ア**マテラスの弟で、秩序を乱す荒くれ者だったスサノオだが、ヤマタノオロチ退治で名を上げる。

　スサノオノミコトは荒ぶる神である。父**イザナギ**から海原を治めるように命じられたが、聞き入れず駄々をこね、追放されてしまった。姉に会ってから去ろうと**アマテラス**のもとへ行くも、そこでも乱行をはたらいたせいで追い出される。

　しかし、高天原を追放されて出雲の国に降り立ったスサノオは、**ヤマタノオロチ**（157ページ）を退治して**クシナダヒメ**を救い、一躍ヒーローになる。

　彼はクシナダヒメを妻として子をもうけ、出雲の神々の祖となった。そしてのちに、子孫の**オオクニヌシ**（78ページ）に命じて、地上世界**葦原中国**の国造りを行わせるのである。

Check

① ヤマタノオロチ退治でヒーローに。

② アマテラスの弟で、高天原から追放された。

第1章　神と英雄

第2章

第3章

第4章

第5章

第6章

第7章

日本神話　　神　　統治

66 オオクニヌシ

土着の神である国津神の主宰神

Check

① 国津神の主宰神。
② アマテラスの子孫に国を譲る。

　スサノオの子孫の**オオクニヌシノカミ**は、**因幡の白兎**(いなば しろうさぎ)を助けたことがきっかけで兄神たちの恨みを買い、**根之堅州国**(ね の かた すくに)（241ページ）にいるスサノオのもとへ逃れた。そこでの試練を乗り越えて出雲に戻ったオオクニヌシは、兄たちを追放して**国造り**を行う。天上の**高天原**の神々は**天津神**(あまつ かみ)、地上の**葦原中国**に土着した神々は**国津神**(くに つ かみ)と呼ばれるが、オオクニヌシは国津神の主宰神となった。

　しかしのちに**アマテラス**が、自分の子孫に葦原中国を治めさせようと、地上に使者を送ってくる。そのときオオクニヌシは戦わず、天津神たちに国を明け渡した。これを**国譲り**という。

日本神話　　神　　征服

67 ニニギ

高天原から地上に降り、その地を統治

Check

① 高天原からの天孫降臨。
② 猿田彦の導きで日向に。

　ニニギノミコトは**アマテラス**の孫に当たる神である。その名は、天地が豊かににぎわうこと、稲穂が豊かに実ることを意味する。

　彼はアマテラスから、葦原中国を治めるように命じられた。**三種の神器**（230ページ）をもち、神々を引き連れたニニギは、高天原から地上へと降りていく。途中で、国津神の**サルタビコ**が現れ、道案内をした。やがてニニギは、筑紫の日向の高千穂(つくし ひむか たかち ほ)（九州）に降り立った。これを**天孫降臨**(てんそんこうりん)という。

　地上に降りたニニギは、国津神の娘**コノハナサクヤビメ**との間に子をもうけ、**天皇家**の祖先となったとされる。

⁶⁸ カムヤマトイワレビコ

日本の初代天皇とされる伝説上の英雄

カムヤマトイワレビコはニニギの曾孫に当たる人物である。

九州に住んでいた彼は、東方に美しい土地があることを知り、その地を手に入れようと考えた。そしてアマテラスの遣わした**八咫烏**に導かれて進軍し、金色の鴟（**金鵄**）の助けを借りて敵を打ち破った。この戦いの旅を**東征**という。

数々の苦難の末に大和（現在の奈良県）を制圧し、この地を都としたカムヤマトイワレビコは、橿原宮で**神武天皇**として即位したという。そしてこの神武天皇が、代々の**ヤマト王権**から現在の天皇家につながる系譜の始まり（初代天皇）だとされる。

Check
① 大和で初代天皇となる。
② 八咫烏に導かれて東征する。

⁶⁹ ヤマトタケル

熊曾・東国を征した伝説的英雄

ヤマトタケルは日本神話の伝説的英雄である。**ヤマト王権**の王子で、各地を征服していったとされる。

幼名は**オウス**で、天皇の子として生まれたが、兄を殺したため父から疎まれ、**九州の熊曾**の征伐を命じられた。オウスは女装して熊曾の宴に潜入し、首領の**クマソタケル**を暗殺。その際「タケル」の名を贈られ、以降、ヤマトタケルと名のるようになった。

彼はすぐにまた東国遠征を命じられ、出発する。そしてさまざまな地を征服したが、大和に戻る途中で落命した。その墓からは白鳥が現れて、大和に向かって飛んでいったという。

Check
① 武力と計略で各地を制圧。
② 父に疎まれた悲劇の皇子。

第1章　神と英雄
第2章
第3章
第4章
第5章
第6章
第7章

70 八幡神
地方出身の神は天皇家と結びついた

Check
① もともと宇佐神宮の神。
② 応神天皇と習合した。

　日本では、『古事記』『日本書紀』の神話に登場する神々以外にも、多くの神が信仰されてきた。

　現在、日本に存在する神社の中でもっとも多いのが、**八幡神**を祀る八幡神社である。八幡神は、もともと九州の**宇佐神宮**（大分県）に祀られる神で、そのルーツは謎に包まれているが、いつの間にか『古事記』『日本書紀』に登場する**応神天皇**と習合し、**皇祖神**と考えられるようになった。

　8世紀に奈良の**東大寺**の大仏が作られた際は、八幡神が宇佐からやってきて、大仏の守り神になったという。

71 稲荷神
狐を従える五穀豊穣の女神

Check
① 渡来人の稲の神。
② 狐にまたがった姿で描かれる。

　「お稲荷さん」といえば一般的には狐のイメージだが、じつはその狐は神の従者であり（114ページ）、狐が仕えている**五穀豊穣**や**商売繁盛**の神が**稲荷神**である。稲荷神は多くの場合、狐にまたがった姿で描かれる。

　この神はもともと、朝鮮半島からの渡来人が祀った稲の神だったが、のちにさまざまな神と同一視されていった。中心になっているのは、『古事記』などに登場する女神**ウカノミタマノカミ**である。インドの恐ろしい女神**ダーキニー**をルーツとする仏教の**荼枳尼天**とも習合している。

72 七福神
しちふくじん

福の神たちの混成7人チーム

◀七福神が描かれた日本の絵（1878年）。

7 人の福の神によって構成される七福神は、人々に現世的利益をもたらすとされる。

　七福神は、富や幸福をもたらしてくれるとされる7人の福の神たちである。その顔ぶれは一般的には下の表のとおりだが、福禄寿と寿老人は同じ神だとみなされることもあり、その場合はもうひとり、吉祥天などが入る。メンバーのうち、日本で生まれた神は恵比須だけで、ほかはインドや中国由来の神々である。

　7人セットの信仰は、商工業が発達して富を求める人が増えた室町時代に始まり、江戸時代にかけて定着していったとされる。

Check
① それぞれ異なるルーツをもつ。
② 富や幸福をもたらす7人の神。

七福神	どのような存在か
恵比須 えびす	もとは漁業の神で、しばしば釣竿をもち鯛を抱える姿で描かれる。
大黒天 だいこくてん	食物と財産の神。ルーツはインドのシヴァ神の化身マハーカーラ。
毘沙門天 びしゃもんてん	仏教の四天王の1柱。ルーツはインドの財宝神クベーラ。
弁財天 べんざいてん	財産、音楽、学芸などの神。ルーツはインドの女神サラスヴァティー。
布袋 ほてい	太鼓腹が特徴。ルーツは900年前後に実在したとされる中国の僧。
福禄寿 ふくろくじゅ	長い頭が特徴。ルーツは中国の道教における子宝、財産、長寿の神。
寿老人 じゅろうじん	酒を好む。ルーツは中国の道教における長寿の神。

第1章 神と英雄
第2章
第3章
第4章
第5章
第6章
第7章

73 天神

恨みを恐れた人々は道真を神として祀った

▼《北野天神縁起絵巻》（メトロポリタン美術館所蔵、部分）。菅原道真が雷神の姿で、宮廷の人々を襲っている。

平安時代の学者・政治家の菅原道真は死後に天神として祀られ、学問の神としてポピュラーな存在になった。

Check

① 菅原道真が神として祀られた。
② 学問の神として有名になった。

　平安時代の9世紀後半に活躍した学者・政治家**菅原道真**は、右大臣まで上りつめたが突然、九州を統括する**大宰府**へ左遷され、京の都に戻ることなく失意のうちに没した。この左遷は左大臣**藤原時平**の讒言のせいだという話が、歌舞伎などで有名になっている。そののち、道真と因縁のある者たちが次々に亡くなったり、天皇が生活する清涼殿に雷が落ちたりと恐ろしい出来事が続き、道真の恨みのためだと噂された。そこで947年、恨みを鎮めるために、道真を祀る**北野天満宮**が京都に建てられたのだった。

　道真も神社も、通称を「**天神さん**」という。雷や天候などを支配する神という意味である。また、道真が学者だったことから、のちに天神は**学問の神**とみなされるようになった。日本では道真のほかにも、多くの実在の人物が神として神社に祀られている。

74 カムイ

人間の力の及ばない偉大な霊魂

北海道で独自の文化を生み出した**アイヌ**の人々は、あらゆる動植物、自然現象、道具類、さらに病気までが、**ラマッ**と呼ばれる霊魂をもっていると信じていた。そのラマッの中でも重要なはたらきをするもの、人間の力の及ばないものなどは、**カムイ**（神）と呼ばれた。中でも、北海道最大の陸上動物である熊に宿るカムイは特別視された。

ラマッは不滅のものであり、人間の世界**アイヌモシリ**での役割を終えると、神の世界**カムイモシリ**に帰っていく。カムイモシリにいるときのラマッは、人間の姿をしていると考えられた。

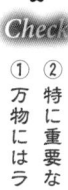

Check

① 万物にはラマッが宿る。

② 特に重要なラマッがカムイ。

75 アマミキヨ

天帝の命を受けて人間の住む島を創造した女神

日本文化圏と中国文化圏、そして東南アジア文化圏の交わる沖縄では、独自の神々が信じられ、**琉球神道**が形作られた。

その中でも重要な位置を占めているのが、**アマミキヨ**という女神である。

アマミキヨは**天帝**（65 ページ）から命じられて、海しかなかったところに島を作り、草木を植えた。そして数万年後、彼女は天帝に頼んで、ひと組の男女を島に降ろしてもらう。そのふたりの間に 3 人の男とふたりの女が生まれ、それぞれが王をはじめとする身分・職業の始まりとなったという。

Check

① 琉球神道の女神。

② 島を作り人間を住まわせる。

第1章 神と英雄

第2章

第3章

第4章

第5章

第6章

第7章

76 マヤの創造神たち

試行錯誤の末に人間を創り出した

◀天空の女神テペウと羽毛をもつ
蛇神グクマッツのイメージ。

マヤ神話では、男女ペアの神が大地と人間を創造したとされる。

Check

①神々は自分たちを称える存在を作ろうとした。
②何度も失敗したのちに、4組の男女を創造した。

　マヤ文明は、ユカタン半島とその南側、メキシコ南東部からグアテマラあたりに紀元前1000年頃から始まり、4〜14世紀頃に栄えた文明である（16世紀まで存続）。マヤの神話には男女ペアの創造神たちが登場する。創造主**ツァコル**と形成主**ビトル**、天空の女神**テペウ**と羽毛をもつ蛇神**グクマッツ**、女神**アロム**と男神**クァホロム**である（この3組は、同じ一対の異名との説もある）。

　彼らは議論の末、自分たち神々を賛美する存在を創造することに決め、まずは大地と動物を創る。しかし動物たちは言葉を知らず、神々を称えられなかった。次に泥と土で人間を創ったが、うまくしゃべれず水に溶けてしまう。木で創った人間たちは、しゃべれるものの創造神たちのことなど考えもしなかったので、神々は大洪水を起こしてこの人間たちを押し流した。

　こうした試行錯誤の末、ついに神々は4組の男女を創り、それが現在の人間の祖先となったという。

⑦ フンアフプーとイシュバランケー

死者の国の主たちへの復讐を果たす

◀双子の英雄神フンアフプー
とイシュバランケーのイ
メージ。

第1章　神と英雄

第2章

第3章

第4章

第5章

第6章

第7章

 人 間創造の神話と並行して、双子の英雄神が父と叔父の仇を討つ冒険物
語が展開する。

　　マヤ神話での人間創造の試行錯誤には、**イシュムカネーとイ
シュピヤコック**という占い師の夫婦もかかわっていたのだが、こ
の夫婦からは**フン・フンアフプー**と**ヴグブ・フンアフプー**という
双子が生まれた。その双子はあるとき、**死者の国シバルバーの主
たち**と諍いを起こし、呪術対戦に負けて殺されてしまう。

　　しかし、シバルバーのひとりの神の娘**イシュキック**と死んだフ
ン・フンアフプーとの間に、**フンアフプー**と**イシュバランケー**と
いう双子の英雄神が生まれる。彼らは父と叔父の仇を討つべく、
シバルバーの主たちと壮絶な戦いをくり広げるのである。

　　フンアフプーとイシュバランケーはシバルバーに乗り込み、知
略を駆使して、シバルバーの主たちの呪術の罠を回避する。そし
て何度も殺されても復活して戦い、ついにはシバルバーの主たち
を退治した。彼らは太陽の神と月の神になったとされる。

Check

① 死者の国の主たちから殺された男の子ども。

② 知略と武勇によって父たちの仇を取る。

78 ケツァルコアトル

アステカ神話で創造を担った文化の神

◀羽毛の生えた蛇の姿をしたケツァルコアトルの絵（16世紀）。

アステカの神ケツァルコアトルは、慈悲深い文化の神で、創造を担った。

Check

① アステカにおける羽毛をもつ蛇の神。

② 人間を創造し、さまざまな文化を伝える。

　メキシコ高原に15〜16世紀に存在した**アステカ王国**の神話では、**オメテオトル**という両性具有の原初の神から生まれた神たちが、世界の創造を担ったとされる。中でも中心的な役割を演じる2神のうちのひとつが、**ケツァルコアトル**である。

「羽毛の生えた蛇」を意味する名前のこの神は、アステカ以前からメキシコ高原に伝わっており、マヤ神話の**ググマッツ**（**ククルカン**とも呼ばれる）と同じ神だと考えられている。名前どおりの姿で描かれるが、白い肌の人間として現れることがあるともいわれる。

　均衡と調和をつかさどる文化英雄であり、人間を創造して火や暦、農耕や芸能などを教えた。また、中米地域には伝統的に、「人間が生け贄の心臓を神に捧げつづけなければ、太陽が運行を止めてしまう」という恐ろしい宇宙観があったのだが、ケツァルコアトルは生け贄制度に反対し、これを廃止しようとしたという。

⑲ テスカトリポカ
ケツァルコアトルのライバル神

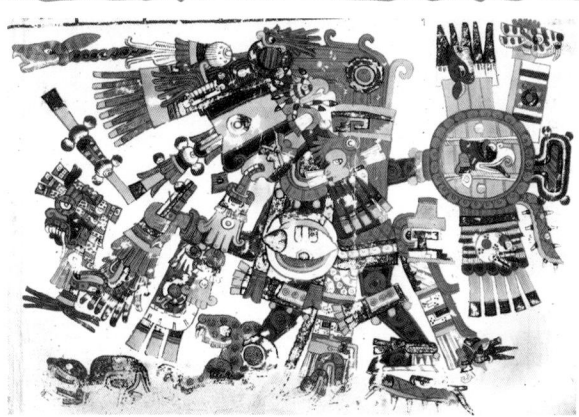

▶『ボルジア絵文書』に掲載されたテスカトリポカの絵。

争 いと変化をつかさどる強力な神テスカトリポカは、ケツァルコアトルと対立しながら世界を創造し、支配した。

ケツァルコアトルと実の兄弟である**テスカトリポカ**は、ケツァルコアトルとは対照的に、戦争や敵意、不和や誘惑、変化を好み、最強の力をもつとされる。アステカの人々はこの神を「魔王」と呼んで恐れていた。

普通は、黒と黄色の縞模様の顔と、黒い体で描かれる。右足が**黒耀石の鏡**として描かれることも多い。というのも、テスカトリポカはかつてケツァルコアトルと協力して、大地にいる怪物を退治したのだが、そのとき自分の右足を餌として怪物をおびき寄せ、足を喰われてしまったのである。その苦痛を和らげるために、人間の生け贄を必要とし、ケツァルコアトルと対立した。テスカトリポカとケツァルコアトルは、交代で世界を支配したという。

テスカトリポカは、ジャガーの姿の**テペヨロトル**に変身することもある。テペヨロトルは地震やヤマビコをつかさどる神である。

Check
① ケツァルコアトルと対立し、交代で世界を支配。
② 鳥獣に変身する能力を有し、ジャガーになる。

第1章 神と英雄
第2章
第3章
第4章
第5章
第6章
第7章

イエス・キリストと十二使徒

今から2000年ほど前、現在のパレスチナの地に、**イエス**という男が登場した。

彼はユダヤ人の間で信仰されていた**ユダヤ教**をラディカルに改革しようとし、保守派の反発を受けて処刑されたが、彼の弟子たちがその教えを広げ、ユダヤ人以外にも開かれた**キリスト教**が形成されていった。

その過程で成立した聖典**新約聖書**（その大半は1世紀後半から2世紀半ばに書かれ、4世紀末に正典が確定された）には、イエスの教えとともに、イエスの生涯を魅力的に語り直したストーリーが書かれている。

それによると、イエスは自ら**神の子**と名のり、病人を治したり死者を生き返らせたりといった**奇跡**を起こしてみせた。

そして、あらゆる人間が抱える罪を赦すため、その代償として**エルサレム**で十字架にかけられて絶命し、それから3日目に**復活**したという。

イエスの復活を見届けた弟子たちは、いよいよイエスが**救い主（キリスト）**であることを信じ、「キリストを信じれば救われる」という**福音**（よき知らせ）を広める伝道に励んだのである。

イエスには、生前に特に選んだ12人の弟子がいた。その弟子たちを**十二使徒**という。

メンバーは下の表のとおりだが、**イスカリオテのユダ**はエルサレムでイエスを裏切ったあと自殺したため、その欠員を**マティア**が埋めた。

十二使徒		
ペトロ	アンデレ	ゼベダイの子ヤコブ
ヨハネ	フィリポ	バルトロマイ
トマス	マタイ	アルフェオの子ヤコブ
タダイ（ユダ）	熱心党のシモン	イスカリオテのユダ

第 2 章

天使と悪魔

01 サンダルフォン

預言者モーセを戦慄させた巨大な祈りの天使

▼サンダルフォンのイメージ。

ユダヤ教の天使サンダルフォンは、天に達するほどの巨体で、人々の祈りを受け取るなどの役割をもつ。

Check

①モーセを恐れさせたほどの巨大さ。
②預言者の天国での姿。

　　サンダルフォンは、ユダヤ教の天使である。天に達するほど巨大な天使で、その身長は、人間が歩いて500年かかる距離に相当するという。預言者**モーセ**が神の**十戒**を受け取るためシナイ山の山頂から天に昇ったとき、サンダルフォンの姿を見て、そのあまりの大きさに恐怖にとらわれたとの伝承もある。

　　サンダルフォンの役割については、いくつかのことが伝えられている。人々の祈りを受け取って、それを神の頭にかぶせる花飾りの形に編むこと。生まれてくる赤ん坊の性別を決めること。そして、天使の軍勢を指揮して、悪魔と戦うことなどである。

　　一説によると、サンダルフォンはもとは人間の預言者で、炎の馬車に乗って天国へ昇り、天使になったという。

第1章

第2章　天使と悪魔

第3章

第4章

第5章

第6章

第7章

| ユダヤ教 | 天使 | 炎 |

メタトロン

02

多くの目と翼をもち天国の書記を務める天使

▼ メタトロンのイメージ。

メタトロンは神に次ぐほどの力をもつ天使であり、炎の属性をもっている。そのルーツは古代アーリア人の神という説もある。

サンダルフォンと双子であるともされる天使**メタトロン**は、炎の柱や、多くの目と翼をもつ姿で描かれる。翼は 36 対あるともいわれる。神の顔を直接見る特権を与えられているため、「**顔の天使長**」とも呼ばれる。**生命の樹**（218 ページ）の頂点に立ち、物質界を支えているともいわれる。

もとは**エノク**という預言者だったとの伝説もある。あまりに清らかな人間だったので、神はエノクの体を炎に変え、36 万 5000 もの目を与えて、天国の書記を務める天使にしたというのだ。

また一説によると、メタトロンのルーツは、中央アジアの草原地帯からイランやインド、ヨーロッパへ移動した**古代アーリア人**がもっとも重視した契約の神**ミスラ**であるという。

Check

① 神の顔を見ることができる「顔の天使長」。

② 預言者エノクが変身した姿との説も。

03 ミカエル

神にもっとも近いとされる美しき戦士

▶ルカ・ジョルダーノ《大天使ミカエルと叛逆天使たち》（1650年代頃）。神に逆らう堕天使たちを、ミカエルが倒している。

ミカエルは、ユダヤ教・キリスト教においてもっとも偉大な天使のひとりで、神の戦士である。

ミカエルはキリスト教において、神にもっとも近い**四大天使**のひとりとされる。

その名は「神に似た者はだれか？」という意味だが、これは「神とくらべられるほど偉大な者はいない」と解釈される。

Check

① 四大天使のトップ。

② 魔王サタンと戦う神の戦士。

背中に大きな白い翼を生やした、長身の美青年としてイメージされることが多い。

神の戦士として、魔王**サタン**（103ページ）の軍勢と戦っているともいわれ、剣や盾、黄金の鎧を装備した姿や、サタンを踏みつけている場面が描かれることもある。

また、手に天秤をもった姿で描かれる場合は、正義と公正さを象徴している。

キリスト教徒はミカエルを、戦争における自分たちの守護者とみなし、特にイスラム勢力と戦った中世の**十字軍**の兵士たちは、熱烈にミカエルを崇拝した。

`キリスト教`　`四大天使`　`告知`

⓸ ガブリエル

神の言葉を伝えるメッセンジャー

▼ レオナルド・ダ・ヴィンチ《受胎告知》(1470年代)。大天使ガブリエルが、聖母マリアに、イエスの受胎を予告している。その手には、純潔を象徴する百合の花が握られている。

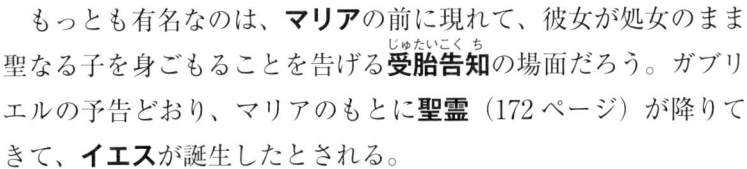

神の啓示をつかさどる天使ガブリエルは、イエスの受胎をマリアに告知した。世界の終焉にはラッパを吹き、最後の審判の訪れを知らしめる。

Check

① 神のメッセージを人間に伝える。

② キリストの受胎や最後の審判を告知。

　四大天使の中のひとりとされる**ガブリエル**は、天からの啓示と知恵をつかさどる神の使者で、その名は「神の人」を意味する。

　もっとも有名なのは、**マリア**の前に現れて、彼女が処女のまま聖なる子を身ごもることを告げる**受胎告知**の場面だろう。ガブリエルの予告どおり、マリアのもとに**聖霊**(172ページ)が降りてきて、**イエス**が誕生したとされる。

　旧約聖書の『ダニエル書』によると、ガブリエルは預言者**ダニエル**の前に現れて、やがて来る「終わりの時」の謎めいた幻を見せたという。さらに、新約聖書の『ヨハネの黙示録』には、すべての者が裁かれる**最後の審判**が訪れるとき、それを告げるラッパを吹き鳴らすという天使が登場するが、その天使もガブリエルであろうと考えられている。

第1章

第2章　天使と悪魔

第3章

第4章

第5章

第6章

第7章

93

05 ラファエル

治療を担い、旅人を守護する天使

◀ジローラモ・サヴォルド《大天使ラファエルとトビアス》（16世紀）。旧約聖書外典の『トビト記』にある、ラファエルが少年トビア（トビアス）を導く物語を描いている。

旅人の守護天使であるラファエルは、同時に治癒の力ももつ。

Check

① 治癒の力をもつ、旅人たちの守護天使。
② 信心深いトビトの息子トビアの旅に同行した。

　　ラファエルは四大天使のひとりで、その名前は「神は癒やす」という意味をもつ。新約聖書にはその名前はないが、『ヨハネによる福音書』の中で言及されている「ベトサダの池でときおり水を動かして癒やしを行う主の天使」がラファエルに当たるとする伝承があり、**治癒の力**をもつと信じられている。

　　旧約聖書外典の『トビト記』では、ニネヴェに住む信心深いユダヤ人**トビト**の息子**トビア**の、メディアまでの旅に同行した。このことから、旅人・巡礼者・若者の守護天使とされ、しばしば巡礼者の服装で描かれる。

　　トビアとの旅の中でラファエルは、ティグリス川のほとりでトビアに巨大な魚を獲らせ、その魚の内臓を用いて悪魔祓いや目の治療を行う方法を教えた。トビアはその方法を用いて、メディアに住む**サラ**という娘に取り憑いた悪魔を祓い、彼女と結婚する。そしてニネヴェに戻ると、失明していたトビトの視力も回復させた。感謝するトビトとトビアに対してラファエルは正体を明かし、神に感謝して生きるように伝え、姿を消したのである。

06 ウリエル

太陽や星の輝きをつかさどる天使

▶ジェイムズ・パウエル・アンド・サンズ社によって制作されたガラスモザイクのウリエル（1888年）。

> 天使ウリエルは、天上の太陽や星々、自然現象などをつかさどるとも、最後の審判のときに死者の国の門を開くともいわれる。

天使**ウリエル**は、聖書の正典にはその名が見られないが、旧約聖書外典と新約聖書外典に登場しており、四大天使のひとりともいわれる。その名は「神は私の光」という意味をもつ。

第1章

第2章 天使と悪魔

第3章

第4章

第5章

第6章

第7章

Check
① 太陽や星々をつかさどる。
② 罪人を罰する地獄を取り仕切る。

正典に登場しないため、その役割や姿を確定することはできないが、たとえば旧約聖書外典の『エノク書』では、天上に輝く太陽や星々、気象や自然現象などをつかさどる天使であり、この世界と冥界の奥底の**タルタロス**（239ページ）を見守っているとされる。これを受けて、17世紀のイギリスの詩人**ジョン・ミルトン**の『**失楽園**（しつらくえん）』には、「太陽の統治者」として登場する。

また、新約聖書外典の『ペトロの黙示録』によると、ウリエルは罪人を処罰する地獄を取り仕切り、罪ある者を永遠の業火で焼く。**最後の審判**のときには、死者の国の門を開き、すべての魂を審判の席に座らせる役割を果たすともいわれる。

07 七大天使

四大天使に3人を加えた、天使たちの代表格

◀七大天使を描いたロシアのイコン（1900年代初頭）。彼らはすべての天使の中でも、特におもだった7人である。ちなみに、彼らを頂点とする天使の総数については、とうてい数えられないほど多いという共通理解があり、3億あまりとも40億近くともいわれている。

キリスト教で、特に重要な7人の天使を七大天使と呼ぶことがあるが、その構成は、教派や文献によって異なっている。

Check

① 四大天使に別の3人を加えた、天使たちの頂点。
② その構成は教派・文献によって異なる。

　じつは聖書には、天使の名はほとんど登場していない。しかし人々は神と人間との間を仲介する天使を信仰し、中世にはさまざまな文献に何千もの天使の名が記された。

　もっとも重要な7人の天使を、**七大天使**と呼ぶことがある。構成はミカエル、ガブリエル、ラファエル、ウリエルの四大天使に、別の3人の天使を加えたものが基本である。加えられる3人は文献によって違い、何パターンかの説が存在する。おもな文献などにおける、四大天使以外のメンバーは下の表のとおりである。

教派・聖典	天　使
エノク書	ラグエル、ゼラキエル、レミエル
ディオニュシオス文書	カマエル、ヨフィエル、ザドキエル
カトリック教会（6世紀）*	サマエル、オリフィエル、ザカリエル
東方正教会**	セラフィエル、イェグディエル、バラキエル

＊　　教皇グレゴリウス1世時代。ウリエルがアナエルと入れ替わることも。
＊＊　イェレミエルを加えて八大天使とすることも。

天使の9階級

3位階9階級による天使のランキング

08

◀フランチェスコ・ボッ
ティチーニ《マリア
被昇天》（1475年頃）。
聖母マリアの死後、肉
体と霊魂が天国へと導
かれていく場面。空に
いる天使たちが、3つ
の階層をなしているの
がわかる。

第1章
第2章　天使と悪魔
第3章
第4章
第5章
第6章
第7章

5　世紀頃の偽ディオニュシオスが分類した「天使の9階級」はその後の
神学解釈の規範となった。

　5世紀頃、ギリシア人の**偽ディオニュシオス**が、著書『天上位
階論』に**天使の9階級**について記している。霊的段階に応じて、
天使を3位階×3階級の9つの階級に分類したものである。この
考え方は、キリスト教的宇宙観と融合して強化されていった。

Check

① 天使たちは3位階9階級に分類される。
② 偽ディオニュシオスの分類が有名。

位 階	階 級
上位3隊 「父」の位階	熾天使（セラフィム） 智天使（ケルビム） 座天使（トロネス）
中位3隊 「子」の位階	主天使（ドミナティオス） 力天使（ヴィルトゥテス） 能天使（ポテスタテス）
下位3隊 「聖霊」の位階	権天使（プリンキパトゥス） 大天使（アルカンジェリ） 天使（アンジェリ）

09 イスラム教の天使

啓示の天使ジブリールを頂点とする天使たち

▶ラッパを吹く天使イスラーフィールの絵（中世）。

イスラム教は、天使についての発想をユダヤ教・キリスト教から受け継いだ。四大天使としてジブリール、ミーカーイール、イズラーイール、イスラーフィールが知られている。

神と人間の仲介者

　　ユダヤ教とキリスト教の影響を受けて成立したイスラム教にも、天使は存在する。天使はアラビア語で**マラーイカ**と呼ばれることが多い。

　　イスラム教における天使は、唯一神**アッラー**が光から作り出した存在である。神と人間を結ぶ仲介者の役割を果たし、天上では神を補佐する。

　　中でも、イスラム教の開祖**ムハンマド**に神の啓示を与えた存在として崇敬されている天使が**ジブリール**で、ユダヤ教・キリスト教の**ガブリエル**に相当する。また、ユダヤ教やキリスト教の**ミカエル**に相当する天使としては**ミーカーイール**がいる。

イズラーイールとイスラーフィール

イズラーイールは**死の天使**とされている。人間が世界のどの場所にいても、その人が死ぬ時刻には必ず現れて、魂を肉体から引き離し、死をもたらすという。ただし、個人の死の予定自体はアッラーが決めるため、イズラーイール自身にはわからない。なお民間伝承では、アッラーが土から人間を作ったとき、イズラーイールが人間に魂を吹き込んだとされている。

イスラーフィールは、**最後の審判**の到来を告げるラッパを吹く、音楽の天使である。頭は天に達し、足は地につくほどの巨体を誇るともいわれる。彼には地獄を見回る役目があるが、そこで苦しむ人々の姿に涙し、その涙が雨になるのだという伝承もある。

ジブリール、ミーカーイール、イズラーイール、イスラーフィールは、しばしばイスラム教の四大天使とされる。

独自の天使たち

ほかにも、イスラム教独自の天使たちがいる。

イスラム教の地獄**ジャハンナム**は、**マリク**という天使が率いる天使の一団によって管理されているという。**サバーニヤ**と呼ばれるその一団は、罪人を責め苛む仕事を神から与えられている。

人間の**守護天使**もいると考えられており、**ハファザ**と呼ばれる。昼の守護天使と夜の守護天使が交代で人間を見守り、最後の審判のときのためにその行動をつねに記録しているともいわれる。

魔術をつかさどる天使**ハールート**と**マールート**もいる。ふたりは神への不信心を戒めたうえで、魔術を教えるという。ふたり合わせて**ハルタマルート**とも呼ばれる彼らは、伝承の中で、地獄の番人とされることも、美女に心を奪われ酒に溺れて人を殺した堕天使とされることもある。

Check

① 四大天使のほかにも独自の天使がいる。 ② ジブリールを頂点とするマラーイカたち。

第1章

第2章 天使と悪魔

第3章

第4章

第5章

第6章

第7章

⑩ アザゼル

人間社会に悪徳をもたらした堕天使

◀コラン・ド・プランシー『地獄の辞典』
1825 年版の挿絵に描かれたアザゼル。

ユダヤの伝承の悪魔アザゼルは、天国から追放された堕天使である。人間に攻撃性と虚栄心をもたらし、悪徳を生んだとされる。

Check

① ユダヤの伝承における、天国から追放された悪魔。

② 地上に降り、さまざまな悪徳を人間にもたらした。

　ユダヤの伝承や旧約聖書、およびその外典に登場する**アザゼル**は、天国から追放された堕天使としての悪魔で、その名は「強い者」といった意味だとされる。その姿については、7 つの蛇の頭と 14 の顔と 6 対の翼をもつとする説がある。山羊の番をする魔神としてイメージされることも多い。そのルーツは古代パレスチナの羊の神とも、砂漠の神ともいわれる。

　旧約聖書『レビ記』に登場するが、そこには正体ははっきり書かれていない。

　旧約聖書外典の『エノク書』には、200 人の堕落した天使を束ねる統率者のひとりとして書かれている。堕天使たちは地上に降りて人間の女と交わり、巨人を産ませたというが、中でもアザゼルはその後、人間の男たちに剣と盾を作らせて攻撃性をもたらし、女たちに化粧道具を与えて虚栄心をもたせた。人間社会の悪徳の原因は、アザゼルに帰せられるというわけだ。

11 リリス
美しく恐ろしい誘惑の悪魔

◀ジョン・コリア《リリス》（1892 年）。

アダムの最初の妻ともいわれるリリスは、楽園を離れて悪魔となり、夜中に空を飛び回る。

リリスは、長い髪の女の顔をもち、翼を生やし、夜中に悪霊の大群とともに空を飛び回る悪魔であり、**リリト**とも呼ばれる。

彼女はもともと、最初の男性**アダム**とともに土から創られた女性であり、アダムの最初の妻であったとする伝説もある。それによると、リリスはアダムとの間に、人ならぬ悪霊を多く生んだ。リリスとアダムの子は**リリン**と呼ばれる。そののち、リリスはアダムに従わずに**エデンの園**（236 ページ）から去ったとも、アダムの第2の妻**イブ**が創られたときに追放されたともいわれる。

また、イブを誘惑して**知恵の樹の実**（218 ページ）を食べさせ、アダムとイブを楽園追放へと導いた蛇がリリスだったとする伝承も生まれた（普通は蛇は**サタン**〔103 ページ〕とされる）。絵画や文学作品には、美しき誘惑者や妖女として描かれることもある。

Check
① 夜空を飛び回り悪事をはたらく女の悪魔。
② アダムの最初の妻だったという伝説もある。

⑫ ルシファー　サタン

神に背いた堕天使の首領にして悪魔の王

◀ギュスターヴ・ドレが描いたダンテ『神曲』の挿画（1860年代）。地獄の底に、巨大なルシファー（ルチフェロ）がいる。

悪魔の頭目とされるルシファーは、もともとは神に仕える天使であった。

◆ 神に戦いを挑むルシファー ◆

　ルシファーは、キリスト教の伝統において悪魔の王とされる。かつては全天使の首領で、特にすぐれた美しい天使だったが、あるとき彼を創った神に対して謀反を起こして戦った。彼とともに、3分の1もの天使たちが神に反旗を翻したという。しかし、このルシファーの反逆軍は神に仕える天使の軍勢によって鎮圧され、天から追放されて地獄に落ち、**堕天使**となったのである。

　ルシファーという名前はラテン語で「光を運ぶもの」を意味する「ルキフェル」から来ており、もともと**明けの明星**を指す。旧約聖書の『イザヤ書』にある、堕落したバビロン王を咎める「ああ、どうしてお前は天から落ちたのか。明けの明星、曙の子よ」という一句が、ヘブライ語からラテン語に翻訳されたのち、「神に背いて天界を追われた堕天使」という伝承を生んだのである。

魔王サタン

魔王を示す名には、**サタン**というものもある。サタンとルシファーはしばしば同一視される*。

もともとヘブライ語では、「サタン」とは敵や障害物を指す普通名詞だったが、旧約聖書には、人間の信仰心を試す神の使者として現れる箇所もある。それがのちに伝承の中で人格化され、邪悪な属性が付与されて、悪魔の軍団を率いる魔王サタンのイメージが生まれたのである。

超自然的な恐るべき力をもつサタンは、神を信じる者を欺き、誘惑して罪を犯させ、神を信じる者たちへの迫害を煽動する。聖書には外見の具体的な描写はほとんどないが、人間を誘惑するためにさまざまな姿に変身すると考えられ、角とコウモリのような翼をもって全身に剛毛を生やした姿で描かれることが多い。

七つの大罪

キリスト教の伝統には、もっとも重大だとされる**七つの大罪**という罪業があり、その罪のそれぞれに対応する悪魔がいる。その中の「傲慢」はルシファーが、「憤怒」はサタンがつかさどると考えられている。そのほかにも悪魔や幻獣が対応している。

Check

① 神に背いた堕天使。 ② コウモリの翼をもつ魔王。

七つの大罪	悪 魔	幻 獣	動 物
傲慢（高慢）	ルシファー	グリフォン（125ページ）	ライオンなど
憤怒（激情）	サタン	ドラゴン（146ページ）	狼など
嫉妬（羨望）	レヴィアタン	マーメイド（171ページ）	蛇など
怠惰（堕落）	ベルフェゴール	フェニックス（126ページ）	熊など
強欲（貪欲）	マモン	ゴブリン（170ページ）	狐など
暴食（大食）	ベルゼブブ	ケルベロス（123ページ）	豚など
色欲（肉欲）	アスモデウス	サキュバス（111ページ）	山羊など

第1章

第2章 天使と悪魔

第3章

第4章

第5章

第6章

第7章

マモン

黄金を愛する強欲の悪魔

(13)

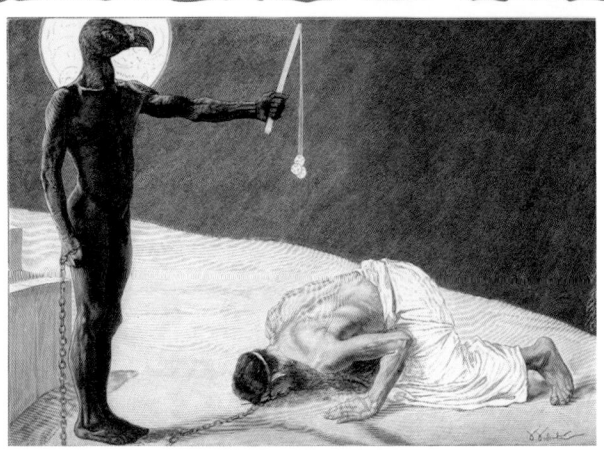

◀ サシャ・シュナイダー《マモンとその奴隷》(1896年頃)。ここでのマモンは、黒い人間の胴体の上にカラスの頭をひとつだけもつ姿で描かれている。

神 よりも黄金を愛する天使が堕天して悪魔となったマモンは、人間を誘惑して、強欲を植えつける。

Check

① 強欲の悪魔であり、人間を誘惑する。

② ルシファーに並ぶほどの実力者。

　マモンは、七つの大罪の中の「強欲」を担う悪魔であるとされる。その体は黒々としていて、鋭い爪をもち、狼の胴体にカラスの頭がふたつついているとの伝承もある。胴のみが人間になることもあり、口からは火を吐くとされる。

　その名は「富」や「金」を意味するアラム語に由来する。かつては天使として天国にいたが、その頃から、神の祝福よりも黄金をほしがっていた。堕天使となり、人間を誘惑して欲を植えつけるようになったマモンは、悪魔としてはルシファーに並ぶほどの実力者とみなされることもある。

　ミルトンの『失楽園』によると、ルシファーたちが**地獄の首都パンデモニウム（伏魔殿、万魔殿）**を建設した際、マモンは地中から大量の金塊を発掘して、建物の床に敷き詰めたという。

⑭ アスモデウス

色欲をつかさどる地獄の実力者にして知識の悪魔

◀『地獄の辞典』1863年版に掲載された、M・L・ブルトンによるアスモデウスの挿画。その頭部となっている牡牛と人間と牡羊は、どれも性欲の強い生きものであるとされる。

豊富な知識を誇る地獄の実力者アスモデウスは、色欲を象徴する。

アスモデウスは、特に強い力をもつ、有名な悪魔である。地獄にいる7人の王のひとりで、72もの軍団を率いているという。アシュメダイ、アスモダイなどとも呼ばれる。

　牡牛と人間と牡羊の頭をもち、胴は人間で、足には水かきがついており、尾は蛇という恐ろしい姿をしている。王者のいでたちで、槍と軍旗を手に、竜にまたがって、口から火を吐きながら現れる。

　彼は七つの大罪の中の「色欲」をつかさどる。女たちの貞操を奪い、好色の心を植えつけ、夫婦には嫉妬や不和をもたらして仲を裂くという。

　またアスモデウスは天文学・幾何学・数学・力学・地理学などの豊富な知識をもっており、この悪魔を**召喚**（178ページ）して丁寧な態度で接すれば、その知識を授けてくれるという。

Check

① 豊富な学問知識を誇る。

② 色欲の悪魔であり、人間の性を乱す。

第1章

第2章 天使と悪魔

第3章

第4章

第5章

第6章

第7章

15 ベルゼブブ

悪魔憑きを起こす暴食の「蠅の王」

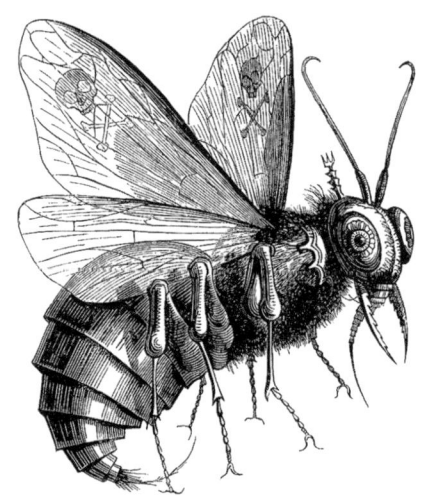

◀『地獄の辞典』1863年版に掲載された、M・L・ブルトンによるベルゼブブの挿画。

暴 食の悪魔ベルゼブブは、悪魔憑きを起こす地獄の実力者である。もとはメソポタミアの神バアルだったとされる。

Check
① 「蠅の王」と呼ばれる暴食の悪魔。
② もとはメソポタミアの神バアルとされる。

　ベルゼブブは、七つの大罪の中の「暴食」をつかさどる悪魔である。ベルゼブル、ベルゼバブ、ベルゼビュートなどとも呼ばれるその名は、「**蠅の王**」を意味する。

　現在は、羽根にドクロの模様の浮き出た巨大な蠅の姿でイメージされることが多いが、大きな仔牛や長い尾の牡山羊など、ほかの姿の伝承も存在する。

　この悪魔も非常に大きな力をもつとされ、堕天使の中ではサタンに次ぐ地位の、悪魔の長だといわれることもある。ときに人間に憑依して**悪魔憑き**を起こすことでも有名である。

　じつはベルゼブブの名は、もともと「神の住まうところの王」を意味する「バアル・ゼブル」であり、メソポタミアの神**バアル**（47ページ）のことであった。バアルを自分たちの神の敵対者とみなした古代イスラエルの民（ユダヤ人）が、この神から神性を奪い、悪魔に貶めてしまったのである。

レヴィアタン

どんな悪魔祓いも効かない嫉妬の怪物

◀ギュスターヴ・ドレ《レヴィアタン》（1865年）。ここではレヴィアタンは、ウミヘビか竜のような姿で描かれている。

嫉妬の悪魔レヴィアタンは、もともと旧約聖書の海の怪物であった。中世以降、大嘘つきの悪魔とされるようになる。

七つの大罪の中の「嫉妬」を象徴する悪魔**レヴィアタン**は、もとは旧約聖書に登場する、鯨か巨大な魚、ワニのような海の怪物である。神によって天地創造の5日目に創り出された最強の生物で、体中に強固な鎧のような鱗があり、あらゆる武器を跳ね返してしまう。口から炎を吐き、鋭く巨大な歯が生えている。のちにウミヘビのような姿でも描かれるようになった。

中世以降は、怪物の姿のまま、海または水の悪魔として恐れられるようになるが、この悪魔は大嘘つきで、特に女性に取り憑くことが多いという。

もとの怪物にどんな攻撃も通用しないという特性があったため、悪魔レヴィアタンも**どんな悪魔祓いでも祓うことができない**とする伝承がある。

Check

① 鯨やウミヘビのような姿の嫉妬の悪魔。

② どんな攻撃も悪魔祓いも効かない。

第1章
第2章　天使と悪魔
第3章
第4章
第5章
第6章
第7章

⑰ ベルフェゴール

モアブ人の神に起源をもつ怠惰の悪魔

◀『地獄の辞典』1863年版に掲載された、M・L・ブルトンによるベルフェゴールの挿画。

怠惰の悪魔ベルフェゴールは、人間に好色な心をもたせるともいわれる。もとはモアブの地の神だったという解釈がある。

Check

① 怠惰の悪魔であり、工夫や発明の才能ももつ。

② もともとモアブ人の神バール・ペオル。

　ベルフェゴールは、七つの大罪の中の「怠惰」をつかさどる悪魔である。暇と退屈を象徴する一方、工夫と発明の才能をもっているともされる。

　その名は、古代中東のモアブ人の神**バール・ペオル**に由来する。旧約聖書の『民数記』によれば、預言者**モーセ**に率いられた古代イスラエルの民がモアブの地にやってきた際、現地の娘たちに誘惑されて、民の多くが異教の神の祭礼に参加した。イスラエルの民は**ヤハウェ**を唯一の神とし、それ以外の神を崇拝してはならないはずだったので、ヤハウェは裏切りに激怒した。このときのモアブの神が、バール・ペオルだったとする解釈がある。異教の神が、中世のキリスト教で悪魔として再解釈されたのである。

　ひげを生やし、2本の角と牛の尾をもつ醜い姿で描かれることもあれば、妖艶な美女として描かれ、好色を象徴することもある。

⑱ バフォメット

悪魔崇拝のみならず多様な意味をもつ

◀エリファス・レヴィ『高等魔術の教理と儀式』（1856年）の中のバフォメットの絵。

バフォメットは、悪魔崇拝だけでなく、自由や宇宙との調和など、さまざまなものを象徴する存在である。

Check

バフォメットは、額に五芒星（ごぼうせい）を刻まれた黒山羊の頭と黒い翼をもつ異形で有名な悪魔だが、魔女の集会サバト（181ページ）を象徴するその姿は、19世紀フランスの著述家エリファス・レヴィによって描かれたものである。対立するふたつの性質を統合する二面性を象徴する存在だと考えられ、ひげのある男性の頭部と女性の乳房をあわせもつ両性具有の姿で描かれることもある。

14世紀初頭、フランス王フィリップ4世がテンプル騎士団の富を狙ってこれを弾圧した際、「バフォメットという名の偶像を崇拝した」という異端の罪を着せたことが、バフォメットの起源だとされる。その後、悪魔崇拝（あくますうはい）の象徴と考えられることもあったが、神秘主義やオカルトにおいては、自由や自己の発見、宇宙との調和といった多様な意味を担っている。

① 対立するふたつの性質の統合を象徴し、多様な意味を担う。

② テンプル騎士団の弾圧に起源をもつ。

第1章

第2章 天使と悪魔

第3章

第4章

第5章

第6章

第7章

109

メフィストフェレス

魂を賭けた契約をもちかける雄弁な悪魔

◀ウジェーヌ・ドラクロワがゲーテの『ファウスト』による連作の中のひとつとして制作した《空を飛ぶメフィストフェレス》（1828年）。

　ゲーテの『ファウスト』に登場する悪魔メフィストフェレスは、人間と契約を交わし、望みをかなえるかわりに魂を奪う。

Check

① 魂と引き換えに人間の望みをかなえる。

② 変身など多くの魔法が使える。

　メフィストフェレスは、人間と契約を交わし、魂と引き換えに欲望をかなえる悪魔である。16世紀頃に実在した錬金術師**ヨハン・ファウスト**にまつわる民間伝承をルーツとし、さまざまな劇に登場した。そしてドイツの文豪**ゲーテ**による19世紀の戯曲『**ファウスト**』で、世界でもっとも有名な悪魔のひとりとなった。

　ゲーテの『ファウスト』では、メフィストフェレスは尨犬や人間に変身して現れる。馬の脚をもつ騎士の姿を取ることもある。

　彼は破壊や罪など、世界の悪をつかさどり、「**すべてを否定する霊**」を名のる。弁舌巧みに人間に取り入って、魂を賭けた契約にもち込み、さまざまな魔法で相手の望みをかなえてやる。しかし、ファウストの魂を救いにきた天使たちのかわいらしさには勝てず、せっかく手に入れたファウストの魂を手放してしまうのだ。

夢魔

夢に現れて性交を行う下級の悪魔

20

◀ヨハン・ハインリヒ・フュースリー《夢魔》（1781年）。女性の上に乗っているのが男性の夢魔インキュバスである。

性の夢魔インキュバスと、女性の夢魔サキュバスは、ともに眠っている人間の夢に現れて性交を行う。

　夢魔とは、人々の夢の中に現れて性交する、下級の悪魔である。

　男性の姿をしているものを**インキュバス**という。この夢魔は、女性が寝ていると夢に入り込んで精液を注ぎ込み、悪魔の子どもを妊娠させてしまう。女性の姿の夢魔は、**サキュバス**といい、寝ている男性を襲い、精液を奪うという。

　どちらも、狙う人間の理想の相手に化けているので、性交を拒むのは難しいとされる。なお、枕もとにミルクがあると、サキュバスはそれを精液と勘違いするので、難を逃れられるという。

　ルネサンス期に、「インキュバスが本当に女性を妊娠させているのではないか？」という議論が真面目になされていたことがある。この時期は人々が性的に奔放だったため、女性は父親のわからない子どもを妊娠することが多く、「インキュバスに妊娠させられた」との言い訳がよく使われていたのだという。

Check

① 人間の夢の中で性交する下級悪魔。

② 狙う人間の理想の相手に変身する。

第2章 天使と悪魔

第3章

第4章

第5章

第6章

第7章

イブリース

アーダムを崇めることを拒んだ堕天使

◀天使たちが最初の人間アーダム（右端）を崇めている中、ただひとりアーダムにかしづくことを拒むイブリース（左端）。9世紀から10世紀にかけて活躍したイスラムの知識人タバリーによる年代記の写本の中の挿絵。

最 高位の天使だったイブリースは、アッラーが土から創った人間にひれ伏すことを拒否し、人間の信仰を試練にかける悪魔となった。

Check

① 人間の信仰を試す誘惑者。

② 土で創られたアーダムを崇めることを拒否。

　イスラム教の悪魔**イブリース**は、ユダヤ・キリスト教の**ルシファー**や**サタン**に当たる、堕天使であり悪魔である。悪魔**シャイターン**（サタンと同起源の語）たちの頂点に立つ者として、**アル＝シャイターン**の名で呼ばれることもある。彼は人間を誘惑し、唯一神アッラーへの信仰を試す。

　イブリースはもともと、最高の地位にある天使のひとりだった。あるとき、アッラーが泥を捏ねて最初の人間**アーダム**を創り、天使たちに、アーダムの前にひれ伏すよう命じた。しかしイブリースは、土から創られた人間などを崇めることはできないと拒否した。これに対してアッラーは怒ったが、イブリースは、「私は、いずれ**最後の審判**ののちに地獄の業火で焼かれるまで、地上の人々を惑わせます」と宣言し、神と袂を分かったのであった。

㉒ ジン

人々の生活にかかわる低い地位の悪魔たち

第3章

▶ジョン・テニエルによる『アラビアン・ナイト』の挿画（1860年代）。

イスラム教における下級の悪魔や魔物は、ジンと呼ばれる。人に害を与えるジンだけではなく、恋をつかさどるジンなどもいる。

イスラム教において、低い地位にある悪魔や魔物の類いは、ジンと呼ばれる。精霊や魑魅魍魎（ちみもうりょう）に近い存在である。

ジンたちは病気をもたらしたり、人間の生活を脅かしたりすると考えられている。しかし中には、善良で愛嬌（あいきょう）のあるジンもいるようだ。

人が異常な行動を取るのは、**マジュヌーン**というジンに憑かれた状態になるからだとされている。恋に落ちた人もマジュヌーンと呼ばれる。美女に恋焦がれたためにジンに憑かれてしまう青年を描いた『ライラとマジュヌーン』という物語もある。この物語はその後、イギリスの歌手エリック・クラプトンの「いとしのレイラ」や、アメリカの作曲家アラン・ホヴァネスの交響曲第24番「マジュヌーン」の題材としても使われている。

Check

① イスラム教における下級の悪魔。
② 人が恋に落ちるのもジンのしわざ。

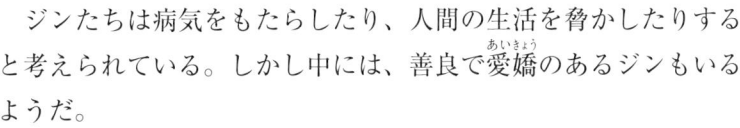

23 神使と眷属

神に準ずる扱いを受けた動物

▶森二鳳《稲荷狐図》（関西大学アジア・オープン・リサーチセンター所蔵）。稲荷神の眷属である狐が描かれている。

日本の信仰の中には、神の使いや従者、あるいは神に近い存在とみなされる動物たちもいる。

Check

① 神使は神の使いとして信仰される動物。

② 眷属は神に近い位置づけ、または神の従者。

　　日本の神々への信仰において、神とつながりの深い動物は、神の使いとしてしばしば信仰の対象になった。これを**神使**という。

　　たとえば奈良の春日大社の主祭神**タケミカヅチノオノカミ**は、もともと常陸国（茨城県）の鹿島神宮にいたが、白い鹿に乗って奈良へ来たとされており、現在の奈良公園にいる鹿は神使とみなされている。ほかによく知られている神使としては、**八幡神**（80ページ）の**鳩**や**天神**（82ページ）の**牛**などがある。

　　神と縁の深い動物としてもっとも有名なのは、**稲荷神**（80ページ）の**狐**だろう。「お稲荷さん」の狐は、**眷属**と呼ばれることも多い。眷属は神使とよく似た概念だが、「同じ一族」を表し、「侍者」「従者」「取り巻き」を意味する仏教用語でもある。狐は、神の一族に近い位置づけを与えられているのだといえる。

日本の伝承　悪魔的存在　恐怖

㉔ 鬼

恐れられ崇められる異界の象徴

◀ 鬼のイメージ。

もともと死者の霊を意味していた「鬼」は、異界に対する人間の恐れを具現化したような存在となっていった。

　日本の伝承や民間信仰の中で、「悪魔」に近い存在といえば、**鬼**を思い浮かべる人が多いのではないだろうか。

　鬼の概念は中国から日本に伝わってきたもので、もともとは**死者の霊**のことだった。それが「目に見えないもの」という意味で「隠（おぬ）」と呼ばれ、鬼の語源となったとする説がある。そこから、日常世界とは違った**異界**に対する人間の恐怖や畏敬を象徴する、強く恐ろしい存在へと変容していったのだと考えられている。

　典型的なイメージは、人間と同じ形だが体の色が赤や青で、角と牙を生やし、腰布や虎の皮の褌（ふんどし）を身につけて金棒をもった姿である。しかし鬼の姿は多様であり、たとえば地獄には、牛の頭をもつ**牛頭**（ごず）と馬の頭をもつ**馬頭**（めず）という鬼がいて、亡者を責め苛（さいな）んでいるという。頭が鬼で体が牛（または逆）の**牛鬼**（うしおに）の伝承もある。

Check

① 目に見えないものへの恐怖を象徴。

② 赤鬼や青鬼、牛頭・馬頭、牛鬼など多種多様。

第1章

第2章　天使と悪魔

第3章

第4章

第5章

第6章

第7章

115

COLUMN 2

ゾロアスター教の大天使と悪魔

　ゾロアスター教は、この世界を善神と悪神が対決する闘争の舞台と見る**二元論的宇宙論**で有名である。善神のトップたる**アフラ・マズダ**の下には六大天使**アムシャ・スプンタ**（不滅の霊性）がおり、悪神の首領**アンラ・マンユ**の下には、悪魔**ダエーワ**たちを束ねる**ウィーデーウ・ダートの六大魔王**がいるとされる（下の表を参照）。

　ただし、ゾロアスター教は、開祖**ザラスシュトラ・スピターマ**が教えを創出したとき（前7世紀頃とも前12世紀頃ともいわれる）から現在（インドやイラン、欧米などに10万人ほど信徒がいるとされる）まで、まったく同じ教義を保ってきたわけではない。

　開祖は、当時のイラン高原における多神教的な文化の中で、アフラ・マズダを別格の最高神とすることで、宗教思想としての強力な差別化をはかった。したがってその時点では、善神と悪神は対等ではなく、善神が世界の終末に勝利することが保証されていた。

　しかし5〜8世紀には、アフラ・マズダとアンラ・マンユは時間神**ズルワーン**の下で対等であるとする**ズルワーン主義**が力をもつ。

　そして9世紀以降、ズルワーンが姿を消し、善神と悪神の完全な二元論的闘争となったのである。ちなみに、大天使の筆頭として**スプンタ・マンユ**がいるとされることもある。

六大天使アムシャ・スプンタ		
ウォフ・マナフ	アシャ・ワヒシュタ	クシャスラ
アールマティ	ハルワタート	アムルタート

ウィーデーウ・ダートの六大魔王		
アカ・マナフ	ドゥルジ	サルワ
タローマティ	タルウィ	ザリチュ

第 3 章

幻獣・精霊・妖精

01 テュポン

大神ゼウスとも互角に戦った「怪物たちの父」

▶ヴェンツェスラウス・ホラーの描いたテュポン（17世紀）。巨大な怪物の足もとにはハルピュイア（127ページ）も描かれている。

テュポンはギリシア神話最強の巨大な怪物であり、一度はゼウスも倒している。

Check
① ゼウスにさえ一度は勝利した。
② 肩から竜を生やした巨大な怪物。

　テュポンは、ギリシア神話最強といえる怪物である。山脈をもち上げるほどの力をもち、目と口からは火を放った。

　頭から2本の腿までは人間の男性で、腿から下の足はそれぞれ巨大な蛇であり、肩からは100匹の竜が生えている。すべての竜の頭部は、炎のように燃える目をもち、人間や牡羊（おひつじ）やライオンの声を発する。その身長は天にも達するほどで、両腕を広げると世界の東の果てと西の果てに届いたという。

　この怪物は、大地の女神**ガイア**（12ページ）が、世界を支配するようになった**ゼウス**に対抗するため、地底の奈落の神**タルタロス**と交わって産んだ。ゼウスと戦ったテュポンは、相手の手足の腱（けん）を切って、一度は勝利を収めた。しかし腱を再生したゼウスの逆襲を受け、シチリア島のエトナ火山の下敷きにされたという。

　テュポンは、半人半蛇の怪物**エキドナ**（119ページ）と交わって多くの怪物を生み出した、「怪物たちの父」でもある。

02 エキドナ

半人半蛇の「怪物たちの母」

▼エキドナのイメージ。

エキドナは、女性の上半身に蛇の下半身をもつ怪物であり、テュポンらとの間に多くの怪物を産んだ。

　エキドナは、最強の怪物**テュポン**の妻であり、上半身は女性、下半身は大蛇の怪物である。洞窟に棲み、旅人を誘惑しては食べていたといわれる。

　彼女の最大の武器は多産であった。テュポンとの間には、**ヒュドラ**（121ページ）、**キマイラ**（122ページ）、**ケルベロス**（123ページ）などの怪物を産んだ。さらに自分の子である双頭の犬**オルトロス**とも交わって**スフィンクス**（131ページ）なども産んだのである。また、英雄**ヘラクレス**（22ページ）との間にも子をもうけ、黒海地方に住む民族の祖先になったといわれている。

　そんな彼女の最期は、女神**ヘラ**（17ページ）が遣わした100の目をもつ巨人**アルゴス**によって撲殺されたという。

Check

① 女性の上半身に蛇の下半身。

② 多くの怪物を産んだ「怪物たちの母」。

第1章
第2章
第3章　幻獣・精霊・妖精
第4章
第5章
第6章
第7章

03 ラドン
黄金の林檎の樹を守る竜

◀アントニオ・テンペスタのエッチング連作「ヘラクレスの功業」より、《ヘラクレスと蛇ラドン》(1608年)。

竜 の姿のラドンは、ヘスペリデスの園で黄金の林檎を守る。ヘラクレスに殺されたのち、天に上げられ「りゅう座」となった。

Check

① 100の頭をもつ竜。
② ヘスペリデスの園で黄金の林檎を守る。

　　ラドンは、竜の姿をした怪物である。金色と青色の鱗に覆われた巨大な体をもち、100 もの頭をもつ。古代ローマ時代の著述家**アポロドロス**（1〜2世紀頃）によると、それらの頭はあらゆる種類の言語を話したという。

　　ラドンは、世界の西の果てにあるという**ヘスペリデスの園**で、**黄金の林檎**（217 ページ）の樹を守っていた。この樹は、**ゼウス**と**ヘラ**の結婚式のときに、大地の女神**ガイア**から贈られたものだ。

　　12 の試練（22 ページ）のひとつとして黄金の林檎をもってくるように命じられた**ヘラクレス**は、蛇の怪物**ヒュドラ**（121 ページ）の毒を塗った矢で、ラドンを射殺したという。ラドンは死後、天に上げられて「りゅう座」となった。

04 ヒュドラ
多頭・猛毒の蛇の怪物

◀ ギュスターヴ・モロー《ヘラクレス
とレルネーのヒュドラ》（1876年）。

多 頭の蛇ヒュドラは、再生・増殖能力と、ふれたものを殺す恐ろしい毒をもち、ヘラクレスと戦った。

ヒュドラは、レルネの野にあるアミュモネの泉で、女神**ヘラ**によって育てられた、9つの首をもつ蛇の怪物である。すべての首は再生・増殖の能力を有しており、ひとつの首が切り落とされると、新しく2本生えてきた。しかも、まん中のひとつの首は不死だった。また、ヒュドラの血には、ふれたものを殺す恐ろしい毒があったという。

ヘラクレスは試練のひとつとして、このヒュドラと戦った。彼は松明をもった甥に手伝わせ、ヒュドラの首を剣で斬り落とすたびに、その切り口を火で焼かせた。こうすると、ヒュドラの首は再生できないのだった。そして最後の不死の頭は巨石の下敷きにして動けないようにし、ヒュドラ退治に成功したのである。

殺されたヒュドラはヘラによって天に上げられ、「うみへび座」となった。また、ヘラクレスはヒュドラの毒を採取し、最強の毒矢を手に入れた。

Check

① 再生・増殖能力をもつ9頭の蛇。
② 必殺の毒を有する。

第1章
第2章
第3章 幻獣・精霊・妖精
第4章
第5章
第6章
第7章

05 キマイラ

ライオンの頭、山羊の胴、蛇の尾の複合獣

◀ギュスターヴ・モロー《キマイラ》（1867 年）。ここではキマイラはライオンの顔ではなく、人間の顔になっている。

複 合獣の代表的存在であるキマイラは、口から火を吐き、勇者ベレロフォンと戦った。

キマイラは、頭部はライオン、胴体は牡山羊、尻尾は蛇という複合獣である。別の説では、ライオンと牡山羊と蛇の 3 つの頭をもつ怪物だともいわれている。

体は巨大で、足が速く、力も強い。口から炎を吐き、人や家畜を呑み込むという。

キマイラは、小アジアのリュキアという土地に出現して、人々を苦しめていた。これと戦ったのが、**ベレロフォン**という英雄である。彼は女神**アテナ**（18 ページ）の助力を受け、天馬**ペガサス**（124 ページ）を捕まえて訓練し、それに乗って空からキマイラに向かっていった。

キマイラが大きな口を開けて火を吐いたとき、ベレロフォンは、鉛の塊をつけた槍をキマイラの口の中に投げ込んだ。すると鉛が火で溶けて、キマイラは窒息死したのだった。あるいは、ベレロフォンが放った矢に貫かれて死んだという話もある。

Check

① 複数の動物の特徴をもつ複合獣の代表格。

② 天馬に乗ったベレロフォンに退治された。

06 ケルベロス

3つの頭をもつ冥府の番犬

◀18世紀から19世紀にかけて活躍した詩人・画家のウィリアム・ブレイクが描いたケルベロス。

> **冥** 府の番犬ケルベロスは、3つの頭と蛇の尾をもつ姿で知られる。ヘラクレスによって地上に引き出されたこともある。

ケルベロスは、冥府（238ページ）の番犬である。古い記録では背中に50の蛇の頭が生えているとされたが、のちに3つの頭で蛇の尾をもつイメージが定着した。冥府に入ろうとする生者は追い返し、逃げようとする死者は貪り喰うのが仕事である。

ヘラクレスが数々の試練（22ページ）の最後に与えられた難題が、ケルベロスを地上に連れてくることだった。ケルベロスのもち主であるハデス（20ページ）に相談すると、素手で捕まえることを条件に許可が下りる。ヘラクレスは、自慢の怪力でケルベロスの首を締め上げて、地上に引きずり出した。このときケルベロスが垂らしたよだれが、トリカブトの毒になったという。

ケルベロスには弱点もある。この犬は、美しい竪琴の音色で眠ってしまう。また、芥子（けし）の実の粉で作ったパンに蜂蜜を塗って与えると、夢中になって食べ、ほかのことに気が回らなくなるのだ。

Check

① 3つの頭をもち、冥府の門番を務める。

② ヘラクレスの最後の試練で地上に引き出された。

第1章

第2章

第3章　幻獣・精霊・妖精

第4章

第5章

第6章

第7章

07 ペガサス

醜い母から生まれた、美しい白銀の天馬

▶アレクサンドル・アンドレエヴィッチ・イワノフ《ベレロフォン》（1829年）。ベレロフォンはペガサスとともにキマイラ退治に向かう。

海 神ポセイドンと怪物メドゥーサの間に生まれたペガサスは、翼をもち、天を駆けることのできる馬である。

ペガサスは、背に鳥のような翼があり、天を駆けることができる、白銀の美しい毛並みをもつ馬である。

じつはこの天馬の母親は、蛇の髪をもつ醜い怪物**ゴルゴン**（128ページ）のひとり**メドゥーサ**なのだ。海神**ポセイドン**（17ページ）と交わって妊娠していたメドゥーサが、英雄**ペルセウス**に首を斬られたとき、その血からペガサスが生まれたという。

もともと神の子なので気位が高く、めったに人間を乗せないが、女神**アテナ**の**黄金の轡**を与えられた英雄ペルセウスと**ベレロフォン**だけは、ペガサスを乗りこなすことができた。

しかし、ベレロフォンは増長し、ペガサスを駆って天まで昇ろうとした。怒った神々が1匹の蛇を放ち、ペガサスを刺させると、ペガサスはベレロフォンを振り落としてしまった。ペガサスはその後、天に昇って「ペガスス座」となり、ゼウスの雷鳴と稲光を運ぶ役割を果たしている。

Check
① 翼をもつ白銀の毛並みの天馬。
② 黄金の轡があれば乗りこなせる。

08 グリフォン

鷲とライオンの合体した美しき幻獣

▶ヴェンツェスラウス・ホラーの描いたグリフォン（17世紀）。

猛 禽類とライオンの複合獣グリフォンは、山中の巣に黄金を蓄え、近づく人間は容赦なく殺すという。

グリフォンは、前半身は鷲や鷹などの猛禽類（もうきん）に似ており、後半身はライオンに似ている幻獣である。鷲のような長い爪と、ライオンのような短い爪をもっている。ライオン8頭分の力をもち、100羽の鷲よりも獰猛（どうもう）だという記録も残っている。

伝説によると、グリフォンたちはコーカサス地方の山の中に棲んでいる。その巣には黄金を蓄えて守っており、人間が黄金を盗みにくると、爪で引き裂いて殺すのだという。またその鋭い爪を使って、何頭もの馬や牛を一度に捕らえ、餌にした。

人間に服従することはほとんどないグリフォンだが、**ゼウス**や**アポロン**（19ページ）の戦車を引いて空を駆けたという伝説はある。

また後年、グリフォンと馬が交配して生まれた、上半身が鷲で下半身が馬の**ヒッポグリフ**という幻獣も考案された。このヒッポグリフならば、人間が飼いならして乗ることもできるという。

Check ① 猛禽類の前半身と、ライオンの後半身。② 獰猛で、人間に従うことはほとんどない。

125

09 フェニックス

炎の中で燃え尽きては甦る不死の鳥

◀12世紀の『アバディーン動物寓意集』に掲載されたフェニックスの絵。

不死鳥フェニックスは、死期が迫ると自らの体を焼き、また復活する。エジプトのベンヌがルーツであり、ギリシアではポイニクスと呼ばれていた。

Check
① 炎の中で生まれ変わる不死の鳥。
② 王者のような姿だという説もある。

フェニックスは、ギリシアでは**ポイニクス**と呼ばれる伝説の鳥である。古代エジプト神話の不死鳥**ベンヌ**をルーツとして、古代ギリシアで初めて記録された。

鷲ほどの大きさで、雉（きじ）に似た姿をしている。羽毛は赤紫色だが、首のまわりは金色であった。頭に王冠を載せ、足には飾り玉をつけ、羽をエメラルドなどの高価な宝石で飾った、王者のような姿だと述べる文献もあり、芳香を餌としていたともいう。

フェニックスは死期を悟ると、シナモンなどの香木（こうぼく）の枝を集めて積み上げ、そこに横たわって火をつける。すると体が溶けてドロドロになるが、それが固まると、再びフェニックスとして復活するのだという。また、自らを燃やして灰になり、その灰の中から、生まれ変わったフェニックスが現れるという説もある。

のちのキリスト教社会においては、**キリストの復活**の象徴としてとらえられもした。

⑩ ハルピュイア

女性の上半身をもつ貪欲な怪鳥

◀ギュスターヴ・ドレによる、ダンテ『神曲』の挿画（1860年代）。地獄の木にとまるハルピュイアたちが描かれている。

女性の顔と胸部をもつ鳥ハルピュイアは、貪欲に食べものをあさり、悪臭を放って周囲を汚染する。

ハルピュイアは、暴風の精霊が、恐ろしい怪物と見なされるようになったもののようである。

Check
① 人間の女の顔と胸をもつ怪鳥。
② 満たされぬ空腹を抱え、食べものを掠め取る。

禿鷲の体に、醜い女の頭と胸部がつき、熊の耳、人間の腕、鉤爪をもっていて、翼は青銅色あるいは黄銅色だという。数羽の姉妹で行動し、**ゼウス**や**ハデス**の手下だともいわれる。

その名は「掠め取るもの」を意味する。満たされることのない空腹を抱え、食べものを奪っては意地汚く喰い散らかしたあげく、糞を垂らしてたいへんな悪臭を放つ。そしてさわったものすべてを汚染する。

ダンテの『**神曲**』（14世紀）にもハルピュイアは登場する。それによると、自殺した人間たちは地獄に落ちて樹木に変えられるのだが、ハルピュイアたちはその葉をついばみ、さらに苦しめるのだという。

11 ゴルゴン

蛇の頭髪をくねらせる恐怖の3姉妹

◀ ピーテル・パウル・ルーベンス《メドゥーサの頭部》（1618年頃）。メドゥーサはゴルゴンのひとり。蛇の頭部と、死してなお人を石化する恐ろしい容貌が描かれている。

ゴルゴン3姉妹はもとは美しい女たちだったが、アテナの怒りを買い、おぞましい怪物になった。髪の毛が蛇で、視線には石化能力がある。

Check

① もとは人間だった3姉妹で、頭髪が蛇。

② 見たもののすべてを石化する能力がある。

　ゴルゴンは、**ステンノー**、**エウリュアレー**、**メドゥーサ**という怪物の3姉妹である。髪の毛が生きた蛇になっており、口には猪のような牙が生えている。手は青銅で、黄金でできた翼で空を飛び回る。また、見たものを石に変える力をもっていた。

　彼女たちはもとは美しい3姉妹だったが、末の妹のメドゥーサが女神**アテナ**と美を競ったため、あるいは、アテナの神殿で**ポセイドン**と交わったため、醜い怪物にされたのだという。

　メドゥーサは英雄**ペルセウス**（21ページ）に退治された。ペルセウスは怪物の姿を直視せぬよう、鏡のように磨かれた盾に映しながら近づいて首を刎ねたのだ。気づいた姉たちはペルセウスを追ったが、姿の見えなくなる**ハデスの兜**（209ページ）と空飛ぶサンダル**タラリア**（212ページ）を身につけた彼には追いつけなかった。その後、死してなお石化能力を失わないメドゥーサの首はアテナに捧げられ、盾に取りつけられたと伝えられている。

⑫ ラミア
悲しい運命から生まれた半人半蛇の怪物

▶エドワード・トプセル『四足獣誌』（1607年）の中の木版画。ここでは獣のような体型だが、全身に蛇の鱗がついている。また興味深いことに、後ろ足の間には男性器まで見える。

自分の子どもを殺した母親が、口笛を吹いて子どもを呼び寄せては喰い殺す半人半蛇のラミアになった。

ラミアは、アフリカに棲むとされていた幻獣である。上半身は美しい女性で、下半身は蛇の姿をしている。山羊の特徴ももち、後ろ足の蹄（ひづめ）が割れているとの説もある。

　言語を話す能力はないが、美しい音色の口笛を吹いて人間を誘惑し、近づいてきた者を襲って喰ったという。特に子どもが餌食になった。

　このラミアは、もとは人間で、リビアの女王であった。あるときゼウスの愛人となったのだが、そのせいで女神ヘラの嫉妬を買う。ヘラの呪いを受けた彼女は、生まれてくる子どもたちを次々に自らの手で殺してしまい、正気に戻ると、悲しみのあまり怪物に姿を変えた。ヘラはそれでも彼女を許さず、子どもを失った悲しみを絶え間なく味わわせるため、不眠の呪いまでかけた。哀れに思ったゼウスは、ラミアの目を取り外せるようにしてやった。目を外している間は、ラミアも休むことができるのである。

Check
① 上半身は美しい女性、下半身は蛇。
② 口笛を吹いて人間を誘惑し、喰い殺す。

第1章
第2章
第3章　幻獣・精霊・妖精
第4章
第5章
第6章
第7章

13 ミノタウロス

迷宮で少年少女を喰らう牛頭の怪物

◀『ギリシア人の物語』（1896年）に掲載された、テセウスと戦うミノタウロスの絵。

クレタの王妃と白い牡牛から生まれた牛頭のミノタウロスは、迷宮に幽閉され、英雄テセウスに殺された。

　頭部が牡牛(おうし)で体は人間の**ミノタウロス**は、クレタの王妃と牡牛との間に生まれた子だった。

　クレタ王**ミノス**はあるとき、「生け贄に捧げる」との約束のうえで海神**ポセイドン**から白い牡牛をもらったものの、牛があまりに美しかったため、生け贄にしなかった。そのことでミノスは海神の怒りを買ったが、それだけではすまなかった。王妃**パシパエ**が、美しい牡牛に欲情したのである。彼女は名工**ダイダロス**に牝牛の模型を作らせ、その中に入って白い牡牛と交わる。そして生まれたのがミノタウロスだったのである（本当の名前は**アステリオス**という）。

　凶暴に成長したミノタウロスは、ダイダロスの作った迷宮**ラビュリントス**に幽閉され、属国アテナイの少年少女が餌として与えられた。やがて、アテナイの王子**テセウス**（24ページ）がクレタ島にやってきた。彼は王女**アリアドネ**から剣と糸の玉をもらって迷宮に入り、ミノタウロスを倒して迷宮から脱出したのである。

Check

① 王妃と牡牛の間に生まれた。

② 牛の頭をもつ凶暴な怪物。

⑭ スフィンクス

ライオンの体に人間の頭の神秘の存在

◀ギュスターヴ・モロー《スフィンクスとオイ
ディプス》（1864年）。

人間の頭にライオンの体と
翼をもつスフィンクスは、
人間の増長を戒めるため、人々に
謎をかけては喰い殺した。

スフィンクスは、エジプ
トが起源と思われる怪物で
あり、頭は人間で胴体はラ
イオンになっている。ギリ
シアでは、ライオンの体と
足、鷲の翼、蛇の尾、そし
て上半身は若い美女として
描かれることが多い。

スフィンクスは女神**ヘラ**
によって、人間の増長を戒
めるため、テーバイという

Check

① 人間に謎をかけ、答えられなければ喰ってしまう。

② 人間の頭とライオンの体をもち、背には翼のあることが多い。

都市近くに遣わされた。「朝は4本足、昼は2本足、夜は3本足、
これは何か」との謎を出し、答えられない人間を喰うのだった。

これに立ち向かったのが、英雄**オイディプス**（24ページ）で
ある。彼は「それは人間だ。赤ん坊のときは4本足で這い、大人
になると2本足で歩き、老人になると杖をついて3本足になる」
と答えた。正解を言い当てられたスフィンクスは、海に身を投げ
て死んでしまったという。

第1章
第2章
第3章 幻獣・精霊・妖精
第4章
第5章
第6章
第7章

·131·

15 ケンタウロス
馬の下半身をもつ粗暴な種族

◀ サンドロ・ボッティチェリ《パラスと
ケンタウロス》（1480年代）。右の女
性は女神アテナであり、「理性」を象
徴するとされる。対してケンタウロス
は「本能」を象徴する。

人間の上半身に馬の胴がついたケンタウロスには、欲望のまま暴れる者も多いが、中には賢者もいた。

ケンタウロスは、馬の胴および後半身と、人間の頭部および胴とをあわせもつ種族である。おおむね親切で寛大だが、酒に弱く、好色で粗暴になりがちな一面もある。

彼らは最初、テッサリア山近くに棲んでいたが、近隣のラピタイ族の王の結婚式に招かれたとき、酔って花嫁や周囲の女たちを犯そうとした。これがもとで戦争になり、敗れたケンタウロスたちは、ギリシア各地に散らばったのだという。

そんなケンタウロスたちの中で、**ケイロン**は賢者として知られる。彼は武術や学問、芸術にすぐれ、**ヘラクレス**（22ページ）や**イアソン**（23ページ）、**アキレウス**（25ページ）など英雄たちの師となった。博識で聡明なケイロンが死ぬと、ゼウスはこれを天に上げて「いて座」とした。また、ほかのケンタウロスたちも「ケンタウルス座」となった。

Check
① 人間と馬との半人半獣。
② ケイロンは賢者として知られる。

16 サテュロス

山羊の特徴をもつ半人半獣の好色な幻獣

◀ウィリアム・アドルフ・ブグロー《ニンフとサテュロス》(1873年)。

額に山羊の角をもつ、人間の上半身と山羊の下半身のサテュロスは、酒好きで性的に奔放である。

ギリシア神話の**サテュロス**は、人間の上半身に山羊の下半身という半人半獣の幻獣であり、額には小さな山羊の角をもつ。

とがった耳のついた人間の顔、毛深い人間の上半身といった姿で描かれることが多い。彼らは野や山に棲み、牧神**パン**と同一視されることもある。ローマ神話では**ファウヌス**に相当する。

酒が大好きで、酒の神**ディオニュソス**に仕えている。いたずら好きの好色者でもあり、いつも女性の妖精**ニンフ**（168ページ）とじゃれ合っている。彼らの男根はつねに勃起しているという。

彼らは音楽も大好きで、楽器を奏でるのが得意である。サテュロスのひとり**マルシュアス**は、木管楽器の名手だったが、あるとき芸術の神**アポロン**と音楽で勝負することになった。その結果、マルシュアスはアポロンの竪琴の前に敗北する。神に挑んだ罰として、マルシュアスは生皮を剝がれてしまったという。

Check
① 人間と山羊の半人半獣。
② 酒の神ディオニュソスに仕え、ニンフを追いかけ回す。

第1章
第2章
第3章 幻獣・精霊・妖精
第4章
第5章
第6章
第7章

17 ゲリュオン
3人一体の巨人の怪物

◀ギュスターヴ・ドレによる『神曲』の挿画（1860年代）。ダンテとヴェルギリウスを背に乗せて地獄を飛ぶゲリュオン。ここでは、人間の顔に蛇の体でとがった毒針の尾をもつ怪物として描かれている。

3 人の巨人が腹部でつながった形のゲリュオンは、紅い牛をめぐりヘラクレスと戦った。

ゲリュオンは、3人の巨人が合体した姿の怪物である。3つの頭、6本の腕、3つの胴で腹部はひとつ、足は6本で翼をもっていたという。

Check
① 西の島に棲む3人一体の巨人。
② 紅い牛を飼う。

ゲリュオンは、ギリシアから見て海の西の彼方にあったエリュテイアの島に棲んでいた。彼は紅い牛（あか）を飼い、双頭の犬**オルトロス**にそれを守らせていた。

ヘラクレスは試練（22ページ）のひとつとして、このゲリュオンの牛を奪ってくるよう命じられた。ヘラクレスはオルトロスを棍棒の一撃で撲殺し、牛を奪って逃げたが、ゲリュオンに追いつかれて決闘になった。鎧兜に身を固め、槍と盾を手にした重装歩兵の姿のゲリュオンと、弓矢と棍棒をもちライオンの毛皮の腰巻姿のヘラクレスが対峙する。そしてヘラクレスの矢がゲリュオンに命中し、勝負は一瞬で決したのだった。

セイレーン

18

人間を誘惑する美しき声の海の魔物

▼ジョン・ウィリアム・ウォーターハウス《オデュッセウスとセイレーン》（1891年）。マストに
　縛りつけられたオデュッセウスの周囲に、セイレーンたちが集まってきている。

半　人半鳥のセイレーンは、美しい歌声で船乗りを誘惑し、正気を失わせ
て船を遭難させる。

　セイレーンは、上半身は美しい女性で、下半身は鳥の姿をした
怪物である。船がやってくると、彼女たちは蜜のように甘い歌声
で船乗りたちを惑わし、正気を失わせる。そして船を遭難させて
しまうのである。中世以降は、半人半魚の姿でも描かれる。

　アルゴー船（23ページ）がセイレーンに遭遇したときは、セ
イレーンの歌に負けぬよう、吟遊詩人**オルフェウス**が竪琴を奏で
て歌ったおかげで、船員たちは正気を保つことができたという。

　また、英雄**オデュッセウス**（25ページ）は**トロイア戦争**後の
船旅の中で、セイレーンの歌を聴いてみようと思い、船員たちに
蜜蝋で耳栓をしたうえで、自分の体をマストに縛りつけさせた。
やがてセイレーンが現れると、その歌声に彼は正気を失ったが、
船員たちが縄をより強く締めてくれたため命を取りとめた。

Check
① 半人半鳥で美しい声の幻獣。
② 海に現れ、船を遭難させる。

第1章　第2章　第3章 幻獣・精霊・妖精　第4章　第5章　第6章　第7章

135

19 バジリスク

猛毒をもつ爬虫類と鶏の複合獣

▶ヴェンツェスラウス・ホラー《バジリスクとイタチ》（17世紀）。

爬虫類と鶏の特徴をもつバジリスクは、強力な毒によって恐れられる。コカトリスとも同一視されるようになった。

Check

① 鶏と爬虫類の特徴をあわせもつ。
② 石を砕くほどの猛毒のもち主。

　古代ローマの博物学者**大プリニウス**が著した『**博物誌**』（1世紀）によれば、**バジリスク**はリビア東部に生息する体長24センチほどのトカゲであり、その頭には、王冠のような白い斑点のある鶏冠（とさか）がついているという。

　これが中世以降、爬虫類（はちゅうるい）と鶏の複合獣へと姿を変え、蛇の尾をもつ雄鶏（おんどり）のような姿で描かれるようになった。

　上半身が雄鶏で下半身がトカゲ、尻尾が蛇の**コカトリス**という幻獣と同一視されるようになったともいわれる。コカトリスは、雄鶏が生んだ卵を蛇が温めて孵化（ふか）させると誕生するとされる。

　バジリスクの恐ろしさは、猛毒にある。その毒は、においを嗅いだだけでほかの蛇が死んでしまい、石も砕けるという。また、バジリスクが通った道を人間が通ると、地面に残った毒素のため、死に至るという。

　そんなバジリスクにも、天敵はいる。バジリスクの棲む穴にイタチを放り込むと、退治できるという。

⑳ カトブレパス

うつむいたまま視線や息で生命を奪う怪物

Catoblepa Vrsa Lybicus

▶ヨハネス・ヨンストン『博物誌』第1巻（1657年）に掲載されているカトブレパスの金属版画。ヌーに似た姿で描かれている。

 重い頭をもつ水牛のようなカトブレパスは、見るだけで相手を即死させる視線と、植物を枯らす毒の息をもつ。

カトブレパスは、西エチオピアに生息していると考えられている怪物である。名前の由来は「うつむくもの」。

大プリニウスの『博物誌』によると、ナイル川源流のニグリスという泉近くに棲むカトブレパスは、非常に重たい頭をもっている。そのため、つねに頭を下げた状態であり、手足の動きはとても緩慢である。

時代は下るが、19世紀フランスの作家ギュスターヴ・フローベールはこの怪物を、泥の中にへたり込んだ黒い水牛のようなものとして描写している。豚のような頭のついたぶよぶよした長い首が垂れ、顔も四肢もたてがみに隠されているという。

恐ろしいのはその魔力で、この動物の目を見た者は即死するといわれている。前2世紀のユグルタ戦争のとき、ローマ軍がカトブレパスに遭遇したため壊滅してしまったという記録もある。吐く息にも毒が含まれ、地面の植物を枯らすほどだという。

Check

① 死の視線と毒の息をもつ。

② 頭が重く、動きは緩慢。

第1章

第2章

第3章　幻獣・精霊・妖精

第4章

第5章

第6章

第7章

㉑ ヨルムンガンド
神に捨てられても生き延びた大蛇

▼エミール・ドプラー《ミッドガルドの大蛇と戦うトール》（1788年）。ミッドガルド（ミズガルズ）の大蛇とはヨルムンガンドのこと。最終戦争ラグナロクでヨルムンガンドは雷神トールと戦う。

北 欧神話の大蛇ヨルムンガンドは、巨人族のロキの子で、世界の周囲を囲い、自分の尾に噛みつくほどの大きさを誇る。

Check

① 世界を取り巻くほどの大蛇。
② 猛毒を吐き、津波を起こす。

ヨルムンガンドは、蛇の姿をした怪物である。口からは猛毒を吐き、津波を起こすこともできる。

この大蛇は巨人族の**ロキ**（34ページ）と**アングルボザ**との間に生まれた。「ロキの子どもは神々に仇をなす」と予言されたため海に放り込まれたが、生き残って成長し、ついには世界の周囲を囲って自分の尻尾を噛むことができるほどの大きさになった。

ヨルムンガンドは、北欧神話最強の雷神**トール**と、何度も対峙することになる。その最後が、最終戦争**ラグナロク**での一騎打ちだ。トールはヨルムンガンドの頭に最強の武器**ミョルニル**（205ページ）を3回叩きつける。ヨルムンガンドはこれで絶命するが、ヨルムンガンドが吐いた猛毒に、トールも息絶えるのだった。

㉒ フェンリル

切れない紐で縛られた巨大な狼

◀エミール・ドプラーの描いた ロキの子どもたちの絵（1905 年）。右奥にいる狼がフェン リルである。中央手前には大 蛇ヨルムンガンドが、左奥に は娘ヘルがいる。

> **フ**ェンリルはロキの息子で、狼の姿をしている。神々に騙され、グレイプニルという紐で拘束された。

フェンリルは、巨大な狼の怪物である。**ロキ**の子であり、神々に仇をなすとの予言のために、厳重な監視下に置かれた。巨大化し凶暴化するフェンリルを恐れた神々は、小人族**ドヴェルグ**（169ページ）に命じて、絶対に切れない紐**グレイプニル**（227ページ）を作らせ、フェンリルを騙して拘束してしまう。

フェンリルは平たい石の上に縛りつけられ、口を開け閉めできないよう、鋭い剣をつっかい棒として入れられた。おびただしくよだれが流れ出て、それがヴァン川になったと伝えられている。

ラグナロクが始まるとグレイプニルの戒めが解け、フェンリルはさらに巨大化する。上あごは天に届くほど、下あごは地を削るほどだった。フェンリルは**オーディン**（28ページ）と対決し、ひと呑みにして勝利。だがその後、オーディンの息子**ヴィーザル**に下あごを靴で踏みつけられ、口を引き裂かれて殺されるのだ。

Check

① ロキの子で、巨大かつ凶暴な狼。

② 拘束されるも、ラグナロクのとき、解放される。

第1章

第2章

第3章 幻獣・精霊・妖精

第4章

第5章

第6章

第7章

23 スレイプニル

空をも駆け抜ける 8 本足の名馬

▶ヨン・バウエルの描いたオーディンと
スレイプニル（1911年）。8本足のス
レイプニルが天空を駆けている。

　オーディンの愛馬スレ
イプニルは、8本の
足をもつ。水の上や空を駆け
ることもでき、どんなもので
も飛び越せる。

　スレイプニルは、**オーディ**ンの愛馬で、足が8本ある。ほかのどの馬より速く走り、大地の上も水の上も空も移動できる。また、何にも遮られることなく、どんなものでも飛び越せる。死の世界の境の垣根をも飛び越えたことがあるという。

　この馬の出生は風変わりである。あるとき神々の国に、牡馬を連れたひとりの石工（いしく）（じつはその正体は神々に敵対する巨人）が現れた。石工は、国を囲う強固な城壁を作ることを申し出て、その報酬として女神**フレイヤ**（33ページ）との結婚を望んだ。神々は城壁はほしかったが、フレイヤを手放したくはなかったので、「半年以内に完成させられたら」という無理な条件をつけた。ところが、石工の連れてきた牡馬が驚異的なはたらきをし、城壁は完成に近づいていった。慌てた神々は**ロキ**に相談する。そこでロキは何と牝馬（めすうま）に変身し、牡馬を誘惑して作業を妨害した。こうしてロキと牡馬が交わって生まれたのがスレイプニルなのである。

Check

① ロキが牝馬に化けて産んだ。
② 8本足でどんなところでも走れる。

⑳ ファーヴニル

黄金をめぐる父殺しで竜になった男

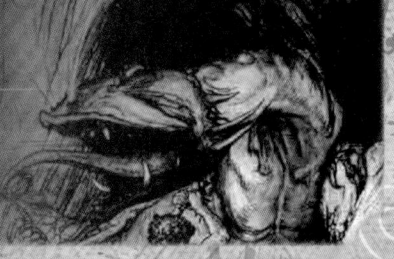

▶アーサー・ラッカムが描いたファーヴニル（1911 年）。

ファーヴニルは父を殺し、竜に変身した。その血を飲むと、あらゆる言語が理解できる。

　ファーヴニルは、北欧神話に登場する竜である。その血を飲んだ者は、獣や鳥の言葉も含めたあらゆる言語を理解できるようになるという。

　ファーヴニルは、もともとは小人族**ドヴェルグ**（169 ページ）のひとりであった。彼はあるとき、**オーディン**や**ロキ**に誤って兄弟を殺された。彼の父は、賠償金としてたくさんの黄金を受け取る。しかしその黄金の中に、富と同時に不幸をもたらす**呪いの指輪**が入っており、この指輪をめぐって家族の間で骨肉の争いが起こった。ファーヴニルは父親を殺したのち、黄金と指輪を独り占めしたが、指輪の呪いによって恐ろしい竜に変身してしまったのだ。

　そんなファーヴニルは、英雄**シグルズ**（37 ページ）に退治される。いつも水を飲むために這って行き来している道で待ち伏せされ、心臓に名剣**グラム**（200 ページ）を突き刺されたのだった。

Check

① 指輪の呪いのせいで父を殺し、恐ろしい竜となった。

② その血を飲むと、鳥などの言葉もわかるようになる。

25 ビヒーモス
想像を絶する食欲をもつ陸の怪物

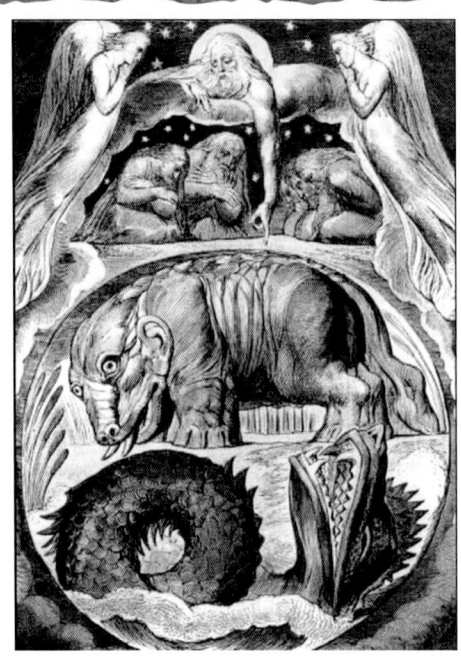

▶ウィリアム・ブレイクの描いたビヒーモス（中）とレヴィアタン（下）。ビヒーモスは男性、レヴィアタンは女性だという。

旧 約聖書に登場する、ゾウやカバのような姿をしたビヒーモスは、体の大きさも食欲も規格外だ。

　ビヒーモスは旧約聖書に登場する、神によって天地創造の5日目に創られた生きもので、ゾウやカバの姿で描かれる。その名は古代ヘブライ語で「動物」の複数形である。

あまりに大きいため、複数形で呼ぶようになったようだ。

　巨大な上半身には、**デンダイン**という砂漠が広がる。尾は杉の枝のようにたわみ、腿の筋は固く絡み合い、骨は青銅の管のようで、骨格は鋼鉄の棒を組み合わせたようだという。草食動物であり、ひと口で何百万平方メートルもの範囲の草木を食べ尽くし、ヨルダン川の水も飲み干す。

　天地創造の5日目には、海の怪物**レヴィアタン**（107ページ）も誕生している。最初はどちらも海に棲んでいたのだが、両者が共存するには海が小さすぎたため、ビヒーモスは陸に棲むようになった。この両者と怪鳥**ジズ**（143ページ）は、世界の終末に生き残った人々の食糧となるよう定められているという。

Check
① ゾウやカバのような姿の巨大な獣。
② 驚異的な食欲で草木を食べる。

26 ジズ

巨大なる鳥の王

◀1278年に発刊された聖書の絵。上に描かれているのが怪鳥ジズである。左下には陸の怪物ビヒーモス、右下には海の怪物レヴィアタンが描かれている。

> ユダヤの伝説に登場するジズは、レヴィアタンやビヒーモスに匹敵する巨大な鳥であり、人間に恩恵を与えてくれる。

　ジズは、ユダヤ教の伝説に登場する鳥の王である。その大きさを表したエピソードがある。あるとき船乗りたちが、ジズが海に立っているのを見た。彼らは「鳥が立っているのだから、ここの海は浅いのだろう」と思い、水浴びのために飛び込もうとした。するとジズが、「飛び込むのはやめなさい。ここは、もし斧が落ちたら底へ着くまで7年かかる深さだ」と警告したという。

　ジズは、人間に対して恩恵を与え、人間を守ってくれる存在である。南からの暴風を防いでくれているとも伝えられる。だが、**ビヒーモス**や**レヴィアタン**のように聖書に特別な記載があるわけではない。一説では、聖典の中の「野の獣」と訳すべき語を「神秘的な鳥」と誤訳したことで、ジズが誕生したともいわれる。

　ともかく、ジズの登場で陸海空の怪物が出そろうことになる。ジズも、世界の終末には食糧として供される運命にあるという。

Check

① ユダヤの伝説の中の巨大な鳥。

② 人間を守り、恩恵を与えてくれる。

第1章

第2章

第3章　幻獣・精霊・妖精

第4章

第5章

第6章

第7章

27 黙示録の獣

『ヨハネの黙示録』に記された謎の幻獣

◀ルターの聖書の絵（1534 年）。黙示録の獣たちが描かれている。右は海から現れた第1の獣、左は地中から現れた第2の獣であると考えられる。

世界の終末のとき、天からは赤い竜が、海からは豹のような第1の獣が、地中からは仔羊のような角の第2の獣が現れる。

Check

① 1頭の赤い竜と2頭の獣。

② 世界の終わり、最後の審判の前に姿を現す。

　黙示録の獣とは、新約聖書の『ヨハネの黙示録』に登場する、1頭の竜と2頭の獣である。その記述は非常に謎めいている。この世の終わりと最後の審判の訪れの前兆として、天に大きなしるしが見えたとき、これらの怪物が姿を現すという。

　最初に天から現れるのは、火のように赤い竜である。7つの頭と10本の角をもっていて、頭のそれぞれに冠が載っている。

　次に、海から第1の獣がやってくる。これも7つの頭に10本の角がある。頭には神を冒瀆するさまざまな名が記されており、それぞれの角に王冠が載っている。豹に似ており、足は熊、口はライオンである。

　そして第2の獣は地中から現れる。仔羊の角に似た2本の角をもち、竜のように話すという。そしてこの獣は、第1の獣を表す「666」という謎めいた獣の数字をすべての者に刻印するという。

㉘ ユニコーン

治癒の力のある角をもつ獰猛な一角獣

◀ コンラート・ゲスナー『動物史』第1巻（1551年）に掲載された彩色木版画。

額に1本の角の生えた美しい馬ユニコーンは、獰猛ではあるが、角には治癒と解毒の力があると信じられた。

　ユニコーンは、頭部に1本の長い角をもつ伝説の馬である。獰猛で、ライオンの宿敵とされ、角のひと突きでゾウも殺すという。

　その姿を最初に記録したクテシアスの『インド誌』（前5世紀）によると、白い体に紫色の頭、青い目で、額に角がある。またローマの大プリニウスの『博物誌』（1世紀）では、ゾウのような足と猪のような尻尾をもち、鹿の頭に1本の長くて黒い角があると記録されている。のちに、額から1本の角の生えた美しい馬のイメージが定着し、キリスト教社会の中で、**聖母マリアの処女懐胎**や**キリストの受肉**といった、さまざまな象徴性を与えられた。

　また、角を杯（さかずき）にして水や酒を飲むと、治癒と解毒の作用があると考えられ、中世には多くの人々がその角を求めたという。

Check
① 1本の角をもつ、美しく獰猛な馬。
② 角を杯にして使えば病気も毒も消える。

第1章
第2章
第3章 幻獣・精霊・妖精
第4章
第5章
第6章
第7章

ドラゴン

ヨーロッパ各地に伝承の残る竜

◀パオロ・ウッチェロ
《聖ゲオルギウスと竜》
(1456年頃)。聖ゲオ
ルギウス(聖ジョージ)
は、ドラゴン退治で有
名なキリスト教の聖人
である。

 ヨーロッパのドラゴンは、中世期にその典型的なイメージが確立した。各地にさまざまなドラゴンの伝説がある。

聖ゲオルギウスとドラゴン

ドラゴンは、蛇やトカゲの姿をした幻獣である。ヨーロッパにおけるドラゴンは、体全体が鱗で覆われ、足は2本か4本、鋭い爪と牙をもち、コウモリのような翼がある。また口や鼻から炎や毒を吐くという特徴をもつ。性質は邪悪だが、人間の言葉を理解できる場合が多くある。

そのドラゴンを退治したことで知られるのが、キリスト教の聖人**聖ゲオルギウス**だ。トルコのカッパドキア付近でドラゴンが人々を苦しめていたとき、通りかかった彼がドラゴンを退治し、人々をキリスト教に改宗させたという伝説は有名である。

ガルグイユ

　600年頃、フランスのルーアンに現れた**ガルグイユ**というドラゴンは、蛇のような長い首をもち、背には翼が生えていた。口から火を吐いたり、水を吐いて洪水を起こしたりしていた。キリスト教の司祭**ロマヌス**が、ストラという首にかける帯を巻きつけてガルグイユを捕らえて焼き殺したが、長い首だけが焼け残ったため、城壁にさらしたという。

　この伝説が、怪物の姿をかたどった雨樋<ruby>樋<rt>あまどい</rt></ruby>**ガーゴイル**の起源になったとされる。

▲パリのノートルダム大聖堂の、ガーゴイルとして有名な彫刻。

ワイバーンとヴイーヴル

　イギリスに生息するという**ワイバーン**は、2本足のドラゴンである。コウモリのような翼と、蛇の尻尾をもっている。

　フランスに伝わる**ヴイーヴル**は、上半身は女性、下半身は蛇の有翼のドラゴンである。瞳は宝石で、額にはダイヤモンドがはめ込まれている。ヴイーヴルがダイヤモンドを外して水を飲んでいる間に、このダイヤモンドを奪うことができた者は、世界一の権力者になれるという。

▲『花の本』（1448年）に掲載されたワイバーンの挿画。大天使ミカエルたちが、ワイバーンと戦っている。

Check
① 蛇やトカゲに似て、翼がある。
② 各地に多種多様なドラゴンがいる。

第1章
第2章
第3章　幻獣・精霊・妖精
第4章
第5章
第6章
第7章

③ フンババ

レバノン杉の森を守る、ライオンの顔をした怪物

▼フンババのイメージ。

> ソポタミア神話のフンババは、ライオンの顔に鱗で覆われた体をもつ
> 怪物で、レバノン杉の森の守護獣であった。

Check

フンババは、メソポタミア神話の『**ギルガメシュ叙事詩**』（48ページ）に登場する怪物であり、もとのシュメール語では**フワワ**という。その姿は、頭と前足はライオン、体は棘の生えた鱗で覆われ、後ろ足には禿鷹の爪が生え、尾と男根は蛇になっている。

レバノン杉の森の守護獣であり、何百キロも離れたかすかな音も聞き分ける聴力をもつ、森を荒らす侵入者を発見すると、口から水を吐いて洪水を起こしたり、火を吐いたりして撃退したという。また、特殊な**7つの光**に守られているとも伝わっている。

レバノン杉を求めて森に分け入りフンババを退治したのが、英雄**ギルガメシュ**と野人**エンキドゥ**だった。ギルガメシュはフンババを騙して光のバリアを解除させ、討ち取ることに成功したのだ。

① ライオンの頭、鱗のある体、禿鷹の爪。
② 口から火を吐き、洪水を起こす。

③ アジ・ダハーカ

1000の魔法を使う3つの頭の竜

▼アジ・ダハーカのイメージ。

> **ゾ** ロアスター教に由来するペルシア神話のアジ・ダハーカは、3つの頭をもつ巨大な竜である。邪悪な存在であり、1000の魔法を使う。

　アジ・ダハーカは、**ゾロアスター教**の悪神**アンラ・マンユ**によって生み出された、3つの頭の邪悪な竜である。頭は苦痛、苦悩、死を象徴し、6つの目と3組の牙をもつ。ただし、のちの叙事詩『**シャー・ナーメ**』では、首からふたつの竜が生えた姿だとされた。大きな翼をもち、それを広げると空を覆うほど巨大だった。戦闘のときには、1000の魔法と黄色い毒液を駆使したという。

　アジ・ダハーカは、最初の人間**イマ**を倒そうとし、それに成功するが、かわりにデーマヴァンド山のふもとに拘束され、英雄**スラエータオナ**に力を奪われたという。

　アジ・ダハーカは世界が終末を迎えるときに復活し、全生物の3分の1を滅ぼすともいわれている。

第1章

第2章

第3章 幻獣・精霊・妖精

第4章

第5章

第6章

第7章

Check

① 3つの頭をもつ邪悪な竜。

② 1000の魔法と黄色い毒液を使う。

32 ナーガ

インド神話の蛇の霊獣

▶ナーガの王シェーシャの腹の上で、最高神のひとりヴィシュヌがくつろいでいる絵（1870年頃）。ヴィシュヌの足をもんでいるのは妻ラクシュミーである。

インド神話のナーガは、地下世界に棲んでいる蛇の精であり、ナーガの王はナーガラージャという。

① ７層の地下世界に多様なナーガがいる。
② ナーガの王はナーガラージャという。

　インド神話の**ナーガ**は、蛇、特にコブラの精とされている。文献の記述では、純粋なコブラの姿ということになっているが、普通は上半身は人間、下半身は蛇の姿で描かれる。

　またインドネシアやタイに伝わると、５つの頭をもつ竜となった。西マレーシアでは、巨大な多頭の海の蛇として描かれている。

　インド神話では、世界には７層の地下世界があり、そこにさまざまな種類のナーガが住んでいると考えられている。

　ナーガたちの王を**ナーガラージャ**と呼ぶ。その祖は**カドゥルー**という女性で、偉大な賢者**カシュヤパ仙**との間に、1000人のナーガの王たちを産んだ。中でも**シェーシャ**は、1000の頭をもつ巨大な蛇である。シェーシャは７層の地下世界のさらに下の**パーターラ**におり、その頭で大地を支えているという。

33 ガルダ
光り輝く体をもつ神鳥

◀1825年頃に描かれたガルダの絵。ここでは、人間の腕が2本生えている。手には不老不死の霊薬アムリタをもっている。

> **神**鳥ガルダは、最高神のひとりヴィシュヌのヴァーハナ（乗りもの）であり、不死の体をもっている。母を救うため、神々とも戦い、不老不死の霊薬アムリタを奪った。

　ガルダは、インド神話に登場する神鳥である。500年の時を経て卵から孵ったというその姿は、金色か緑色、または赤色の鷲である。鷲の頭に、金色または白色の人間の顔がついており、翼は金色か緋色である。人間の腕が4本生えているように描かれることが多く、全身は光り輝いている。

　彼の母親は、**ナーガ**たちの母親**カドゥルー**の姉妹だが、ナーガたちの奴隷にされていた。母の解放を懇願するガルダに、ナーガたちは「不老不死の霊薬**アムリタ**を神々から奪ってきたら、母を解放しよう」と約束する。

　覚悟を決めたガルダは、さまざまな困難を乗り越えて神々を打倒し、アムリタの入手に成功。**インドラ**（58ページ）の雷にも負けなかったガルダに感銘を受けた**ヴィシュヌ**（62ページ）は、ガルダを自分の**ヴァーハナ**（乗りもの）にして寵愛した。またインドラもガルダの強さを認めて、彼の体を不死にしたという。

Check
① 鷲の体に人間の顔と腕。
② 神々に認められ、不死の体を得る。

---

34 麒麟（きりん）

毛をもつ動物の頂点に立つ霊獣

◀明（みん）の時代の『三才図会（さんさいずえ）』（1609 年）に掲載された麒麟の絵。

中国神話の霊獣である麒麟は、背の高さが5メートルもある。神聖な動物であり、1000 年生きるとされている。

Check
① 竜、牛、馬の特徴をもつ。
② 神聖な動物で、寿命は1000年。

　中国神話の**麒麟**（きりん）は、毛をもつ多くの獣たちの頂点に君臨する霊獣である。

　背の高さは5メートルにも及び、顔は竜に、尻尾は牛に似ている。足には蹄があり、馬のような形をしている。

　背中に生えている毛は5色で、体には竜のような鱗がある。角については、無角で描かれることもあれば、1本から3本の角が描かれることもある。

　神聖な動物であるため、歩いた跡は正確な円になり、曲がるときは直角に曲がる。殺生を嫌い、草花や虫すらも決して踏まない。鳴き声は正確な音階になったという。寿命は長く、1000 年生きるといわれている。

　ちなみに麒麟は、初めは「麒」の1文字だったが、やがて2文字で表されるようになったという。「麒」が雄を、「麟」が雌を示すとされるが、逆だとする説もある。

35 鳳凰（ほうおう）
5色の体をもつ霊鳥

◀ 鳳凰の絵（1607年）。

中国神話の鳳凰は、鳥とほかの動物、または何種類もの鳥の特徴をあわせもつ、縁起のよい鳥である。

鳳凰（ほうおう）は、中国神話に登場する鳥の王である。

前2世紀の『爾雅（じが）』という類語辞典には、くちばしは鶏で下あごは燕（つばめ）、首は蛇、背中は亀、尾は魚という複合獣として記載されており、黒・白・赤・青・黄の5色の鮮やかな姿だということである。しかし現代の中国では、頭はキンケイ、胴はオシドリ、尾は孔雀（くじゃく）、足は鶴、くちばしはオウム、翼は燕というふうに、鳥の要素で統一されている。

中国最古の詩篇『詩経（しきょう）』には、鳳凰はアオギリの木だけに棲み、竹の実だけを食べるとある。また、伝説に語られる天から降る甘露だけを飲むとも伝えられている。

鳳凰は、徳のある王が天下を取ると現れるという伝承がある。前2500年頃の中国を治めていたとされる**黄帝**（65ページ）の時代には、宮廷に鳳凰が降り立ち、麒麟も郊外に出現したといわれる。伝説の名君**舜**（しゅん）が即位したときも、鳳凰が姿を現したそうだ。

Check

① 徳のある王が天下を取ったとき、姿を現す。

② 蛇や亀の特徴ももっていたとされる霊鳥。

36 玄武
亀蛇一体の水神にして北の守護神

◀ 高句麗の墓の壁に描かれた玄武の絵の複製。韓国国立中央博物館。写真：ddol-mang。

亀に蛇が巻きついた姿の玄武は、災厄を退け繁栄へ導く霊獣であり、冥界から神託をもたらすとも考えられた。

Check

① 亀と蛇が絡みあったイメージの水神。

② 北方の守護神で、冥界とも行き来する。

　玄武は中国の水神で、北の方角の守護神でもある。しばしば、長寿の象徴である亀に、生殖の象徴である蛇が巻きついた姿で描かれる。あるいは亀の尾が蛇になっていることもある。また、**玄天上帝**ともいい、黒い服を着た男性としても描かれる。

　「玄」は黒を表し、「武」の字は武神としての性質に由来する。甲羅をもつ亀や鱗をもつ蛇は、武具を身につけての戦いのイメージと結びつけられていたようである。ただし、玄武の武神としての性質は、時の流れの中で失われていったという。

　玄武は、災厄を退ける霊力をもち、人々を繁栄に導くとされる。北方にある冥界と行き来して、神託を現世にもたらすとも考えられていた。

37 青竜
（せいりゅう）

恵みをもたらす神聖なる竜

▼高句麗の墓の壁に描かれた青竜の絵。

青 | 竜は緑色の体をしており、舌が長く、鹿・馬・蛇・魚の特徴をもっている。春の季節をつかさどる、恵み深い霊獣である。

青竜（せいりゅう）は、中国の神聖な竜である。舌が長く、鹿の角、馬の首、蛇の尾、魚の鱗をもつとされる。

「青」はもともと緑を表す色なので、この竜は緑色をしていると考えられる。古い壺に描かれた絵などには、頭を白や黄色で塗られたものもある。

春の季節をつかさどる、東を守る守護神であり、また、竜として川の流れを象徴する。恵みの雨をもたらし、農作物を豊かに実らせてくれるのも、この青竜である。ものごとを発達させる力をもち、人を富や成功へと導く、とても縁起のよい生物だとされている。その堂々とした姿は、権力の象徴でもある。

第1章
第2章
第3章 幻獣・精霊・妖精
第4章
第5章
第6章
第7章

Check
① 緑の体の神聖な竜。
② ものごとを発達させる力をもつ。

38 九尾の狐

国すら滅ぼすほどの妖力をもった獣

◀ 歌川国芳《班足太子と九尾の狐》(19世紀)。

狐 が長い時間を生きると尻尾が増え、妖力をもつ。尾が9本になったのが九尾の狐である。中国や日本に出没し、国を乱した。

九尾の狐は、9本の尾をもつ狐の妖怪である。狐は年を経ると尾が増え、9本になると1000里を見渡せるなどの妖力を身につけるといわれている。

古代中国の殷王朝に、**妲己**という王妃がいた。浪費や残忍な処刑で民を苦しめ、国を滅ぼしたとされるが、この妲己の正体が、じつは九尾の狐だといわれている。

日本では、鳥羽上皇の寵愛した**玉藻前**という絶世の美女が、九尾の狐だったという。そのことが明るみに出て、討伐隊によって退治されてしまうが、死後も石に化身して毒を吐きつづけ、人々を死に至らしめた。その後、高僧によって粉々に砕かれ、魔力を弱めたが、その石はいまだに**殺生石**として栃木県の那須温泉郷付近に存在している。

Check
① 強い妖力をもつ狐。
② 権力者に取り入る。

③⁹ ヤマタノオロチ

8つの頭と8つの尾の大蛇

▼ 月岡芳年《日本略史之内　素戔嗚尊出雲の簸川上に八頭蛇を退治し給ふ図》（1887年）。

> **ひ**とつの体に8つの頭と8つの尾をもつヤマタノオロチは、毎年ひとりずつ娘を喰っていたが、スサノオに退治される。

　ヤマタノオロチは日本神話に登場する、8つの頭と8本の尾をもつ大蛇である。その目は熟したホオズキのように赤く燃えており、苔が生え木すら繁っているというその体の大きさは、8つの谷と8つの峰を覆いつくすほどであった。腹はただれて、血がにじんでいるという。

　この大蛇は毎年、国津神の**オオヤマツミ**の家にやってきては、娘をひとりずつ喰っていた。それを退治したのが、高天原から追放されて地上に降り立った**スサノオ**（77ページ）である。

　彼は強い酒を8つの樽に入れてヤマタノオロチに飲ませ、酔ったオロチの頭と尾を剣で斬り落とした。最後に斬った尾からは、ひと振りの剣が出てきた。これが**天叢雲剣**で、のちに皇位継承の証である**三種の神器**（230ページ）のひとつとなった。

Check
① 8つの頭と8つの尾をもつ。
② 巨体には苔が生え、木が繁る。

40 鵺（ぬえ）

夜な夜な無気味な声で鳴く妖怪

鵺（ぬえ）は、顔は猿、胴体は狸、手足は虎、尻尾は蛇の姿をした妖怪で、黒煙の中に姿を現すという。雷獣であるとの説もある。

この鵺は、夜にヒョーヒョーという無気味な声で鳴き、人間を苦しめる。『平家物語』には、平安時代末期の近衛天皇（このえてんのう）が鵺とおぼしき声を毎晩聞き、病の床についた話がある。薬も祈禱（きとう）も、鵺の声に対してはまったく効果がなかった。

源 頼政（みなもとのよりまさ）という弓の達人が、山鳥の尾で作った矢を用いて、この鵺を退治した。人々は祟りを恐れ、鵺の死骸を船で川に流したという。

41 カマイタチ

知らぬ間に切り傷を残す妖怪

カマイタチは、つむじ風に乗ってやってきて、人々の皮膚を切り裂く妖怪である。もとは「構え太刀（かまえたち）」であったのが訛（なま）った結果、「カマイタチ」という名と鎌をもったイタチのイメージが定着したもののようだ。

野外でいつの間にか鋭い切り傷ができていたとき、人は目にも止まらぬカマイタチの仕業だと考えた。不思議なことに、カマイタチに切られてからしばらくの間は、痛みも出血もないという。

カマイタチの伝承は広く分布し、多様である。３体一組のチームの妖怪だとする地方もある。

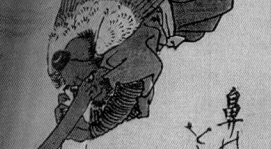

42 天狗（てんぐ）

神通力をもった山伏姿の妖怪

天狗（てんぐ）は、日本の伝承の中の妖怪、または山の神である。

彼らは一般に山伏（やまぶし）（192ページ）の姿をしており、翼をはためかせて空を自由に飛ぶことができる。

赤ら顔で鼻が高い**鼻高天狗**（はなたかてんぐ）や、くちばしのあるカラスのような顔の**烏天狗**（からすてんぐ）など、いくつかの種類が伝えられている。

天狗は深い山の中に棲んでおり、神通力をもつとされた。そして、山にまつわる不思議な現象は、天狗の存在に結びつけて考えられた。子どもが行方不明になる神隠しは、「天狗にさらわれた」とも考えられた。

Check
① 山伏の格好をした山の妖怪。
② 神隠しなどを起こす。

43 河童（かっぱ）

どこかユーモラスな川の妖怪

川や水辺に棲む妖怪**河童**（かっぱ）は、キュウリを好物とし、相撲（すもう）を取ることを好む、どこかユーモラスな存在だ。

背中には亀のような甲羅があり、顔には水鳥のようなくちばしがついている。頭には皿が載っていて、水で満たされている。この水がなくなると、力を失ったり、死んでしまったりする。

大きさは人間の子どもぐらいしかないが、怪力のもち主であり、川辺で水遊びなどをしている子どもなどを引きずり込んで水死させる、恐ろしい一面をもっている。彼らは、人間の肛門付近にある**尻子玉**（しりこだま）という架空の臓器を抜いてしまうと考えられている。

Check
① 亀の甲羅を背負う水の妖怪。
② 人間の尻子玉を狙う。

第1章
第2章
第3章 幻獣・精霊・妖精
第4章
第5章
第6章
第7章

日本 　幻獣 　半人

44 両面宿儺（りょうめんすくな）
ふたつの頭をもつ異形の存在

Check
① 『日本書紀』にも登場する。
② 英雄や仏の化身との伝承も。

　日本の神話や伝承に登場する**両面宿儺**は、ひとつの胴体にふたつの顔がついており、手足が4本ずつある異形の存在である。それぞれの手には刀や弓矢をもっている。

　『日本書紀』には「宿儺」（これ自体は古代における称号のひとつ）の名前で登場し、飛騨国（現在の岐阜県）で略奪をくり返していたと記されている。しかし現地には、鬼を倒した英雄や観音の化身としての伝説も残る。

　2000年代にインターネットの都市伝説で、強力な呪いを帯びた存在として語られて注目を浴び、人気マンガにも登場している。

日本 　幻獣 　巨人

45 ダイダラボッチ
日本各地に伝わる伝説の巨人

Check
① 各地に伝承がある。
② 地形を作ったとされる。

　日本各地には、**巨人**が山や湖を作ったという伝説が数多く残っている。巨人は地域によって、**ダイダラボッチ**と呼ばれたり、**ダイダラ坊、デエラボッチャ**などと呼ばれたりする。

　そうした巨人はそれぞれ、山を運んだり、その際に踏んばった足跡が沼になったりと、スケールの大きい活躍が語り継がれている。見方を変えると、**その土地の地形を作った存在**として、人々はダイダラボッチのような巨人を想像したのである。日本の民俗学の創始者**柳田國男**は、そういった巨人譚を「ダイダラ坊の足跡」という論考にまとめている。

46 コロポックル

アイヌの近くに暮らす友好的な隣人

　アイヌには、**コロポックル**と呼ばれる妖精の伝承がある。その名は「蕗の下に住む人」を意味しており、彼らは竪穴に蕗の屋根を葺いて暮らしているという。蕗の葉を傘のようにもっている姿でイメージされることが多い。ただし、北海道には巨大な蕗も生えており、コロポックルは極端に小さな種族ではないようだ。

　彼らはアイヌに対して友好的で、魚や鹿の肉を贈ったり、物々交換を行ったりしていた。ただ、コロポックルたちは姿を見られるのを極端に嫌う。そのため、夜のうちに品物を窓から差し入れるのだという。

Check
① アイヌと友好的な関係。
② 蕗の屋根の下に暮らす。

47 キジムナ

まっ赤な姿をした沖縄の妖精

　沖縄に語り伝えられる**キジムナ**は、髪の毛（あるいは顔）が赤い子どもの姿の妖怪、あるいは妖精である。ガジュマルの古木の精霊ともいわれる。彼らには性別があり、結婚して家庭を作りもする。ときには人間とも結婚したとされる。

　漁が得意で、キジムナとともに漁に出れば必ず大漁になる。ただし、獲れた魚はいつの間にか片目がなくなっている。キジムナは魚の目が大好物なのだ。

　キジムナの住処である樹木を切ったりすると、赤飯に見せかけた赤土を食べさせられるなどの仕返しを受けるという。

Check
① 漁が得意で魚の目が好き。
② 赤い髪の毛の子どもの姿。

第1章
第2章
第3章　幻獣・精霊・妖精
第4章
第5章
第6章
第7章

48 ノーム
ヨーロッパに伝わる大地の精霊

◀フレッド・E・ウェザリー『ノームの本』（1895年）に掲載された、E・ステュアート・ハーディによる挿画。若い男女の妖精たちを、土の精霊ノームが取り巻いている。

ヨーロッパ伝承の土の精霊ノームは、修道服を着た小さな老人の姿をしている。

Check

① 四大精霊のひとつで、地をつかさどる。
② 修道士の服に三角帽子、小さな老人の姿、住処は地中。

　16世紀に活躍した医師・錬金術師の**パラケルスス**（196ページ）の『妖精の書』には、世界の物質はすべて土（地）・水・火・風の**四大元素**によって作られていて、それは**ノーム**、**ウンディーネ**、**サラマンダー**、**シルフ**という精霊がつかさどっている、とある。四大元素をつかさどるこれらの精霊を**四大精霊**と呼ぶ。

　地の精霊**ノーム**は、修道士の衣服を着た、身長15センチから1メートルの老人の姿で描かれることが多い。彼らは200年から400年も生きるという。

　ノームには男性も女性もいるが、どちらもひげが生えているとされる。性別を見分けるには、帽子の色に注目すればよい。男性は赤の三角帽子、女性は緑の二角帽子をかぶっている。

　彼らは地中を住処にしており、土の中をまるで泳ぐように自由に行き来できるという。月夜の晩には、森や林の中を歩き回っているともいわれる。

　金や銀のある場所を知っていて、ときには人間に教えてくれる。また手先が器用で、さまざまな細工物を作っているとされる。

⑭ ウンディーネ

掟に縛られた美しき水の精霊

◀フリードリヒ・フーケ『ウンディーネ』の1909年版のために、アーサー・ラッカムが描いたウンディーネ。

水の精霊ウンディーネは、柔らかい肌の美女として描かれる。厳しい掟のため、悲しい運命をたどることも多い。

水の精霊**ウンディーネ**は美しい女性の姿で描かれることが多い。その肌は柔かく冷たいという。魚や蛇の姿になることもある。その名は「波」という単語の女性形がもとになっている。

Check

① 四大精霊のひとつで、水をつかさどる。

② 魂をもたない美女で、掟に縛られている。

　ウンディーネたちは、魂をもっていないが、人間に愛されると魂をもつようになる。しかし、水辺で男性に罵倒されると水に帰らなければならないという掟や、恋をした男性の気持ちがほかの女性に移ってしまったときは相手の男性を殺さなければならないという掟がある。

　ドイツの詩人**フリードリヒ・フーケ**の小説『**ウンディーネ**』（1811年）では、ひとりの騎士と結ばれたのちに心変わりされてしまったウンディーネが、水へと帰ったのち、別の女と結婚した騎士を殺してしまう。また、デンマークの童話作家**ハンス・クリスチャン・アンデルセン**は、同じモチーフを名作『**人魚姫**』（1836年）に利用している。

⑤⓪ サラマンダー

トカゲの姿をした火の精霊

▶『動物寓意譚』の14世紀
の写本に掲載されたサラ
マンダーの絵。

の精霊サラマンダーは、サンショウウオをモデルとしており、炎の中
に棲む小さなトカゲとしてイメージされる。

Check
① 四大精霊のひとつで、火をつかさどる。
② 火の中に棲む小さなトカゲ。

火の精霊**サラマンダー**は、小さなトカゲのような姿で、その体は赤く細く、皮膚は乾いている。その名前も姿も、サンショウウオがもとになっている。

古代ローマの大プリニウスの『博物誌』によると、全身に斑点があり、敵を種族ごと絶滅させるほどの壮絶な毒をもつ。住処は火山の斜面であり、炎の中でも生きられるという。

12世紀のある文書では、サラマンダーは虫のようなものとして紹介されている。火の中に棲んでいるこの生きものは、蚕のような繭を作る。その繭から紡いだ糸で布を織ると、けっして燃えることのない布ができあがる。この布が汚れて洗濯したくなったときは、水ではなく火の中に入れると、汚れがすっかり落ちるという。**マルコ・ポーロ**の『**東方見聞録**』にも、燃えない布を生むサラマンダーについての記述がある。

51 シルフ
空中に浮かぶ風の精霊

◀ナポレオン・サロニーによる、バレエ『ラ・シルフィード』のイメージイラスト（1846年）。『ラ・シルフィード』は1832年にパリ・オペラ座で初演された、ロマンティック・バレエの代表作のひとつで、シルフ（シルフィード）の女性的イメージを定着させた。

風 の精霊シルフは、外見や性質についてさまざまな説があるが、現在は羽根をもつ可憐な女性としてイメージされることが多い。

　風と空気の精霊**シルフ**は、ときに**シルフィード**と呼ばれることもある。トンボのように透明な羽根をもち、空中に浮かんだ女性の姿で描かれることが多い。

　しかし錬金術師**パラケルスス**（196ページ）によれば、人間の目には見えない存在だという。ほかにも、人間よりも背が高いとか、力が強いとか、移り気であるとか、外見や性質についてさまざまな記録や言い伝えがある。

　イギリスの劇作家**ウィリアム・シェイクスピア**の戯曲『**テンペスト**』（初演1612年頃）には、**エアリエル**という空気の精が登場するが、これはシルフに当たる存在だと考えられている。また、イギリスの詩人**アレキサンダー・ポープ**の詩『**髪盗人**（かみぬすびと）』（1712年）でも、同名の風の精のことが歌われている。

Check

① 四大精霊のひとつで、風をつかさどる。
② 透明な羽根で飛ぶ女性の姿。

第1章

第2章

第3章　幻獣・精霊・妖精

第4章

第5章

第6章

第7章

165

52 フェアリー
空を舞う可憐なる妖精

◀ルイス・リカルド・ファレロ《百合の妖精》（1888年）。

> **イ**ギリスやアイルランド、フランスに伝わる妖精フェアリーは、羽根をもつ少女の姿をしており、人間を惑わせることもある。

フェアリーとは、広い意味では妖精全般を意味する言葉だが、狭い意味では、イギリスやアイルランド、フランスのノルマンディー地方などの妖精を指す。

現在広く流布しているイメージとしては、フェアリーは羽根の生えた少女の姿であり、その身長は15センチから20センチほどである。

フェアリーが空を舞うとき、小さな星屑（ほしくず）のような塵（ちり）が振りまかれる。この塵を**フェアリーダスト**という。

フェアリーは、人間に幻覚を見せて惑わせることもある。鉄を嫌うといわれ、これが弱点になる。

本来のフェアリーは、人間と同じ大きさだったとされる。ケルト神話においては、妖精はもともとグレートブリテン島に先住していた民族であり、ケルト人たちの進出によって駆逐され、姿を隠したのだと伝わっている。

Check
① イギリスなどの妖精。
② 羽根をもつ少女の姿。

53 エルフ

北欧神話がルーツの小さな妖精

森に棲む小さな妖精エルフは、不思議な力で家畜から精気を吸収したり、人間を誘惑したりする。

エルフは、小さな人間の姿をした妖精である。尖った耳をもつイメージが定着している。

住処は森や林の中であり、木の幹にあいた穴の中にいることが多い。古い墓場にも棲んでいるとされ、夜には墓から出てきて、月光を浴びながら草の上で踊るという。

家畜が突然病気になったり、人間の体が急に麻痺して動けなくなったりする原因は、エルフが放った矢が命中したからだと考えられていた。エルフは、矢が刺さって動けなくなった家畜から精気を吸収する。すると家畜は黒く干からびて死んでしまうのだという。またエルフは、人間を誘惑することもある。

エルフの起源は北欧神話であるとされる。北欧神話のエルフはもともと神の一族であり、**フレイ**（32ページ）という神が支配する**光のエルフ**と、**ヴェルンド**という神が支配する**闇のエルフ**に分類することができる。

Check

① 森や林の木にあいた穴、または墓に棲む小さな妖精。

② ルーツは北欧神話で、光のエルフと闇のエルフがいる。

54 ニンフ

性に奔放な美しき女の妖精たち

Check

① ギリシア神話の美女の妖精。
② 神々や人間と情を交わす。

　　ニンフは、ギリシア神話に登場する、若く美しい女性の妖精である。泉や川、山や森、牧場などにいる。透き通った衣装を身にまとっており、髪は長く、しばしば頭に金の輪をはめた姿で描かれる。

　　彼女たちは数千年もの寿命をもつといい、神の従者であることが多い。楽器を演奏したり、踊ったりもする。

　　最大の特徴は、性的な奔放さだろう。彼女たちは**ゼウス**や**アポロン**、**ヘルメス**といった神々と交わり、半獣神**パン**や角の生えた**サテュロス**（133ページ）、人間の美青年とも情を交わすのである。

55 ピクシー

緑色の服ととんがり帽子の妖精

Check

① イングランドの小さな妖精。
② 親切な面と怖い面がある。

　　ピクシーは、イングランドに棲む妖精である。大きさは20センチほどで髪は赤く、鼻は上向きに反っており、耳は尖っている。緑の服を着て、とんがり帽子をかぶった姿で描かれることが多い。

　　ボウル1杯のクリームや林檎をあげると、家事を手伝ったりしてくれる。お気に入りの花壇には、素晴らしい花を咲かせてくれたりもする。

　　しかし、人間に対していつも親切であるわけではない。人間の赤ん坊を盗み、かわりに醜い赤ん坊を置いてくる**取り替え子**は、ピクシーの仕業だとされる。旅人を道に迷わせることもある。

北欧神話　　妖精　　巨人

56 トロール
巨人とも小人ともいわれる妖精

トロールは、北欧神話を起源とする妖精である。もともとは5メートルほどの大きさの毛むくじゃらの巨人で、怪力のもち主であるとされていたが、現在は、人間よりも小さい存在だと考えられることもある。変身能力をもち、どんな姿にでもなれるという。

金属細工が得意で、薬草にくわしい。人間からものを盗むことがあり、昔の人々は道具などがなくなると「トロールが盗んだ」と言っていたほどである。

伝説によると、彼らは光り輝く宮殿に棲み、金銀財宝を蓄えているという。

北欧神話　　妖精　　技術

57 ドヴェルグ
鍛冶仕事が得意な妖精

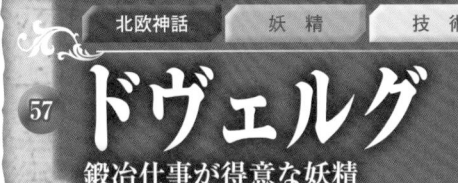

ドヴェルグは北欧神話の妖精であり、英語では**ドワーフ**と呼ばれる。その大きさは、普通の人間よりやや小さい。

闇の妖精である彼らは、地中や岩穴に棲み、鉱山で働いていることが多い。**鍛冶職人**として卓越した技術をもっており、神々の依頼を受けて、**トール**のもつハンマー**ミョルニル**（205ページ）など多くのアイテムを作り出した。

北欧神話によると、ドヴェルグはもともとは巨人**ユミル**（29ページ）の死体から生じた蛆虫であったが、神々によって人間に似た姿と知性を与えられたという。

第1章
第2章
第3章　幻獣・精霊・妖精
第4章
第5章
第6章
第7章

Check
① 巨人または小人の妖精。
② 財宝に満ちた宮殿に棲む。

Check
① 北欧神話が起源の妖精。
② 鍛冶の技術をもつ。

58 ゴブリン

毛むくじゃらの邪悪な妖精

Check

① 醜い姿の小人。
② 邪悪な性格。

　　ゴブリンは、ヨーロッパに広く言い伝えのある、毛むくじゃらで醜い姿をした妖精である。背丈は人間の膝ほどであり、髪は灰色で、あごひげを生やしているといわれる。

　彼らの性格は邪悪である。人間の家に棲みつくことがあり、いたずらをしたり、やまかしい音を立てたりする。人間の子どものことは好きで、親切にすることもあるが、大人にとっては厄介者である。夜寝るときに床に亜麻の種をまいておくことを何日か続けると、ゴブリンは出ていくという。

　善意のゴブリンもいて、彼らは**ホブゴブリン**と呼ばれる。

59 バンシー

叫び声で死を告げる不吉な妖精

Check

① 死を予言する妖精。
② 異様な容貌の老婆の姿。

　　バンシーは、アイルランドやスコットランドに棲む、死を予言する妖精である。名前の由来は「バン」が女、「シー」が妖精を表す。緑の服に灰色のマントを羽織っており、目は泣きはらして赤くなっている。スコットランドの伝承では老婆の姿で、鼻の穴はひとつしかなく、緑色の長い歯をもつという。

　死者が出る家の周囲に現れては飛び回り、この世のものとは思えない悲痛な叫び声を上げる。

　また、長く垂れさがった乳房に吸いつくことができた子どもは、養子として育てられ、3つの願いをかなえてもらえるという。

60 ルサールカ
若い男を誘惑する水の妖精

　ルサールカは、スラブ民族の間に伝承される水の妖精である。冬は川の中で暮らし、夏は森や林で生活しているという。

　若くして死んだ花嫁や水難事故で死んだ女性、洗礼を受ける前に死んだ赤子などが、ルサールカになるといわれる。ロシア南部では、白い服を着た長い金髪の美少女として描かれる。北部では、緑色の髪と目をした青白い顔をした老婆として伝わっている。

　ルサールカは、若い男を誘惑する。誘惑されると男は、抱きしめられたまま水の中に引きずり込まれ、二度と戻ってくることはないのだという。

Check
① スラブ民族の水の妖精。
② 男を水に引きずり込む。

61 マーメイド
凶兆ともされた美しき人魚

　マーメイドは、海などに棲む妖精で、一般には**人魚**とも呼ばれる。腰から上は若い美女であり、下半身は魚の尾のようになっている。

　伝説によると、岩の上に座り、髪をとかしながら歌っている姿がよく見られたという。見た目の美しさとは裏腹に、その出現は災害や不幸の前兆だとされた。

　アイルランドの海の妖精としての人魚は**メロウ**という。美しいメロウの女性が人間の男性と子をなす話が残っている。メロウには男性もいて、そちらは醜い容貌だとされる。

Check
① 上半身は美女、下半身は魚。
② アイルランドではメロウ。

第1章
第2章
第3章 幻獣・精霊・妖精
第4章
第5章
第6章
第7章

-171-

「精霊」と「聖霊」はどう違う？

人間は太古の昔から、草木や山や川などの事物、あるいは雨や雷といった現象に不思議なはたらきを見て、それらに対する親しみや感謝、驚きや畏れを抱いてきた。

そこから生まれたのが精霊（スピリット spirit）である。たとえばある樹木の精霊とは、共同体の人々がその樹木について語り合ってきたことが蓄積され、ひとつのイメージに収斂してきたものだといえる。そして、多様な精霊をそれぞれ「神」として崇拝するようになった宗教が、多神教である。

この「精霊」とよく混同される言葉に、「聖霊」がある。聖霊（ホーリー・スピリット holy spirit）は、一神教であるキリスト教の特殊な用語で、個別の事物に宿る多様な精霊とは完全に別ものだ。

聖霊とは、神が地上に送り込む空気のような霊であり、この聖霊を通して、神は人間に力を及ぼす。

そして少し難しいのだが、聖霊は、唯一の神がもつとされる3つのあり方のうちのひとつである。今日「正統派」とされるキリスト教の諸教派では、神について三位一体説が信じられている。それによると、神は実体としてはただひとりでありながら、「父なる神」「子なるキリスト」「聖霊」という3つの位格（ペルソナ）をもつ。そして3つの位格は、それぞれ独立したものでありながら、神として同一の本質をもつという（ちなみに東方正教会の用語では、聖霊は「聖神」、三位一体は「至聖三者」と訳される）。

この三位一体説は、歴史的に形作られたものだ。「父なる神と子なるキリストは、どういう関係にあるのか」「聖霊は神なのか、神に造られた被造物なのか」といった論争がたびたび行われ、その議論の蓄積を通じて、「キリストも聖霊も、被造物ではなく、父と同等の神性をもつ」「父も子も聖霊も、三者ともにまぎれもなく神である」とする思想が正統派の地位を獲得したのである。そして三位一体をはじめとする正統派の教義を受け入れない考え方は、「異端」とされた。

第 4 章

魔術・呪術・錬金術

01 類感呪術と感染呪術

呪術・魔術の、基本発想による分類

◀カール・ボドマー《ミナターレ族の頭皮踊り》（1843〜1844年）。北米先住民ミナターレ族は他部族との戦争に勝つと、敵の頭皮を剥ぎ「戦勝頭皮祭り」を行った。彼らは、体から離れても頭皮は敵の強さと関係していると信じ、その頭皮を手に入れることで、敵の強さを自分のものにできると考えたのだ。『金枝篇』で感染呪術の例に挙げられている。

ジェームズ・フレイザーは、呪術・魔術のもとにある発想に注目し、類感呪術と感染呪術という分類を提唱した。

Check

②離れても影響する感染呪術。

①似たものを生む類感呪術。

　人間個体の外にある超常的な力を利用して、何らかの変化を引き起こす技術を、**呪術**あるいは**魔術**という。それらは太古の昔から、世界中で人間とともにあった。

　イギリスの人類学者**ジェームズ・フレイザー**は名著『**金枝篇**』で、**類感呪術**と**感染呪術**という呪術の分類を提唱した。

　類感呪術とは、似たものは似たものを生むという発想から生まれた呪術である。たとえば、**雨乞い**では太鼓を鳴らし、煙を焚いたりするが、太鼓の音によってそれに似た雷鳴を、煙によってそれに似た雨雲を呼び寄せようとしているのである。

　感染呪術は、一度接触したものは、離れたあとも関係しつづけるという発想にもとづいている。たとえば、危害を加えたい相手の体から離脱した毛髪などを藁人形に入れ、その人形に釘を打ち込む呪いは、感染呪術に分類される。

黒魔術と白魔術

呪術・魔術の、目的による分類

02

◀ 1825年頃にエベニーザ・シブリーによって描かれた、霊を召喚する魔術師ジョン・ディーとその協力者エドワード・ケリーの絵。私的な欲求から魔術を用いるこのような行為は、黒魔術に分類される。

魔術自体は中立的なものであるが、使用者の目的と意思により、白魔術と黒魔術に分類されることがある。

魔術の有名な分類法として、**黒魔術**と**白魔術**というものがある。

Check

黒魔術は、利己的な欲求のために、しばしば不道徳な形で行われる魔術である。敵対する相手にまじないや呪いをかける、攻撃的なものがその典型だといえる。

対して白魔術は、仲間などを助ける利他的な目的のために行われる魔術である。人にかけられた呪いを解いたり回復させたり、そのほかの利益をもたらしたりする。

この分類でいうと、もともと魔術はすべて白魔術だったと考えられる。原始時代の共同体における魔術師は、災害や疫病を回避するために、超自然的な力を利用していた。それがのちに、共同体の間の争いや個人同士の対立において、相手を呪って力を弱めるようとする試みが生まれ、黒魔術が生まれたのではないかという説がある。ただし、黒魔術と白魔術という概念は近代に生まれたもので、分類すること自体に疑問があるとの意見も存在する。

① 利己的で、しばしば不道徳・攻撃的な黒魔術。
② 利他的で、仲間に利益をもたらす白魔術。

03 魔女

神に背き悪魔に仕えるとされた人々

◀ テオドール・シャセリオー《マクベスと 3 人の魔女》(1855 年)。シェイクスピアの『マクベス』(初演 1606 年頃) の序盤、マクベスが 3 人の魔女と出会う場面を描いている。

魔女とは本来、キリスト教以前の古代の神々を信仰する人々のことであった。

Check

① 悪魔を崇拝し、神に背く技術を用いるとされた。
② 本来の姿は、キリスト教以前の神々を信仰する人々。

魔女（**ウィッチ**）とは、魔術を使う女性のことである。特に 15 世紀から 18 世紀のヨーロッパのキリスト教社会では、悪魔を崇拝し神の摂理に背くような活動（悪霊の召喚、変身、飛行など）を行う異端者として魔女が定義され、これに対する恐怖と嫌悪が高まった。男性も含む多くの人々に魔女の疑いをかけて糾弾したヒステリックな**魔女狩り**や**魔女裁判**も、この時期のものである。

　魔女はイボのある大きな鼻、尖ったあご、乱れた髪という醜い姿でイメージされ、ステレオタイプな迷信も形成された。魔女は悪魔と性交する、痛みを感じない「契約の印」が体にある、カラスや黒猫を使いにしている、水に落とされても浮かび上がる、などともいわれていた。

　だが、じつは本来魔女とは、**キリスト教以前の古代の神々を信仰する人々**であったとされる。ヨーロッパでキリスト教が支配的になって以降、彼女たちは異教の神々を信じる存在として、悪魔と結びつけられるようになり、邪悪な存在とされていったといういきさつがあったのである。

悪魔との契約

04

代償を覚悟して望みをかなえる方法

▶ミヒャエル・パッハー《聖ヴォルフガングと悪魔》（1470年代）。聖ヴォルフガングは悪魔の力を借りて教会を建てた。その際「最初に教会に足を踏み入れたものの魂を渡す」と約束していたが、完成した教会に最初に入ったのは狼で、悪魔は人間の魂を手に入れられなかったという。

神 秘的な力をもつ悪魔との間には、契約を交わすことができると考えられた。中でももっとも有名なのが、ファウストの契約である。

　自分の魂などと引き換えに、悪魔に望みをかなえてもらったり、魔力を得たりすることができるという考え方があった。**悪魔との契約**である。悪魔に完全に服従することで魔力を得るタイプと、悪魔を呼び出して条件交渉のうえで使役するタイプがあった。魔女の場合はほとんどが、前者のタイプの契約を結ぶとされ、後者のタイプでは、羊皮紙に血で署名した**契約書**を交わすとされた。

　17世紀の錬金術師**ヨハン・ファウスト**は、「悪魔と契約して力を借りている」と教会から非難された。彼が実験中の爆発事故でバラバラになって死ぬと、悪魔が契約の条件に従って命を奪ったのだと人々は噂した。その伝説にもとづくゲーテの『**ファウスト**』では、ファウスト博士が悪魔**メフィストフェレス**（110ページ）と交わした契約は、人生を心ゆくまで味わわせてもらう代わりに、満足したときには魂をもっていってもよいというものだった。その契約の際には、血の署名が行われている。

Check
① 口頭もしくは書面で悪魔と契約を交わす。
② 錬金術師ファウストの契約が有名。

第1章
第2章
第3章
第4章　魔術・呪術・錬金術
第5章
第6章
第7章

召喚魔術

天使・悪魔・精霊などを呼び出す儀式

05

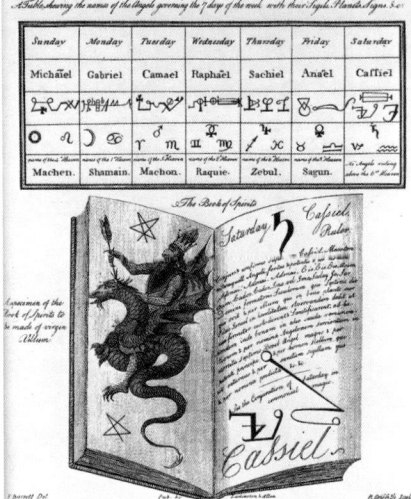

◀魔術師による「精霊の書」の図。精霊の召喚に用いる。フランシス・バレット『秘術師』（1801年）より。

> **超** 常的な存在を呼び出して知恵や力を借りる召喚魔術は、古代の降霊術をもとに形成されていった。

Check

① 古代の降霊術をもとに発展。
② 手順はグリモワールなどの魔術書に記載。

死者の霊を呼び出して占いを行う**降霊術（ネクロマンシー）**は、遡ると古代オリエントから存在し、聖書にも記載がある。中世のカトリック教会は、そのような占いを悪霊の呼び出しだと断定し非難したが、**天使・悪魔・四大精霊**などを召喚し、その力や知恵を借りようという**召喚魔術**の実践は絶えなかった。この魔術に手を染める者の大半は、皮肉なことに聖職者だったという。

近代、特に19世紀に創設された魔術結社**黄金の夜明け団**以降、超常的存在を召喚する儀式魔術は、天使や神の降臨を懇請する**エヴォケーション**（喚起、祈神）と、悪魔や精霊を呼び出して奉仕させる**インヴォケーション**（召喚、招霊）に分類される。

召喚魔術を行う魔術師は、身を清めて道具を用意し、精霊などの力から自分を守るための**魔法円**を描く。こうした手順は**グリモワール**（223ページ）などの魔術書にくわしく記されている。

06
変身
自分や他人をほかの動植物に変化させる術

◀ウォルター・クレインによる『美女と野獣』の挿画（1874年）。魔術によって獣に姿を変えられた男の物語として知られる。

人間以外のものに姿を変える変身能力についての物語は、古代から存在する。近世ヨーロッパでは、魔女の変身が問題とされた。

　古代から魔術師たちは、自分または他人を、人間以外のものに**変身**させる力をもつとされてきた。ギリシア神話には、**オデュッセウス**（25ページ）の部下たちを豚に変身させた魔女**キルケ**が登場するし、紀元前後の詩人**オウィディウス**の『**変身物語**』には、ギリシア・ローマ神話の変身譚（へんしんたん）が豊富に集められている。また、中世から伝わるヨーロッパの物語には、呪いによって姿を変えられてしまった人物をめぐるものが多い。

　近世ヨーロッパでは、**魔女**の変身が取り沙汰された。魔女裁判での告発によれば、魔女たちは山羊・狼・猫・牛・フクロウ・コウモリなどに変身して**サバト**（181ページ）へ向かう。また、昆虫や鼠に変身して他人の家庭に侵入し、人々に呪いをかけたという。異端として逮捕されかけたとき、鳥に変身して逃げたとの話もある。ちなみに魔女は、幻覚性の軟膏（なんこう）を体に塗り込んでいたとされ、彼女たちの変身はその効果ではないかとの説もある。

Check

① 古代から魔術師は変身の能力をもつとされた。

② 魔女裁判では、魔女の変身についての証言がなされた。

第1章
第2章
第3章
第4章　魔術・呪術・錬金術
第5章
第6章
第7章

179

黒ミサ

悪魔の力を借りるための儀式

◀ヒエロニムス・ボス《聖アントニウスの誘惑》（16世紀初頭）より。黒ミサのような瀆神的な儀式の様子が描かれていると考えられる部分。

神を冒瀆するためにカトリックのミサと正反対のことを行う黒ミサは、悪魔の力を借りるための魔術的儀式だといわれる。

Check

① 悪魔の力を借りて呪いなどをかけることができる。

② カトリックのミサを冒瀆的な形で再現。

　カトリックにおいて、パンと葡萄酒をキリストの肉（**聖体**）と血（**聖血**）へと**聖変化**させ、それらの**聖体**を受け取る典礼を**ミサ**という。これを下劣かつ不道徳な形で再現し、神を冒瀆する魔術的儀式が**黒ミサ**である。これを行うことで悪魔の力を借りることができ、呪殺などが可能になると考えられたのだ。

　決まった形式はないが、カトリックのミサとは逆のことを実行するのが原則である。たとえば荒廃した教会の跡地で、聖職を剝奪された司祭のもと、深夜に儀式を始める。祭壇に逆さまに置いた十字架に、悪魔崇拝者たちが唾を吐きかける。聖水の代わりに尿が使われ、ロウソクの色は黒で、司祭は聖書を逆から読む。

　黒ミサの儀式は14世紀頃に確立されたことになっているが、当初は、カトリック教会が異端とみなした者たちに嫌疑をかけて断罪した、というのが実態だったようだ。ただ17世紀以降、西欧の爛熟した貴族社会や市民社会では盛んに実行されたという。

08 サバト

キリスト教以前の宗教の祭りが魔女の夜会に

▶フランシス・デ・ゴヤ《魔女の安息日》
（1798年）。サバトの様子を描いている。

魔女たちの夜会サバト
は、異教の祭りをモ
デルとしてイメージが形成さ
れていった。

サバトとは本来、キ
リスト教以前の宗教を
信仰する人々が行う、
季節の祝祭だった。

もっとも大規模で有
名なサバトは、ドイツ
のブロッケン山におけ
る**ワルプルギスの夜**だ
ろう。もともとは春の

Check

① 魔女と悪魔の乱交が行われる夜会。

② ブロッケン山のワルプルギスの夜が有名。

訪れを祝うものだったこの祭りは、**ゲーテ**の『**ファウスト**』にも
印象深く書かれている。

キリスト教はそのような異教の祭りを悪魔と結びつけ、淫らな
魔女たちの集会というイメージに仕立て上げた。

それによると、魔女たちのサバトは、猛烈な悪臭を放つ牡山羊
の姿の悪魔に主催され、山の中や洞窟、深い森の中などで夜中に
開かれるといわれた。魔女たちは、箒や動物にまたがって飛来し、
裸になって悪魔の尻に接吻する。洗礼前の幼児を犠牲として捧げ
たのち、宴会を開いて貪り喰う。宴会のあとは、悪魔との乱交が
くり広げられるというのだ。

ルーン文字

1文字ごとに意味をもつ魔法の文字

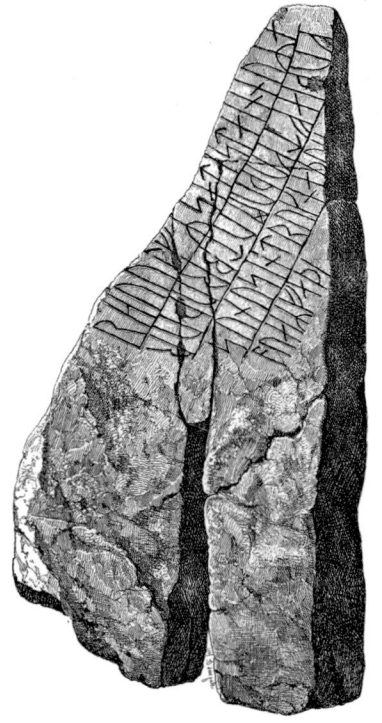

▲ルーン文字の刻まれている石碑のイラスト（1884年）。

古代ゲルマン人が用いていたルーン文字は、北欧神話にも魔法の文字として登場する。

　古代ゲルマン人はラテン文字の普及以前に、**ルーン文字**という独特の文字を用いていた。その語源は「秘密」を意味するゴート語だとされる。

　ルーン文字は北欧神話にも、神秘的な知識が凝縮された魔法の文字として登場する。**オーディン**（28ページ）は自分を生け贄にして、この文字に込められた**ルーン**という魔法を身につけたという。その魔法は、悩みから救うもの、傷や病を癒すもの、敵の武器を無力化するもの、呪いを敵にはね返すものなど18に及び、オーディンしか知らない奥義もあった。

　ひとつひとつが固有の意味をもつルーン文字は、適切な場所に適切な方法で刻みつければ、たった1文字で絶大な効果を発揮するとされ、呪術や占いに用いられた。

　ただし、もともとルーンは日常的な文字だった。ラテン文字の普及以降、古めかしく見えたせいで、神秘的な性格が強調されたようである。

Check

① 古代ゲルマン人の文字。
② 1文字ごとに魔力が宿る。

10 セイズ魔術

トランス状態での降霊術

◀ 1893 年にスウェーデンで出版された『詩のエッダ』に掲載された、巫女ヴォルヴァが予言を語る場面の挿画。

北欧神話には、トランス状態に入ることで予言などを行う、セイズ魔術が登場する。

　北欧神話には、**セイズ魔術**と呼ばれる魔術が登場する。これは一種の降霊術のようなものだと考えられる。

　ヴォルヴァと呼ばれる巫女（みこ）が、セイズ魔術の使い手だったとされる。ヴォルヴァは、動物の毛皮を縫い合わせて作った衣装を、頭からすっぽりとかぶって儀式を行った。術者を取り巻いた数人の女性が、呪歌を歌い呪文を唱えると、術者が性的恍惚（こうこつ）をともなうトランス状態に入り、先祖の霊や神々、精霊などを自分自身に憑依させる。そして憑依した存在から、未来のことやなくなったものの行方、抱えている問題の解決方法、ひいては特定の相手を殺傷する方法などを教えてもらうのだという。

　北欧神話では、セイズ魔術は女神**フレイヤ**（33 ページ）によって**アース神族**に伝えられたとされる。また、**グルヴェイグ**という魔女もセイズ魔術に長けていた。

Check

① 恍惚状態で霊や神などを憑依させる。

② 未来のことや呪殺の方法を知ることができる。

第1章
第2章
第3章
第4章　魔術・呪術・錬金術
第5章
第6章
第7章

11 ドルイド

謎に包まれたケルトの高僧たち

▶ジョン・キャセル『イングランドの歴史』の挿画。ドルイドがブリテン人たちに対し、ローマ人の上陸を阻止するようにうながしている場面。

ケルトの僧侶ドルイドは神秘の儀式を行い、予言などの魔術を用いた。

ケルトの信仰における高位の僧侶を**ドルイド**という。彼らはケルト神話に予言者や科学者、法律家として登場し、しばしば強力な魔術を用いる存在として描かれる。しかし、ドルイドの儀式は門外不出のものであり、口伝（くでん）によってのみ受け継がれるものであった。したがって、ドルイドの用いた神秘的な魔術については、今も明らかになっていないことが多い。

彼らは樫（かし）の木の**聖なる森**で儀式や集会を催し、樫やヤドリギといった植物に宿る聖なる力を、治療などに利用した。人間や動物を生け贄にして予言を行うこともあった。生け贄にしたときの苦しみ方や内臓の様子を観察して、それをもとに予言したという。

ドルイドは儀式以外でも、**夢による予言**を行っていた。呪文を唱えて人を眠らせ、目覚めたときに夢を語らせて、その内容を解釈することで未来を占ったというのである。

Check

① ケルト社会の高位の僧侶。

② 予言などの魔術を実践。

⑫ カバラ数秘術

神に近づこうとするユダヤ教の神秘思想

▶ カバラ思想の中心となっている書物『ゾーハル』の初版（1558年）。

ユダヤ教の神秘思想カバラは、宇宙の謎を解明して神に近づこうとするものであり、数秘術と結びついて占いに用いられることも多い。

ユダヤ教の神秘思想に、3世紀から6世紀頃に成立したとされる、**カバラ**というものがある。

カバラ思想によると、絶対的な神の意志が段階的に流出して宇宙のすべてを形作り、最終的に、人間が身を置く物質界にまで至っている。そのため、宇宙の謎を解き明かせば、神の意志の流出を逆にたどる形で、**神のそばに近づく**ことができるというのである。

単に神を信仰するにとどまらないこの魔術的な思想は、本来、師から弟子に直伝されるしかない、秘密の教えであった。

カバラが、数字に神秘的な意味や力があるとする**数秘術**と結びつき、**カバラ数秘術**が生まれた。現代では、名前や生年月日から**運命数**を算出する占いとしても人気だが、本来は、聖典を数字の面から解読し、宇宙の謎を解き明かそうとする営みだった。

なお、カバラ思想はキリスト教にも利用され（**クリスチャン・カバラ**）、近代魔術にも大きな影響を与えている。

Check

① ユダヤ教の神秘思想カバラは、神のもとへ近づくことをめざす。

② 数字に隠された意味を見出す数秘術と結びついた。

第1章
第2章
第3章
第4章 魔術・呪術・錬金術
第5章
第6章
第7章

⑬ セフィロトの樹
宇宙のあり方を示した神秘の図

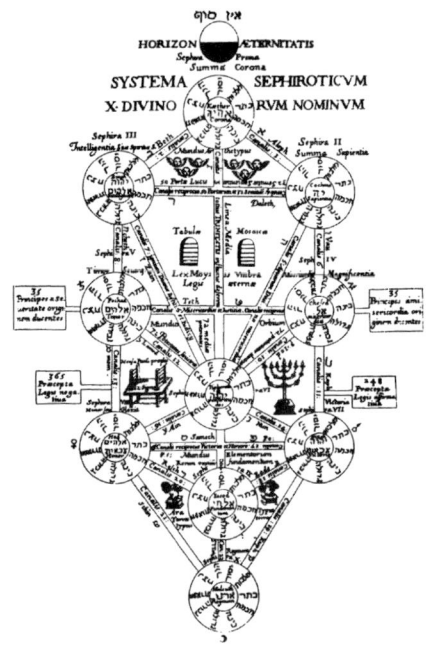

▶アタナシウス・キルヒャーの『エジプトのオイディプス』（1652年）に掲載されたセフィロトの樹。円形の要素がセフィラー、それらをつなぐ小径（こみち）はパスと呼ばれる。

　セフィロトの樹は、カバラの世界観が集約された思想的核心であり、神に近づくための道を神秘的に示している。

　カバラの独自の世界観は、**生命の樹**の図に集約される。生命の樹とは、旧約聖書『創世記』で**エデンの園**（236ページ）の中央にあるとされる木だが、カバラでは**セフィロトの樹**とも呼び、宇宙の創造および宇宙のあり方に見立てられる。

　カバラのセフィロトの樹は、10個の**セフィラー**と呼ばれる球体と、それらを結ぶ22本の小径（こみち）（**パス**）から構成されている。

　第1のセフィラーである**ケテル**は、神の最初の現れとしての、宇宙唯一の理想的原理である。そこから神の意志が段階的に流出して、さまざまなセフィラーへと形を変えていく。そして最後に、10番目の**マルクト**というセフィラーが創られる。これが、人間のいる物質世界を表しているとされる。

　宇宙の理解と神への接近を志すカバラの術者は、このセフィロトの樹の22本のパスをたどり、それぞれのセフィラーを会得していく。そして最終的には、ケテルに到達しようというのである。

Check

① 神から物質世界に至る全宇宙を図示。
② セフィラーとパスから構成される。

⑭ ゴーレム
額に「真理」を刻まれた泥人形

▶ミコラシュ・アレシュによる絵（1899年）。ユダヤ教のラビがゴーレムを作り出しているところを描いている。

ユダヤ教の伝承の中のゴーレムは、ラビによって作られる人造人間であり、額の羊皮紙にはその生命をつかさどる文字が書かれている。

ゴーレムは、ユダヤの律法学者**ラビ**が泥から作る人形であり、ラビの召使いとなる人造人間である。

これを作るには、ラビはまず、断食や祈禱（きとう）を行って身を清める。そののち、泥をこねて形を作る。そして呪文を唱えながら、ゴーレムの額に「emeth」と書いた羊皮紙（ようひし）を貼りつける。この単語は「真理」という意味である。

これでゴーレムは、作ったラビの命令にだけ忠実な召使いとなる。しかし、ゴーレムは次第に巨大化していく。また、使役する際のルールが決められており、それを守らないと凶暴化する。

手に負えなくなったときは、土に戻すしかない。「emeth」の語の最初の「e」を消すと、**「死」を意味する**「meth」となり、ゴーレムは崩れてたちまちもとの泥に戻る。ただし、注意が必要である。ある男が、あまりに巨大化したゴーレムの額の「e」を消したところ、崩れたゴーレムの下敷きになって圧死したという。

Check

① ユダヤ教のラビが泥から作る。

② 額の羊皮紙の文字によって命が左右される。

第1章

第2章

第3章

第4章 魔術・呪術・錬金術

第5章

第6章

第7章

15

古代エジプト魔術
あらゆる魔術の起源

◀古代エジプトの「死者の書」。おもに神聖文字ヒエログリフと絵によって構成されている。死者とともに埋葬され、霊魂を死後の楽園へと導くものとされた。

古代エジプトの高度な文明に支えられた魔術は、自然や動物を操ることができた。さまざまな土地に伝わり、多くの魔術の起源とされている。

Check

① 古代エジプトの王や神官が用いた魔術。
② 自然や動物を自由に操る。

　　古代エジプト魔術は、現代の私たちが魔術と呼んでいるものの起源だといわれる。エジプト魔術の要素は、メソポタミア、ケルト、ギリシア、ローマなどを経て、キリスト教社会にも受け継がれたと考えられているのである。

　　エジプトの魔術師たちの独特な点として、神々や精霊の力を借りて魔術を行うのではなく、神々や精霊が用いるのと同じ魔力を、自分で使いこなしていたことが挙げられる。魔力さえ強ければ、人間でありながら神を支配することもできたのだ。

　　ファラオは神々を喰らい、神をも支配するほどの魔力を身につけたという。ファラオに仕える神官たちはみな魔術師で、動物と話をし、自由に操ることができた。傷つき欠損した手足や内臓を再生することも可能だったという。自然を操り、雨を降らせ、嵐を起こさせ、川を氾濫させもした。

　　このような魔術を支えていたのは、ミイラ技術、暦、発達した文字体系などの高度な文明であったと考えられている。

シャーマニズム

16

霊界と交信する技法

▶1908年に撮影された写真をもとにした、ロシアの絵葉書。女性のシャーマンが写っている。シャーマンは男性であることが多いが、女性もシャーマンになりうる。

人類誕生とほぼ同時に発生したともいわれるシャーマニズム。シャーマンは霊界と交信し、治療や予言などを行う。

トランス状態になることで、霊魂や神、精霊などの超自然的存在と交信する能力をもつ人を**シャーマン**といい、シャーマンを中心とする信仰・宗教は**シャーマニズム**と呼ばれる。ツングース語に由来する概念で、もともとは北アジアに見出されたものだが、これは人類発祥とほぼ同時に、世界各地で同様の存在が発生していたのだと考えられる。

　シャーマンの能力は、おもに治療に用いられる。太鼓などの楽器の音や舞踏により、非日常的な意識状態に移行して霊界と交信し、患者の病気の原因や治療法を知る。病気の原因である負のエネルギーを口に吸い込み、**守護精霊**の力で浄化する技法が用いられることもある。また彼らの力は、狩猟の成功や部族の安全の確保にも利用される。

　霊界と交信する方法には、霊界へ行くパターン、霊を憑依させるパターン、霊と交信してそれを伝えるパターンなどがある。

Check
① シャーマンはトランス状態に入り、霊界と交信する。
② 病気の治療や、狩猟の成功・部族の安全の確保を行う。

17 陰陽五行説
いんようごぎょうせつ

精緻に組み合わされた中国の神秘の理論

▶太極図。宇宙の根源であり陰と陽を生む太極
の概念を表現している。
たいきょく ず

国では、陰陽思想
と五行思想の融合
した陰陽五行思想
が、占術などに用いられた。

Check

①　陰陽思想と五行思想が結びついた。

②　陰・陽のふたつの気と、木・火・土・金・水の5つの元素。

　　中国には、非常に古くから**陰陽思想**があった。その思想によると、世界は最初混沌とした状態であったのが、明るく澄んだ**陽の気**が上昇して天になり、暗く濁った**陰の気**が下降して地になったという。陽の気は能動的な性質をもち、陰の気は受動的な性質をもつとされるが、これは善悪の二元論ではない。陽と陰は相反しながらも、互いに支え合って宇宙を構成し、万物の生成消滅にかかわっている。そして陰陽思想は、この陽と陰のふたつの気のはたらきから、宇宙のあらゆる事柄を説明し、未来までも予測する。

　　さらに前3世紀、万物は木・火・土・金・水の5つの元素が影響し合ってできているとする**五行思想**が誕生し、自然現象の説明、政治学、医療、占術などに用いられるようになる。これが陰陽思想と結びついて、**陰陽五行説**となった。

　　陰陽五行説では、5つの元素にそれぞれ陰と陽が組み合わさって、非常に精緻なものごとの説明や占いが可能になった。私たちにとってなじみ深い**十二支**なども、ここから生まれたとされる。

18 風水

土地の環境の中で気の流れを読む

◀ 風水に用いられる「羅盤」という道具。これをもとに方位や時間の吉凶を測定する。ただし、流派によって羅盤の中身も読み方も異なるという。

気 の流れを読んで自然と調和することをめざす風水は、古代における都市建設などに利用された。

古代中国では、土地の環境を見極めてそこでどう暮らすかを考えることと占いが結びつき、さらに**陰陽五行説**などと組み合わさって、**風水**という考え方が生まれた。これは、自然のエネルギーである**気**の流れを重視し、自然との調和をはかるための術である。

もともとは土地の研究で「地理」とも呼ばれ、計画的な都市作りに利用された。たとえば**長安**や**洛陽**など古代中国の都市は、方位や構造の面で風水の要素を取り入れて建設された。古代日本の**藤原京**（694年遷都）や**平城京**（710年遷都）、**平安京**（794年遷都）などは、中国の都市をモデルに作られた。そしてその造営の際にも、風水の考え方が取り入れられたのである。ただし、風水が中国から日本に伝わる際、占い的な要素が強調されたという。

今日でも、部屋のレイアウトなど日常生活に応用されており、たとえば、よい気が家に流れ込む経路を割り出して、その流れを滞らせる障害物を取り除く、といったことに風水の考え方が使われている。

Check

① 土地の研究と占いが結びついて生まれた。

② 古くは都市建設に利用され、現在でも日常生活に使われる。

19 密教
内面の変容を引き起こす神秘的な技法

Check

① 儀式を通じて高みをめざす。
② ヨーガの技法を取り入れる。

　インドには古くから、儀式を通して神秘的な高みに至ろうとする宗教形態があった。**タントリズム**と呼ばれるこの傾向は特に6～7世紀頃、さまざまな宗教を横断する形で急激に拡大した。

　そして7世紀頃から、仏教の中に**密教**（みっきょう）という潮流が成立し、アジア各地に広がっていった。密教では、**ヨーガ**の技法を取り入れた神秘的な精神集中法により、修行者が内面的に変容して悟りに到達することをめざす。その際、**マントラ**（**真言**（しんごん））という祈りの言葉が唱えられたり、宇宙の図**マンダラ**（**曼荼羅**（まんだら））が心に描かれたり、手の形で仏を表す**印**（いん）が結ばれたりする。

20 修験道（しゅげんどう）
山での修行により超自然的な力を得る

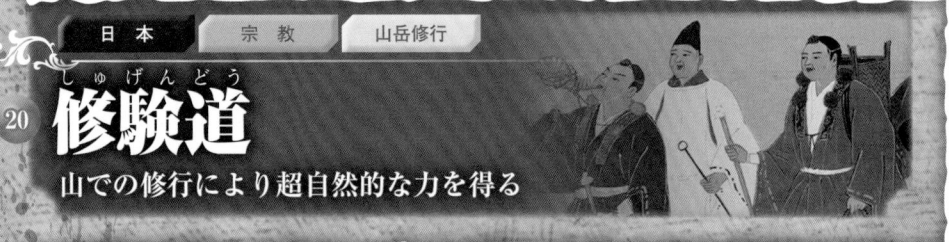

Check

① 役小角が開祖とされる。
② 山岳信仰と密教が結びつく。

　日本には古来、山を神聖視する**山岳信仰**（さんがくしんこう）があった。飛鳥時代頃までの人々は、山を神の住処とみなし、畏れて立ち入らなかったが、中国から山の中の仙人のイメージが伝わると、奈良時代頃から、山で修行して神秘的な力を得ようという山岳修行者が現れた。

　その代表格は、7世紀後半に活躍したといわれる伝説的な人物、**役小角**（えんのおづぬ）である。そして、日本に入ってきた密教などが山岳信仰と結びついて**修験道**（しゅげんどう）という独特の信仰形態が生まれ、役小角がその開祖とされた。修験道では、**山伏**（やまぶし）と呼ばれる修行者が山にこもって過酷な修行を行い、超自然的な力を身につけるのだという。

21
陰陽道
（おんみょうどう）
日本独自の発展を遂げた呪術

▶『泣不動縁起絵巻』（室町時代）より。2体の式神（右端）を従えた陰陽師の安倍晴明（中央右）が、祭壇の向こうに現れた物の怪（左上）と対峙しながら祈禱を行っている。

 陽五行説と神道や密教が融合した日本の陰陽道は、未来の予測やまじないに用いられた。式神を使役することで知られている。

陰陽道とは、中国の**陰陽五行説**（190ページ）を源流としながらも、日本の神道や密教と習合し、日本独自に発展を遂げた呪術・占術である。飛鳥時代に設置された**陰陽寮**という公的機関を母胎として、平安時代中期までに確立されていった。陰陽道にたずさわる**陰陽師**たちは、災害の予測と回避、日時や方角の吉凶の判断、まじないによる儀式などをつかさどっていた。

陰陽道で特異なのは、**式神**と呼ばれる下級の鬼神を使役する点だ。普通の人間には見えないこの式神は、和紙の札に乗り移らせて、自由に姿を変えさせたり、紙人形に憑依させたりすることができた。絵巻などには、小鬼のような姿で描かれることもある。

陰陽師はこの式神を使い、悪霊を撃退したり、人間を監視したりする。ときには呪殺などに用いることもある。代表的な陰陽師の**安倍晴明**は、仏教の**十二神将**を式神として使っていたという。

 Check
① 日本独自の呪術・占術。
② 陰陽師は式神を使役する。

第1章 第2章 第3章 第4章 魔術・呪術・錬金術 第5章 第6章 第7章

193

錬金術
神に近い存在になるための技術

22

◀ウィリアム・ダグラス《錬金術師》（1853 年）。

錬金術の核心にある思想は「不完全なものを完全に」というものだった。錬金術師たちは、第一質料・四大元素・三原質などの理論にもとづいて、賢者の石やエリクサー、ホムンクルスなどを作り出そうとした。

不完全を完全に

前3世紀から後3世紀頃にエジプトのアレクサンドリア*周辺で発祥した**錬金術**（れんきんじゅつ）は、中東に伝わってアラビアの学者たちに研究されたのち、ルネサンス期のヨーロッパで隆盛を誇った。その人気は 18 世紀まで根強く残っていた。

錬金術は、鉛のような卑金属（ひきんぞく）から金（きん）を生成する技術だと、一般に考えられている。しかしその究極の目的は、人間を神のような存在へと高めることだったという。

錬金術の思想的な核心は、**不完全なものを完全なものに変える**ことである。古代や中世の人々は、鉛や銅などは不完全な金属であり、金は完全な金属だと考えていたが、不完全なものから完全なものが作れるのであれば、鉛や銅を金に変えることもできるはずだ。ここから**黄金変性**技術が研究されるようになったのである。

*アレクサンドリアはヘレニズム時代において、世界でもっとも学問の発達している大都市であった。

追い求めた神秘の力

「不完全なものを完全に」という思想を象徴するのが、**賢者の石**（224ページ）である。卑金属を金に変え、人間を不老不死にし、そのほかさまざまなことを可能にするこのアイテムが、錬金術の目標となった。

どんな病気の人間も健康にする万能薬**エリクサー**（225ページ）も、錬金術師たちが追い求めたもののひとつである。また、人間が神に近づくためには、神が人間を創造したように、人間が新しい生命を創造できなければならない。そこで考案されたのが、人造人間**ホムンクルス**（197ページ）であった。

錬金術はさらに目的を広げ、肉体的な面だけでなく霊的な面でも、人間を高めることをめざすようになった。不幸な社会を幸福な社会に変えることも、錬金術の目的とされたという。

第一質料と三原質

古代ギリシアの哲学者**アリストテレス**は、万物の素材としての**第一質料**(プリマ・マテリア)という概念を提唱した。第一質料は唯一の根源的なものであり、これが特定の性質をもつことで、土・水・火・風の**四大元素**となり、この四大元素の組み合わせによって宇宙のすべてが構成されているというのである。すべての物質が第一質料からできているのなら、性質や組み合わせを人工的に変えれば、卑金属を金に変換することができるはずだ。アリストテレスの理論は、強力な裏づけとして錬金術に取り入れられた。

また、代表的な錬金術師**パラケルスス**（196ページ）は、硫黄(おう)・水銀・塩(えん)の組み合わせで万物ができているという**三原質**理論を唱えた。これらの理論をもとに、錬金術師たちは神秘的な実験を行っていくのである。

① 万能薬や人造人間などを作ろうとした。
② 不完全な人間を完全な神に近づける。

第1章
第2章
第3章
第4章 魔術・呪術・錬金術
第5章
第6章
第7章

23 錬金術師
歴史に名を刻んだ探究者たち

◀ヘルメス・トリスメギストスの絵。

錬 金術の祖とされるのは、伝説的な存在ヘルメス・トリスメギストスである。そのほか、パラケルススらが錬金術師として有名だ。

Check

① 伝説の神人ヘルメス・トリスメギストス。
② 錬金術を刷新したパラケルスス。

　古代の**錬金術師**たちは、錬金術を創始した人物として、エジプトの**ヘルメス・トリスメギストス**の名を挙げている。彼はもともと、エジプトの知恵の神**トート**とギリシアの神**ヘルメス**（19ページ）が習合した神であったが、伝説的な人間として考えられるようになった。3000年以上も地上に君臨した王であり、3万冊以上の書物を著したとされる。

　中世には錬金術はアラビアで発達した。**ジャービル・ブン・ハイヤーン**や**イブン・シーナー（アヴィケンナ）**などが有名である。

　中世末期にアラビアからヨーロッパに輸入された錬金術を、近代化学につながるものへと発展させながら、同時に独自の神秘思想も盛り込んだのが、16世紀に活躍した**パラケルスス**である。放浪の人生を送ったが、大量の論文を書き、黄金変性から治療薬の開発へと、錬金術を方向転換させた。

▲1540年頃に描かれたパラケルススの肖像。

ホムンクルス

人間の手で創造される小さな生命

24

◀フランツ・ザビエル・シムによる、ゲーテ『ファウスト』の一場面の挿画（1899年）。学者ワーグナーがホムンクルスを造っているところを、悪魔メフィストフェレスが覗いている。

人造人間ホムンクルスは、ガラス容器の中でしか生きられないが、多くの知識を身につけられる。

ホムンクルスとは、錬金術によって作り出されるという、小さな人造人間である。優しく穏やかな性格をしており、錬金術師に従順で、人間と同じようにさまざまな知識を身につけることができる。しかし、ガラス容器の中でしか生きられず、寿命は6年ほどだという。

ホムンクルスを実際に製造したとの伝説がある**パラケルスス**は、その作り方を書き残している。それによれば、まずガラス容器に人間の精子を入れて密封し、発酵した馬糞を入れて40日間温める。するとごく微小で透明な人間の形をしたものが生まれるので、人間の血を与えて育てる。馬の体内と同じ温度で40週間置くと、体は小さいが人間の子どもに似た生命体に成長する。

ホムンクルスの研究は、自然の摂理を逸脱して人間の手で生命を創造しようとする試みであり、神と肩を並べようとする傲慢な行為であるとの見方もあった。

Check

① ガラス容器で作られる人工生命。
② 自然の摂理から逸脱した存在。

COLUMN 4

人体の不思議なエネルギー

　昔から世界中の人々は、目に見えない不思議な力の存在を信じてきた。魔術や呪術だけでなく、「オーラ」や「気」といった名称でファンタジー作品に登場することも多い。

　オーラは、そよ風やさわやかな空気を意味する古代ギリシア語の「アウラ」に由来する。これがラテン語に取り入れられて香りや輝きといった意味ももち、英語では「独特の雰囲気」を指すようにもなった。そこから、人体を覆って目に見えない光を放つエネルギーとしてイメージされ、マンガなどに描かれるようになっている。

　気は古代中国で生まれた概念で、自然現象や生命を形作る宇宙の根源的エネルギーが、空気や蒸気のようにイメージされたものである。人間も体内の気によって生きており、気の流れが滞ると病気になると考えられた。また、**太極拳**などの中国武術では、体内の気を操る技法が発展した。

　この気に相当するものとして、古代インドの**ヨーガ**の思想には、**プラーナ**というエネルギーの概念がある。これは人体を循環して生命活動を支えているとされる。

　ヨーガには**シャクティ**という宇宙的な創造エネルギーの概念もある。女神としてイメージされるシャクティは、人体の内部では、とぐろを巻いた**クンダリニー**という形態で尾骶骨のあたりに眠っているという。呼吸法やポーズによってプラーナを適切にめぐらすことで、クンダリニーを覚醒させて上昇させ、頭頂から宇宙へつなげることが、古典的なヨーガの究極的な目的とされていた（ただしその修行法には危険なものも多く、現代人が自己流で実践することは推奨されない）。

　なお、プラーナやクンダリニーが出入りするエネルギーの中心点が、人体には数か所あるとされ、それらは**チャクラ**（サンスクリット語で「円盤」を意味する）と呼ばれる。チャクラの数え方には諸説あるが、多くの場合、体の正中線に沿って尾骶骨、下腹部、鳩尾、胸、喉、眉間の6か所だとされる。

第 5 章

武器と魔導具

01 刀剣

近接戦闘の花形

◀ウォルター・クレインによって描かれた、アーサー王物語の一場面（1845年）。アーサー王の円卓の騎士のひとりベディヴィアが、聖剣エクスカリバーを、もとのもち主である「湖の乙女」に返している。

 雄たちの剣には、単純な攻撃力だけでなく、特殊な魔法の力などが備わっていることも多々ある。

切れ味の鋭い剣

　刀剣とは、手で握る部分（グリップ）と同程度以上の長さの刃を備えた武器のことである。片刃か湾曲した刀身のものは刀、諸刃のものは剣と呼ばれる。刺すか突くか斬ることで攻撃する。

　グラムは、北欧神話の英雄**シグルズ**（37ページ）が父**シグムンド**から受け継いだ名剣である。長さは1メートル以上あり、鉄や石を断ち切るだけでなく、川を流れる羽毛もふたつにするほど繊細な切れ味を示す。

　レーヴァティンは、北欧神話に登場する剣である。世界を覆う巨木**ユグドラシル**の頂上に棲む雄鶏**ヴィゾーヴニル**を殺すことができるのは、この剣だけだといわれている。この剣は、巨人族の**ロキ**（34ページ）によって鍛えられ、炎の国の巨人**スルト**の妻**シンモラ**によって9つの鍵がかけられた箱に保管されている。

魔法の力を秘めた剣

　北欧神話に登場する**ダーインスレイヴ**は、ひとたび抜かれると相手の息の根を止めるまで鞘に収まらないといわれる魔剣である。これを抜いてしまったため、デンマーク王**ヘグニ**は、親友のヴァイキング王**ヘジン**と、最終戦争**ラグナロク**が始まるまで戦いつづけなければならなくなった。

　アーサー王物語には**アーサー王**（41ページ）の相棒ともいうべき剣が2本登場する。1本目は、最強の魔法使い**マーリン**によって石に突き立てられ、アーサーがこれを抜くことで王としての資格を示した剣であり、**カリバーン**と呼ばれる。そしてこの剣が折られたのち、**湖の乙女**という妖精から与えられた剣が、有名な聖剣**エクスカリバー**だとされる。エクスカリバーの鞘には治癒能力があり、これをたずさえて戦えば傷を負うことはないとされる。

剣	伝承	特性
グラム	北欧神話	オーディンから授かった鋭い切れ味の名剣。
レーヴァティン	北欧神話	ロキが鍛えた、巨人族の切り札になる魔剣。
ダーインスレイヴ	北欧神話	抜かれると敵を殺すまで収められない。
勝利の剣	北欧神話	所有者の手を離れて敵を襲い、必ず倒す。
ティルフィング	北欧神話	製作した小人族の呪いで、もち主は死ぬ。
エクスカリバー	アーサー王物語	妖精の力が宿り、鞘は治癒の能力をもつ。
アロンダイト	アーサー王物語	妖精の力で鍛えられた切れ味抜群の両刃剣。
マルミアドワーズ	アーサー王物語	ギリシア神話の鍛冶神ヘパイストスが作った。
フルンティング	ベオウルフ	斬った相手の血を吸って硬度を増す。
クラウ・ソラス	ケルト神話	呪文の刻まれた刀身から光を放つ。
カラドボルグ	ケルト神話	虹の端から端まで伸び、山も切り払う。
フラガラッハ	ケルト神話	敵の戦意を喪失させ、癒えない傷を負わせる。
デュランダル	ローランの歌	天使に授けられた、刃こぼれしない聖剣。
オートクレール	ローランの歌	敵を乗っている馬ごと切り裂くほどの威力。
アスカロン	キリスト教伝説	聖ゲオルギウスがドラゴン退治に用いた。
干将・莫邪	中国伝説	刀匠の妻が炉に身を投げて完成させた。

（干将＝かんしょう　莫邪＝ばくや）

Check

① 刀は片刃、剣は諸刃。

② 名剣の多くは特殊な力を秘める。

第1章

第2章

第3章

第4章

第5章　武器と魔導具

第6章

第7章

201

02 槍と鉾

実用性にすぐれる野戦の主役

◀シャルル＝アンドレ・ヴァン・ロー《ネプチューンとアミモネ》（18世紀）より。ネプチューン（ポセイドン）がもっているのが、三叉の鉾トリアイナである。

 長いリーチを特徴とする槍や鉾の形の武器も、神話や伝説には多く登場する。

投げる槍

　槍および鉾は、古くから狩猟・戦闘に用いられた武器で、柄とその先端につく穂からなる。相手と距離を取れることが最大の特徴で、長いものでは10メートル近くに達する。強度と軽量化を両立させるため、柄には樫など硬質の木材を用いることが多い。

　ギリシア神話のゼウスの愛人**エウロペ**に与えられた槍は、絶対に的に当たり、自身に戻ってくるのだという。

　グングニルは北欧神話の最高神**オーディン**（28ページ）の武器で、これも敵に必ず突き刺さり、再び彼の手もとに戻ってくる。

　ケルトの英雄**クー・フーリン**（39ページ）の槍**ゲイ・ボルグ**はどんなに頑丈な鎧もやすやすと貫き、ギザギザになった先端で内臓を切り裂いた。もし敵に直接当たらなくても、まるで散弾銃のように30の鋭い棘が飛び出して敵に襲いかかるという。

特殊な性質をもつ槍

　トリアイナは、ギリシア神話の海神ポセイドン（17ページ）が使う三叉の鉾である。ポセイドンがトリアイナで海をかき混ぜれば嵐が起きる。また地面を叩くと大地震が発生するのだ。

　ブリューナクは、ケルトの英雄クー・フーリンの父親とされる太陽神ルーがもっていた槍で、手にした者は必ず勝利するといわれ、投げると稲妻のように相手を焼き尽くす。

　イエスが磔刑に処せられた際、その生死を確かめるため、ローマ軍の百人隊長ロンギヌスが使った槍は、キリストの受難にまつわる聖遺物のひとつである。のちに、この聖槍を手に入れた者は世界を征服するともいわれるようになった。

　トリシューラは、インド神話でシヴァ（61ページ）がもつ三叉の槍である。その槍先は「欲望・愛・意志」と「行動」、そして「知恵」を表している。

*ロンギヌスは目を患っていたが、槍を伝ってイエスの血が目に入ると視力を取り戻し、キリストの教えに帰依したという。

剣	伝承	特性
エウロペの槍	ギリシア神話	投げると必ず的に当たり、手もとに戻る。
トリアイナ	ギリシア神話	嵐や地震を起こせるポセイドンの強力な鉾。
アキレウスの槍	ギリシア神話	癒えない傷を敵に負わせる。
ロムルスの槍	ローマ神話	ローマ建国の誓いが込められている。
グングニル	北欧神話	投げると必ず的に当たり、手もとに戻る。
ルーン	ケルト神話	戦いを求めて飛んでいく血に餓えた魔槍。
ブリューナク	ケルト神話	投げると稲妻のようになり、勝利をもたらす。
ゲイ・ボルグ	ケルト神話	鋭い棘が飛び出して敵を襲う。
ゲイ・ジャルグ	ケルト神話	赤く大きな槍。癒えない傷を敵に負わせる。
ゲイ・ボウ	ケルト神話	黄色く小さな槍。癒えない傷を敵に負わせる。
ロンギヌスの槍	キリスト教伝説	手に入れた者は世界を征服するとされた。
トリシューラ	インド神話	シヴァの力（シャクティ）を象徴する。
火炎槍	封神演義（中国）	精気を炎に変えて噴出する。
天沼矛	日本神話	イザナギとイザナミが国産みに使った。

Check

① リーチが長く、実用性にすぐれる。

② 投げる槍と、柄をもって使う槍がある。

第1章

第2章

第3章

第4章

第5章　武器と魔導具

第6章

第7章

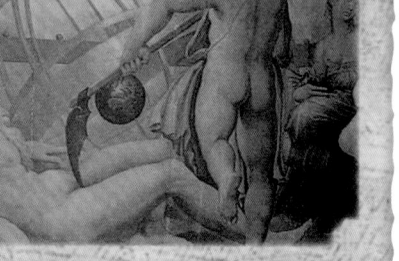

03 アダマスの大鎌
もっとも硬い魔法の金属で作られた鎌

Check

① クロノスの用いた鎌。
② もっとも硬い金属が材料。

　　アダマスの大鎌（おおがま）は、ギリシア神話で**クロノス**が父**ウラノス**の男根を切断して王座から追放したときに使われた（13ページ）。のちに英雄**ペルセウス**（21ページ）のものとなり、**メドゥーサ**を退治するときに首を刈ったのがこの大鎌だともいわれている。

　　この鎌の材料**アダマス**（英語では**アダマント**）は、非常に硬い物質であり、ゼウスに背いた**プロメテウス**（21ページ）を縛りつける鎖や、地獄の**堕天使**たちを縛りつける鎖などに使われているという。**ヘシオドス**の『**神統記**』では鋼鉄とされているが、のちにもっとも硬い物質ダイヤモンドを指すようになった。

04 エロスの弓矢
いたずら好きの恋愛神の武器

Check

① 恋愛の神エロスのもつ弓矢。
② 金と鉛の2種類の矢がある。

　　背中に羽根の生えた幼児の姿で描かれることが多い愛の神**エロス**（12ページ）は、たいへん強力な弓矢をもっている。エロスの矢には2種類ある。ひとつは**金できた矢**で、これで射られると人間であっても神であっても恋に落ちてしまう。もうひとつは**鉛の矢**で、射られると相手に嫌悪の情をもつようになる。

　　あるとき**アポロン**（19ページ）が、その矢の小ささをからかった。エロスは激怒して、金の矢でアポロンを、鉛の矢で**ダフネ**という美少女を射た。そのせいでアポロンは、報われない恋に苦しむことになるのだ。

北欧神話　武器　ハンマー

05 ミョルニル

扱いづらいが最強の威力を誇るハンマー

北欧神話に登場する**ミョルニル**は、投げれば必ず的に当たり、どんな巨人も一撃で倒したうえ、もち主の手に戻ってくる最強のハンマーである。非常に重くて雷神**トール**（30ページ）にしか使えないが、大きさを変えることができ、魔法の山羊**タングノスト**と**タングリスニル**を骨と皮から復活させる特殊能力もある。

ただし、柄が短くて使いづらい。柄が短くなったのは、小人族**ドヴェルグ**（169ページ）の兄弟**エイトリ**と**ブロック**がこのハンマーを作った際、蛇に変身した**ロキ**（34ページ）の妨害を受けたブロックがほんの一時、作業を中断してしまったせいである。

Check

① 必中必殺で手もとに戻る。

② トールの最強のハンマー。

インド神話　武器　投擲武器

06 ヴァジュラ

巨大な蛇を倒した聖なる武器

インド神話の**インドラ**（58ページ）の投擲武器**ヴァジュラ**は、中央に握るための柄があり、上下に刃がつく構造をしている。

この武器は、ある聖仙の骨で作られたものである。巨大な蛇**ヴリトラ**との戦いの際、どんな武器を使ってもヴリトラを倒せなかったインドラは、**ヴィシュヌ**（62ページ）に知恵を求めた。するとヴィシュヌは、聖仙**ダディーチェ**の骨をもらって武器にせよと教えた。ダディーチェは命を捨てて骨を提供し、ヴァジュラが作られた。インドラはそれを用いてヴリトラを退治したのだった。

金剛杵とも呼ばれ、仏教では煩悩を払うための法具とされる。

Check

① 聖仙の骨で作られた武器。

② 法具としても用いられる。

第1章
第2章
第3章
第4章
第5章　武器と魔導具
第6章
第7章

205

07 如意金箍棒
きわめて重い魔法の棒

▶月岡芳年『月百姿』より「玉兎」（1889年）。いわゆる「月の兎」とともに、如意金箍棒をもった孫悟空が描かれている。

中国の小説『西遊記』に登場する伸縮自在の武器は、「如意棒」の名で日本でも有名である。その威力の秘密は、とんでもない重さにもあった。

如意金箍棒は、中国の小説『西遊記』の孫悟空が使う棒状の武器である。神珍鉄という伸縮自在の素材でできており、両端に金色の箍がはめられていることからこの名がついた。

Check
① 伸縮自在の重い棒。
② もともとは治水用の道具だった。

　重量は約8トン。仲間の**猪八戒**や**沙悟浄**の使う武器の3倍近い重さであり、孫悟空の怪力を示している。普段は縮めて耳の中にしまっているが、その際も重さ自体は変わらない。必要に応じて取り出し、5メートルほどの棒にして使うことが多い。もっとも長いときは、天から伸ばした先端が地獄の最下層まで届くほどであった。生身の人間なら、かすっただけで死ぬほどの威力をもつ。

　もともと神珍鉄は、中国古代の伝説的な治水家**禹王**が海の深さを測ったり海底をならしたりするために使ったものだとされる。そののち、海中にある**東海竜王**の**竜宮**に海の重りとして置かれていたのを、満足できる武器を探し求めて竜宮を訪れた孫悟空が強奪したのであった。

08 乾坤圏
けんこんけん

少年神の用いる飛び道具

◀哪吒太子の像。
なたたいし

中国の少年神が使う乾坤圏は、投げても戻ってくる投擲武器で、生まれたときからもち主とともにある。

乾坤圏は、道教で信じられている**哪吒太子**という少年神が使っている、リング状の金属の武器である。

普段は腕輪のように彼の腕にはめられている。敵を攻撃するときは、これを投げて相手の頭を粉砕する。また、相手にダメージを与えたあとは、まるでブーメランのように手もとに戻ってくるという。

Check
① 出生時から身につけられていた。
② 腕輪のような形で投げて使う。

小説『**封神演義**』によると、哪吒太子は生まれたときから腹に紅い綾をまとい、右手に金の腕輪をつけていた。この腕輪こそが乾坤圏であった。

哪吒太子とは、もともとインド神話の神**クベーラ**の三男**ナラクーバラ**のことで、中国では道教の神として生き残った。**天帝**から魔王鎮圧のために現世に派遣された**李天王**の子という設定で、『封神演義』だけでなく『西遊記』にも登場する。

09 アイギス

女神アテナの最強の防具

Check

① 山羊皮を使った防具。

② 相手を石化させる攻撃能力。

　アイギスとは、もとは山羊皮を使った防具全般を示した言葉であるが、女神**アテナ**（18ページ）の防具があまりに有名になったため、これをアイギスと呼び習わすようになった。形状は盾のようなものとされることが多いが、はっきりした記録はない。

　父**ゼウス**から娘アテナに贈られたこの防具は、ゼウスの雷撃さえ通用しないほどの強さだった。のちに英雄**ペルセウス**（21ページ）から贈られた**メドゥーサ**の首をこの防具の中央にはめ込んだため、防御だけでなく、見るものを石化させる攻撃能力をも備えることになる。現代のイージス艦（かん）の語源としても知られている。

10 アイアスの盾

トロイア戦争で活躍した英雄の盾

Check

① 牛革の上に青銅の板。

② ヘクトルの猛攻を防ぐ。

　英雄**アキレウス**（25ページ）の従兄弟**アイアス**が愛用した大盾は、革細工の名工が作ったもので、牛革を7枚重ねてよくなめし、その上に青銅の板を張っている。

　トロイア戦争が始まって10年目のこと、トロイアの総大将**ヘクトル**が、一騎打ちをする勇気ある者はいないのかとギリシア軍を挑発した。それに応じたのがアイアスだった。ふたりは死力を尽くして戦い、ヘクトルが投げた槍がアイアスの盾に命中した。槍は青銅の板を貫き、6枚の牛革をも貫いたが、最後の1枚で止まり、結局アイアスを傷つけることはできなかったという。

| ギリシア神話 | 防具 | 鎧 |

⑪ ゼウスの鎧
最高神ゼウスの愛用する鎧

ゼウスの鎧には、**光輝の鎧**（こうき）と**恐怖の鎧**の２種類がある。

普段ゼウスが着用する光輝の鎧は、稲妻でできているといわれ、白く光り輝いていた。この鎧自体に宿る攻撃力もすさまじい。ゼウスの愛人**セメレ**が、嫉妬深いゼウスの妻**ヘラ**から騙されて、鎧姿を見せてくれるようゼウスに頼んだとき、ゼウスが光輝の鎧を着てみせると、セメレは燃えて灰になったという。

恐怖の鎧は、ゼウスが巨人族**ギガンテス**との戦い**ギガントマキア**の際に身につけていたもので、光輝の鎧とは逆に漆黒（しっこく）の色をしている。

Check

① 光輝の鎧と恐怖の鎧の２種。
② 光輝の鎧は攻撃力をもつ。

| ギリシア神話 | 防具 | 兜 |

⑫ ハデスの兜
姿を消せる冥府の神の兜

ハデスの兜は、かぶると姿を消すことができる兜である。ゼウスたちが**クロノス**と戦ったときに、ひとつ目の巨人**キュクロプス**に作ってもらったもので、**ハデス**（20ページ）はこの兜で姿を隠し、クロノスたちの武器を奪って勝利に導いたといわれている。

ハデスの兜は、ほかの神や英雄に貸し出されることが多い。ゼウスたちが巨人族**ギガンテス**と戦ったときは、**ヘルメス**（19ページ）がこの兜を借り受けて、敵の巨人**ヒッポリュトス**を打ち倒した。また、女神**アテナ**や英雄**ペルセウス**も、この兜を使って戦いに勝利を収めている。

Check

① かぶると姿が消える兜。
② ほかの神にも貸し出される。

第1章
第2章
第3章
第4章
第5章　武器と魔導具
第6章
第7章

13 鷹の羽衣

身につけると鷹に変身する衣

Check

① 着ると空を跳べる。
② 実際に使っているのはロキ。

　　鷹の羽衣は、北欧神話に登場する魔法の衣装である。身につけるとたちまち鷹に変身して、自由に大空を飛び回ることができるようになる。

　　女神が使うことが多いとされ、美と豊穣の女神**フレイヤ**（33ページ）が所有しているといわれる。しかし、彼女自身がこれを使ったという伝説はない。鷹の羽衣をよく借りて使っているのは、北欧神話のトリックスターである**ロキ**（34ページ）だ。彼は自分のいたずらが原因で起きたトラブルの責任を問われ、しばしば鷹の羽衣を着て解決に向かったのである。

14 タルンカッペ

透明人間になれる服

Check

① 着ると姿が見えなくなる。
② 恋の助太刀に用いられた。

　　ゲルマンの叙事詩『**ニーベルンゲンの歌**』（13世紀初め頃）には、**タルンカッペ**と呼ばれる隠れ蓑（みの）（着ると姿を消すことができる外套）が登場する。主人公であるネーデルラント（オランダ）の王子**ジークフリート**（北欧神話の**シグルズ**に当たる）が、小人族と戦ってその王**アイプリヒ**から手に入れた財宝のひとつである。

　　ブルグント王**グンテル**が、イースラント（アイスランド）の女王にして怪力のもち主**ブリュンヒルト**を負かして妻とする際、このタルンカッペを使ってこっそり助力した。しかしのちにそのことが露見し、恨まれたジークフリートは殺されてしまうのだった。

ペルシア神話　服　防御

15 バブレバヤーン
英雄ロスタムの万能コート

　バブレバヤーンは、ペルシアの叙事詩『**シャー・ナーメ**』に登場する、不思議な力を備えた虎皮のコートで、**パランギーナ**と呼ばれることもある。この服は、耐火性や防水性にすぐれ、敵の武器などに対する防御力も高かった。着用に際してはまず防護用のベスト、その上に鎖帷子（くさりかたびら）を重ね、最後にバブレバヤーンをまとう。

　これを所有したのは、英雄**ロスタム**だった。ロスタムはドラゴンや魔女、鬼などの怪物と戦って、ペルシアに勝利をもたらした。彼は何度も命の危機にさらされたが、それを救ったのが、バブレバヤーンだったのである。

Check
① 鎧の上に着る虎皮のコート。
② 火・水・敵の武器を防ぐ。

第1章
第2章
第3章
第4章
第5章　武器と魔道具
第6章
第7章

日本　服　耐火

16 火鼠（ひねずみ）の皮衣（かわごろも）
決して燃えない皮衣

　火鼠（ひねずみ）の皮衣（かわごろも）とは、『**竹取物語**』に登場する服で、火鼠の毛皮でできている。火にくべても燃えることなく、汚れが落ちて真っ白になるという。火鼠は中国の伝説の動物で、燃え盛る木の中で暮らしているのだという。この鼠は、体重250グラムほどの大型の鼠で、火のないところで水をかけられると死んでしまう。

　『竹取物語』のヒロイン**かぐや姫**は、求婚してきた貴公子のひとりに対し、自分と結婚したければ火鼠の皮衣をもってくるように言いわたした。貴公子は何かの皮衣をもってくるが、それは商人に騙されて買った偽物で、燃えて灰になってしまったという。

Check
① 火鼠の皮でできた服。
② 本物は燃えることがない。

ギリシア神話　　靴　　　飛翔

17 タラリア
伝令神の飛行靴

Check

① 鳥よりも速く飛べる。

② メドゥーサ退治に活躍した。

タラリアは、足首の部分に翼がついたサンダルである。これを履くと、どんな鳥よりも速く空を飛ぶことができる。

名前の意味は、古代ギリシアの詩人ホメロスによると「不死の」あるいは「神々しい黄金の」だが、のちに詩人ヘシオドスによって、「有翼のサンダル」を意味するとの記述がなされている。

タラリアは、鍛冶の神**ヘパイストス**（19ページ）が黄金を材料に作ったもので、本来の所有者は伝令神**ヘルメス**であるが、英雄**ペルセウス**（21ページ）に貸し出され、怪物**ゴルゴン**（128ページ）のひとり**メドゥーサ**を退治するときに活躍した。

北欧神話　　靴　　　飛翔

18 ロキの靴
北欧神話の万能靴

Check

① どんなところでも走れる靴。

② ロキが所有する。

北欧神話の巨人**ロキ**（34ページ）が所有している靴は、「空中や海上を走れる靴」とも「陸も海も走れる靴」とも「空飛ぶ靴」ともいわれる。つまり、履くとどんなところでも自由に走ることができる、便利な魔法の道具なのである。

いたずら好きのトリックスターであるロキはさぞ重宝したことだろうと思われるが、じつはそうでもない。ロキは蛇に変身して空を飛んだり、女神**フレイヤ**が所有する**鷹の羽衣**（210ページ）を借りて鷹に変身して飛翔したりするほうが好みらしく、せっかくの万能靴が活躍する場面は、あまり神話に登場しないのだ。

19 ヴィーザルの靴

最終戦争を生き残った神の靴

　北欧神話の最高神**オーディン**（28ページ）と巨人族の**グリーズ**との息子**ヴィーザル**は、神話への登場は少ないが、じつは最強の神**トール**（30ページ）と同等の力をもつとも伝えられる。

　彼は母親グリーズから贈られた靴をもっている。その材料は特別なものではなく、人間が靴を作るときに余った爪先や踵の皮を寄せ集めて作られたのだという。しかし、この靴は鉄のように硬く、最終戦争**ラグナロク**に際しては、オーディンをひと呑みにした狼**フェンリル**（139ページ）の下あごをしっかりと踏みつけ、その体を引き裂くことができたのである。

Check
① 材料は特別なものではない。
② 鉄のように硬い。

20 セブンリーグブーツ

またの名は七里靴

　セブンリーグブーツとは、ヨーロッパ諸国のおとぎ話にたびたび登場する魔法のブーツである。一歩歩くと7リーグ進むことができるといわれている。リーグというのは、欧米の一部の国で使われていた距離の単位で、その長さは国や時代によって大きく異なるが、1リーグが3.8〜7.4キロだといわれている。つまりセブンリーグブーツを履くと、一歩で26キロから51キロ程度進めることになる。

　この靴は、近世フランスのペローの童話『親指小僧』や『眠れる森の美女』、そしてゲーテの『ファウスト』にも登場している。

Check
① 多くの童話や民話に登場。
② 一歩で数十キロ進む。

第1章
第2章
第3章
第4章
第5章　武器と魔導具
第6章
第7章

213

㉑ ギュゲスの指輪

姿を消せる魔法の指輪

Check

① 姿を見えなくする。
② 道徳的問題を問う。

ギュゲスの指輪は、古代ギリシアの哲学者**プラトン**の著作『**国家**』に登場する指輪で、はめた人間の姿を見えなくする力がある。これを発見した羊飼い**ギュゲス**は、姿を隠して王妃と姦通(かんつう)し、さらに王まで殺して自分が王位についたという。

ただし、この物語は史実ではないとされる。「だれにも知られずに不正を行って栄華(えいが)を極める生き方と、何も得られなくても正義を貫く生き方では、どちらがよい人生を送ったことになるのか」という哲学的な問題に答えるために、プラトン（または師の**ソクラテス**）が設定した寓話(ぐうわ)ではないかと考えられているのだ。

㉒ ソロモンの指輪

大天使から与えられた神の印章

Check

① 真鍮と鉄でできた指輪。
② 天使も悪魔も自由に使役。

神から知恵を与えられたとされる古代イスラエルの王**ソロモン**は、不思議な指輪をもっていたとされる。この指輪は真鍮(しんちゅう)と鉄でできており、動植物の声を聞き分ける能力と、天使や悪魔を自由に使役する能力が備わっている。天使を従わせるときはこの指輪の真鍮の部分を、悪魔を従わせるときは鉄の部分を、相手に投げ当てて呪文を唱えればよいのだという。

ソロモンは、エルサレムで神殿の建設に難儀していたとき、大天使**ミカエル**（92ページ）からこの指輪を与えられ、その力を用いて神殿を完成させた。

23 ニーベルングの指輪

北欧神話（アレンジ）　指輪　世界の支配

強大な力をもつ呪いの指輪

19世紀ドイツの音楽家**リヒャルト・ワーグナー**は、北欧神話や『ニーベルンゲンの歌』をもとに、楽劇（がくげき）『**ニーベルングの指環**（わ）』（作品名としては「指環」と表記することが多い）を作った。その物語の鍵になるのは、**ライン川に隠された黄金**から作られた指輪である。「愛を断念する者が、ラインの黄金から指輪を作れば、世界を支配できる」という秘密を知った小人**アルベリヒ**がこの指輪を作ったのだが、**ローゲ**（北欧神話の**ロキ**に相当）に指輪を奪われ、「所有者は必ず不幸になり、死に至る」との呪いをかけた。そのためこの指輪を所有した者は、次々に非業の死を遂げるのだ。

Check

① 所有者を不幸にする呪い。
② 世界を支配する力。

24 アンジェリカの指輪

ヨーロッパ　指輪　透明化

魔法を封じ、姿を透明にする

ルネサンス期のイタリアの詩人**ルドヴィーゴ・アリオスト**が、中世ヨーロッパの英雄**シャルルマーニュ**の伝説をもとに創作した『**狂えるオルランド**』（16世紀）は、魔法使いや幻獣の登場するファンタジックな叙事詩であるが、この作品に、超自然的な能力を秘めた指輪が登場する。

その指輪を指にはめれば、魔法を封じる効果がある。また口にくわえれば、姿を透明にすることができる。勇者**ルッジェーロ**が、島に囚われた東洋の王女**アンジェリカ**を救うために用いたものだが、最終的にはアンジェリカの手に渡る。

Check

① 魔法を封じる効果。
② 姿が透明になる効果。

ギリシア神話　飲みもの　不老不死

25 ネクタル
オリュンポスの神々の酒

Check

① 葡萄酒のように赤い飲料。
② 飲むことで不老不死に。

　ギリシア神話の神々は、**ネクタル**と呼ばれる飲みものを飲んでいるという。

　この飲みものは蜜の酒とも、特殊な植物の蒸留酒であるともいわれている。香りよく、味わいも絶妙で、これを飲むことでギリシアの神々は不老不死を保つことができるのだという。

　ホメロスの『**イリアス**』によれば、ネクタルは葡萄酒のように赤く、水で割ることのできる液体だとされている。英語読みではネクターとなり、現代では、果実をすり潰した濃厚な飲料の商品名としても使われている。

ギリシア神話　食べもの　不老不死

26 アンブロシア
オリュンポスの神々の主食

Check

① ネクタルに近いが、食べもの。
② 軟膏として使うことも。

　ギリシア神話には、**アンブロシア**と呼ばれる神々の食べものも登場する。これは**ネクタル**と同じく蜜のようなものといわれている。ネクタルとアンブロシアを摂取することで、神々は不老不死の存在となっているのだ。そんな神々には人間のような血は流れておらず、**イコール**という液体が流れているという。

　また『イリアス』によれば、アンブロシアは神の食べ物としてだけではなく、神の使役する馬の飼い葉としても、女神の肌の汚れを落とす化粧品としても、また人間の死体を腐敗から守る香料としても使われている。

㉗ 黄金の林檎

神々を惑わせ、人間に悲運をもたらす果物

　ギリシア神話には、美しい**黄金の林檎**が何度も登場して、神々の執着を呼び、人間に試練や不幸をもたらした。

　女神**ヘラ**の果樹園**ヘスペリデスの園**では、不老不死の力がある黄金の林檎が栽培されている。英雄**ヘラクレス**（22ページ）は、これを手に入れるという試練を課せられ、怪物**ラドン**（120ページ）と戦う。

　また、争いの女神**エリス**は、「もっとも美しい女神に」との文字が刻まれた黄金の林檎を、宴のさなかに投げ入れた。この林檎をめぐる女神たちの争いから、**トロイア戦争**が始まったのだ。

Check
① 不老不死を象徴する。
② トロイア戦争の原因に。

㉘ 冥府の石榴

冬の原因を作ったとされる果物

　ギリシア神話では、死後の世界**冥府**（238ページ）の食べものを食べた者は地上には戻れないと、掟によって定められている。

　豊穣の女神**デメテル**（17ページ）の娘**ペルセポネ**は、冥府の神**ハデス**（20ページ）に見初められ誘拐されるが、やがて**ゼウス**の仲介で地上へ帰れることになった。しかし彼女は、12粒ある**冥府の石榴（ざくろ）**のうち、すでに4粒を食べてしまっていた。

　ゼウスの折衷（せっちゅう）案により、彼女は石榴を食べた分、1年の3分の1だけ冥府ですごすことになる。その間、母デメテルが地上に実りをもたらさなくなり、冬が訪れるようになったのだという。

Check
① 冥府の食べもの。
② 食べると地上には戻れない。

生命の樹の実　知恵の樹の実
楽園の中央にあった2本の樹の果実

▶ルーカス・クラナッハ《エデンの園》
（1530年）。邪悪な蛇（ここでは女性
の姿になっている）がイブに知恵の樹
の実を差し出している。イブがこの実
を食べ、アダムにも勧めるのだが、そ
うした一連の出来事が同時的に描かれ
ている。

　デンの園には生命
の樹と知恵の樹が
あり、それらの実はそれぞ
れ、永遠の命と善悪の知恵
をもたらす。

生命の樹と知恵の樹

　旧約聖書の『創世記』に記載のある**エデンの園**（236ページ）
の中央には、**生命の樹***と**知恵の樹**という2本の樹が植えられて
いたという。

　最初の人間**アダム**は、園を耕し守るため、神によってここに置
かれた。彼の妻**イブ**も創られた。彼らは、園にある樹の実は何で
も食べてよいことになっていたが、知恵の樹の実だけは禁じられ
ていた。

＊カバラのセフィロトの樹（186ペ
ージ）はこの生命の樹だとされる。

218

知恵の樹の実

知恵の樹の実は、食べると神と同じように善悪の一切がわかる知恵を得ることができる果物である。旧約聖書の『創世記』によると、この実は見る者の目を惹きつけ、いかにも食べるのによさそうに見えるが、神はアダムに対して、「その樹から食べるときは、お前は死ななければならない」と言った。

ところが、邪悪な蛇*がイブを誘惑して知恵の樹の実を食べさせ、イブに勧められたアダムもそれを食べてしまった。知恵を身につけたアダムとイブは、自分たちが裸であることを恥ずかしいと感じ、局部をイチジクの葉で隠すようになった。

この**禁断の果実**は、西欧ではしばしば林檎とされるが、じつはそのことに明確な根拠はない。イチジクという説もあり、また東欧ではブドウと考える傾向が強かった。

生命の樹の実

もう一方の**生命の樹の実**には、食べた者を不死にする力が宿っている。アダムたちが生命の樹の実を食べていたかどうかは、聖書に記されていないが、知恵の樹の実を食べる前のアダムたちに対して、神は、生命の樹の実を食べることは禁じていなかった。

しかし神は、アダムたちが知恵の樹の実を食べてしまったことを知ったあとは、彼らがさらに生命の樹の実まで食べてしまうことを恐れた。善悪を判断する知恵と永遠の生命を、両方もってよいのは、世界を創造し支配する神だけであり、人間が両方を同時に手に入れることは許されない、ということだと解釈できる。

神は、アダムとイブをエデンの園から追放し（**失楽園**<ruby>失楽園<rt>しつらくえん</rt></ruby>）、生命の樹に至るまでの道は、**ケルビム**（最初は怪物だったが、のちに天使とされる）と**剣の炎**によって塞がれてしまったのである。

*この蛇は魔王サタン（103ページ）であるとされるが、悪魔リリス（101ページ）であるという伝承もある。

Check
① 知恵の樹の実は食べると善悪の知恵がつく。
② 生命の樹の実は食べると不死になる。

30 聖杯（せいはい）
最後の晩餐に用いられた杯

Check

① イエスの最期にかかわる杯。
② 騎士道文学と密接な関係。

　イエス・キリストが**最後の晩餐（ばんさん）**に使った杯（さかずき）は、**聖遺物（せいいぶつ）**のひとつで**聖杯（せいはい）**と呼ばれる。イエスは葡萄酒を杯に注ぎ、弟子たちに飲ませて「これは私の血である」と言ったという。イエスの死後、聖杯は弟子たちの手により運ばれたとされ、各地に伝承が残る。

　また中世には、奇跡の力をもつ聖杯を騎士が探し求める**聖杯伝説**が生まれた。ここでの聖杯は、病んだ**漁夫王（いさなとりのおう）**を快復させ、荒廃した国土をもとに戻すことができるアイテムであり、磔刑に処されたキリストの血を受けた杯がそのルーツとされる。**アーサー王物語**（41ページ）も、聖杯伝説と結びついた物語のひとつである。

31 聖十字架（せいじゅうじか）
イエスが架けられた刑具

Check

① イエスの処刑に用いられた。
② 病気の快癒の奇跡を起こす。

　イエスが磔刑に処せられたときに使われた十字架は**聖十字架（せいじゅうじか）**と呼ばれ、ふれた者の病を治癒する奇跡の力をもつという。

　イエスは、エルサレムの**ゴルゴタの丘**で処刑されたとされる。326年にローマ皇帝の母である**聖ヘレナ**がエルサレムを訪れた際、神殿のあった場所がゴルゴタの丘として認定され、そこから3本の十字架が発掘された。そのうちの1本にふれた女性の病が快癒するという奇跡が起きたため、聖十字架だと判明したという。聖十字架はキリスト教における聖遺物として崇敬の対象になり、各地の教会に聖十字架のものとされる木片が伝わっている。

キリスト教 | 聖遺物 | 釘

32 聖釘（せいてい）
キリストに打ち込まれた釘

イエスが磔刑に処せられたとき、手や足を固定するために打ち込まれた釘を**聖釘**（せいてい）という。これも326年、**聖ヘレナ**が息子のコンスタンティヌス1世に依頼されてエルサレムを訪問したとき、ゴルゴタの丘の跡地から発見したといわれている。聖釘は、聖なる力をもつ聖遺物として、人々の信仰の対象となった。

また、この聖釘を引き延ばして作ったとされるのが、**ロンバルディアの鉄王冠**（てつおうかん）だ。この王冠は中世イタリアの王国の象徴ともなり、さまざまな権力者の手に渡ってきた。中でも有名なのは、かのフランス皇帝**ナポレオン**である。

Check
① イエスの処刑に用いられた。
② 鉄王冠に使われた。

キリスト教 | 聖遺物 | 布

33 聖骸布（せいがいふ）
イエスの遺体を包んだ聖なる布

聖骸布（せいがいふ）は、イエスの遺体を処刑後に包んだとされる布で、イエスの姿が写し取られているという。たしかに不思議なことに、身長180センチほどの男性の姿が、まるでネガフィルムのように写し出されており、聖書の記述どおりの箇所に血痕が付着している。

なぜこのような跡がついたかについては、さまざまな科学的アプローチが試みられているものの、いまだ明確な原因は判明していない。検査の結果、拷問などでひどい外傷を受けたときに出る物質も発見され、近年ますます謎が深まっている。2度の火災を奇跡的に逃れ、現在はトリノの聖ヨハネ大聖堂に保管されている。

Check
① イエスの遺体を包んだ布。
② 男性の姿が転写されている。

第1章
第2章
第3章
第4章
第5章 武器と魔導具
第6章
第7章

34 エメラルド・タブレット

錬金術の虎の巻

▶ドイツの錬金術師ハインリヒ・クンラートによる、エメラルド・タブレットの想像画（1606 年）。

錬 金術の奥義が書かれた、エメラルドの板。ヘルメス・トリスメギストスの墓から発見されたともいわれる。

エメラルド・タブレットは、**錬金術**（194 ページ）の奥義が刻まれたエメラルドの板で、ギザの大ピラミッドの中にあった**ヘルメス・トリスメギストス**の墓から発見されたとも、**アレクサンドロス大王**が洞窟の中で発見したともいわれる。12 世紀にアラビア語からラテン語に翻訳され、中世ヨーロッパにもち込まれた。

　当時の錬金術は科学と思想が未分化な状態で共存している分野であり、この板に記された数十行の神秘的な寓意（ぐうい）が、多くの学者の関心を集めた。物理学者**アイザック・ニュートン**もこれを翻訳しており、ケンブリッジ大学のキングス・カレッジ図書館に保存されている。ニュートンによる万有引力の発見も、一説によるとエメラルド・タブレットの碑文がヒントになったという。

　「下なるものは、上なるものの似姿であり、上なるものは、下なるものの似姿である」という神秘的な文言が有名で、「神は天上界に似せて地上界の物質世界を創った」といった解釈もなされている。

Check

① 錬金術の奥義が刻まれたエメラルドの板。

② ニュートンによる翻訳が残っている。

㉟ グリモワール
魔術師たちのバイブル

 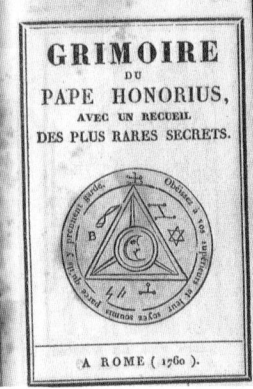

▶ グリモワールのひとつ『教皇ホノリウスの奥義書』（1760 年）。

悪魔や精霊召喚の儀式について書かれた奥義書がグリモワールである。

　魔術の奥義書**グリモワール**には、悪魔や精霊の**召喚**（178 ページ）の儀式に必要なことが、こと細かに書かれている。印刷物では効力が失われるので、手で書き写すのがよいとされた。

　これらの書物を用いれば、超自然的な存在を自由に操ることができ、その力を利用して敵対者に危害を加えたり死を与えたりすることも可能だという。ただし、儀式の作法や順番を間違えると、悪魔に命を奪われる危険があるとも伝えられている。

　これを使用する魔術師は、自らを悪魔崇拝者と見なしていたわけではなかったという。召喚した悪魔をたくみに使役しつつ、いかにして契約における自らの義務を履行せずにすませるかが、魔術師としての腕の見せどころであった。

　『ソロモンの大いなる鍵』や**『大奥義書』**、**『術士アブラメリンの聖なる魔術の書』**などが有名である。魔女狩りが盛んな時代には公にされることがなく、現在残っている写本も、17 〜 18 世紀以降のものがほとんどである。同じ魔術書でも、錬金術や占星術について書かれたものはグリモワールとは呼ばれない。

Check
① 魔術の儀式に必要な事柄が書かれている。
② 錬金術書や占星術書は含まれない。

第1章／第2章／第3章／第4章／第5章 武器と魔導具／第6章／第7章

223

36 賢者の石

錬金術師が探し求めた幻のアイテム

◀ライト・オブ・ダービー《賢者の石を求める錬金術師》（1771 年）。

錬金術において、卑金属を金に変える物質として想定されたのが、賢者の石である。

錬金術においては、鉛などの卑金属を金に変える触媒効果（しょくばい）をもつ**賢者の石**（けんじゃ）という物質の存在が想定された。黄金変性だけでなく、**不老不死**や**人間の霊的向上**など、あらゆることを可能にすると考えられたが、錬金術の究極の目的ともいえるその石を入手できたのは、**ヘルメス・トリスメギストス**だけだったという。

Check

① 鉛などを金に変える触媒。

② 錬金術は化学の発展に貢献した。

8世紀のイスラムの科学者**ジャービル・イブン・ハイヤーン**は、賢者の石は水銀と硫黄の配合比率によって作られるという説を提唱し、この説はヨーロッパ全土に広がった。錬金術師たちはいろいろな物質から水銀と硫黄を抽出し、**哲学者の卵**と呼ばれるフラスコに入れて加熱した。最終工程で白色になると、不完全で銀しか作れないが、赤色になれば金を精製できるといわれた。

錬金術師たちの賢者の石をめぐる探求は、化学の発展に大いに貢献している。硫酸も硝酸も塩酸も、錬金術の研究から発見されたという。

37 エリクサー
不老不死の霊薬

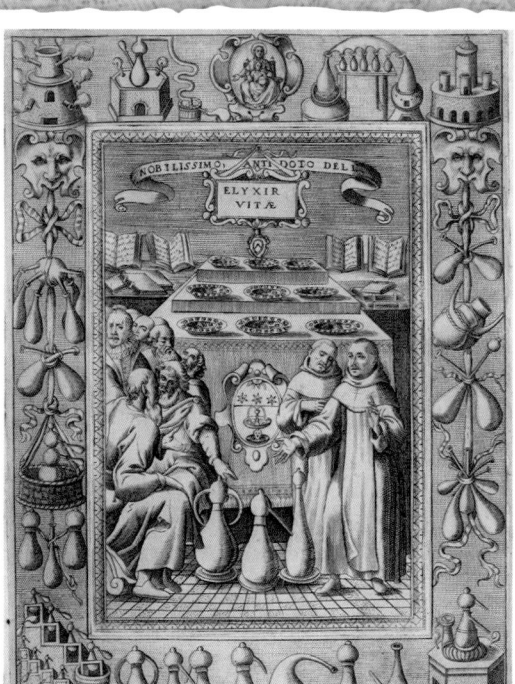

◀エリクサーについて書かれた錬金術の本（1624年）。

人間を不老不死の完全な存在に変えられるという思想から、霊薬エリクサーが考案された。

錬金術師たちは「いつかは死んでしまう不完全な人間も、**賢者の石**によって永遠の生命をもつ完全な存在に変えられる」という思想をもっていた。こうして、錬金術師が精製をめざした**不老不死**の霊薬が、**エリクサー**である。この霊薬は、すべての病気を快癒させることができるとされた。**パラケルスス**（196ページ）は、エリクサーを使って患者を治療したといわれている。ただし、それがどのような形状であったのかは、はっきりしていない。

ちなみに東洋に目を移すと、古代中国で秦の**始皇帝**（しんのしこうてい）に仕えた**徐福**（じょふく）ら道士たちが開発した**仙丹**（せんたん）という不老不死の薬も、エリクサーの一種といえるだろう。性質が変化しにくい金属の摂取が長寿の秘訣と信じられ、特に金の飲用が模索されたのである。

Check

① 錬金術のもうひとつの方向性。
② さまざまな金属が材料に用いられた。

第1章
第2章
第3章
第4章
第5章 武器と魔導具
第6章
第7章

-225

③⑧ 金羊毛
血なまぐさい争いにまつわる秘宝

◀ペリアスのもとに金羊毛をもってきた
イアソンの絵（3～4世紀）。

英雄イアソンの冒険の目的となった金羊毛は、神から遣わされた黄金の羊から剝がされた毛皮だった。

きんようもう
金羊毛は、ギリシア神話に登場する秘宝で、空を飛べる**黄金の羊**の毛皮であり、王権の象徴だとされている。

ボイオティア王の子**プリクソス**と**ヘレ**が継母に殺されそうになったとき、**ゼウス**はこれを助けるため、翼をもつ黄金の羊を遣わした。プリクソスたちはこれに乗ってコルキスへ逃れる。そしてコルキス王**アイエテス**から歓待を受けたプリクソスは、黄金の羊を生け贄として神に返したうえで、毛皮をアイエテスに贈った。この毛皮が金羊毛である。

神の羊から取ったこの宝を、アイエテスは眠ることのない竜に守らせるが、毛皮の噂は遠い地まで伝わっていった。のちに、この名高い宝をめざして、英雄**イアソン**（23ページ）が**アルゴー船**の冒険に出る。そしてアイエテスの娘**メデイア**の力を借りて、金羊毛を奪取するのである。

ちなみに神話学では、金羊毛は砂金の象徴だとする説がある。

Check
① 有翼の金色の羊の毛皮。
② 金羊毛は王権の象徴。

226

39 グレイプニル

奇妙な材料で作られた魔法の紐

◀ドロシー・ハーディーの描いた
フェンリルの捕縛。

狼　フェンリルを拘束するため、奇想天外な材料から、絶対に切れることのない紐が作られた。

北欧神話には、絶対に切れない魔法の紐**グレイプニル**が登場する。狼**フェンリル**（139ページ）を拘束するために、神々が小人族**ドヴェルグ**（169ページ）に作らせたものである。

Check
① 見た目は華奢だが絶対に切れない。
② 使った材料は世界から消えた。

ドヴェルグたちはその材料として、猫の足音、女のひげ、岩の根、熊の腱、魚の息、鳥の唾液を神々に求めた。神々はこれを探して、ありったけドヴェルグに与えた。そのためこれらのものは、世界からなくなってしまったのだと伝えられている。

この奇妙な材料から作られた魔法の紐は、絹のリボンのような形状をしていたが、どんな鉄の鎖よりも強く、凶暴なフェンリルも逃れることができなかった。しかしグレイプニルは、最終戦争**ラグナロク**が始まるときに解かれることになる。

40 魔法のランプ
願いをかなえてくれる究極の魔法アイテム

Check

① ② 魔人が出現する。／水差しのような形。

　『**千夜一夜物語**』のひとつとして有名な（しかし原典には収録されていない）「アラジンと魔法のランプ」には、こすると魔人が現れて何でも願いをかなえてくれる**魔法のランプ**が登場する。当時のオイルランプは水差しのような形をしており、口に灯心（とうしん）のようなものを差し入れて火をつける仕組みになっていたようだ。

　怠け者で母に苦労ばかりさせていた**アラジン**は、魔法使いに騙されて絶体絶命の危機に陥るも、幸運により魔法のランプを手に入れ、魔人の力を借りて王女と結婚する。その後、魔法使いとのランプの争奪戦の末、アラジンは立派な王になるのだった。

41 魔法の絨毯（じゅうたん）
空を飛べるカーペット

Check

① ② ソロモン王も所有していた。／念じた場所に行ける。

　童話や物語では、空を飛行することのできる**魔法の絨毯**（じゅうたん）がしばしば語られる。もっとも有名なのは、『千夜一夜物語』の「ヌレンナハール姫と美しい魔女の物語」に出てくるものだろう。心に念ずるままどこにでも飛んでいくことができ、閉まっている門も開けてしまう宝物である。

　この絨毯のイメージのルーツは、クルアーン（コーラン）に「風を従えた」との記述のある古代イスラエルの王**ソロモン**ではないかともいわれている。伝説によると、ソロモン王も魔法の絨毯を所有しており、その大きさは約90キロ四方もあったという。

42 照魔鏡
魔を暴き出す鏡

照魔鏡は、妖怪や魔物などの正体を暴いたり、彼らの魔術や妖術を破ったりすることができるとされる魔法の鏡で、**降妖鏡**とも呼ばれている。

江戸期に出版された『絵本　三国妖婦伝』には、妖怪の**九尾の狐**（156ページ）が殷王朝の王妃**妲己**に化け、政治をほしいままにしたため国が滅んだという物語がある。妲己は次の周王朝によって捕えられたが、そのとき周の軍師**太公望呂尚**は照魔鏡を妲己にかざした。すると妲己は狐の正体を現して逃げようとする。太公望が宝剣を投げつけると、狐の体が3つに飛散したという。

Check
① 魔除けの鏡。
② 九尾の狐の正体を暴く。

43 反魂香
哀切な願いをかなえるお香

反魂香は、焚くとその煙の中に死んだ人の姿が現れるという、伝説のお香である。唐の**白居易**の詩によれば、前漢の**武帝**が、亡くなった**李夫人**に会うため、道士に命じて霊薬を作らせた。これを金の炉で焚き上げたところ、煙の中に李夫人が現れたという。

日本でも多くの物語の題材になっており、江戸時代中期の浮世草子『**好色敗毒散**』には、愛する遊女に死なれた男が、太鼓もちの男に勧められ、反魂香で遊女の姿を見るエピソードがある。その反魂香は平安時代の陰陽師**安倍晴明**（193ページ）から伝わっているとされている。類似のものとして蘇生の霊薬**反魂丹**がある。

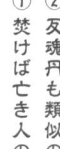

Check
① 焚けば亡き人の姿が見える。
② 反魂丹も類似の伝説が由来。

第1章
第2章
第3章
第4章
第5章　武器と魔導具
第6章
第7章

44 三種の神器

神代より伝わる王権の象徴

▼三種の神器のイメージ。

日 本神話の三種の神器は、アマテラスからニニギに贈られ、地上の支配権を示すものとして、皇室に伝えられた。

八咫鏡

　日本神話において地上の統治を任せられた**ニニギ**（78ページ）は、**アマテラス**（76ページ）から３つの宝物を授けられた。これが**三種の神器**で、**八咫鏡**（やたのかがみ）、**八尺瓊勾玉**（やさかにのまがたま）、**草薙剣**（くさなぎのつるぎ）である。これらは統治者の証であるとされ、歴代天皇もこれを継承している。

　八咫鏡は、アマテラスが**天の岩戸**に隠れていたとき、少しだけ顔を出したアマテラスを映したものだという。ニニギには、この鏡をアマテラス自身だと思えという神勅（しんちょく）とともに与えられた。

　「咫」は円周の単位で、「八咫」の円周をもつ円の直径は46.5センチとなり、鏡としては大きめのサイズである。

八尺瓊勾玉

八尺瓊勾玉は、アルファベットのCの字型をした宝石である。勾玉とは、曲がっている玉に由来すると考えられている。

勾玉が神器のひとつとなったのは、王権が確立した古墳時代にちょうど勾玉の工法が洗練され、威信を示すものになったからだというのが定説である。以後、皇室の権威の象徴として、歴代天皇に受け継がれていった。

「尺」は長さの単位で、当時の1尺は短かったが*、それでも「八尺」は約180センチになる。これはあまりにも宝石として大きすぎるため、単に「大きい宝石」を表しているという説や、宝石についている緒の長さだとする説などがある。

一説によると、アマテラスの象徴であり太陽を表す八咫鏡に対して、この勾玉は月を表すという。

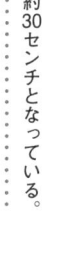
* 現在は、1尺は約30センチとなっている。

草薙剣（天叢雲剣）

草薙剣は、もとの名を**天叢雲剣**という。**スサノオ**（77ページ）が出雲の国で**ヤマタノオロチ**（157ページ）を退治した際に、その体内から出てきた剣であり、天皇の武力を象徴するとされる。

ヤマタノオロチを退治したときにスサノオが使った**十拳剣**が宝剣になりそうだとも思われるが、その剣はオロチの尾を斬ったときに、天叢雲剣に当たって刃が欠けてしまったのだという。

天叢雲剣という名前は、ヤマタノオロチの頭上につねに雲がかかっていたことからつけられたといわれている。神秘的な尊さのある剣として、スサノオからアマテラスに献上され、三種の神器のひとつとなった。

のちに**ヤマトタケル**（79ページ）が火攻めから逃れるため草を切り払うのに使って以来、草薙剣の名で呼ばれるようになる。

Check
① 皇位継承にかかわる。
② 鏡・勾玉・剣の3種。

第1章
第2章
第3章
第4章
第5章 武器と魔導具
第6章
第7章

神話・伝説の乗りもの・移動手段

ファンタジー世界を創造する際、工夫のしどころのひとつが、移動手段の設定である。世界の神話や伝説には、設定の参考になるユニークな乗りものが数多く登場する。

まず挙げられるのは、神や英雄が騎乗する動物や幻獣である。

ギリシア神話の**ペガサス**は空を飛ぶための翼をもつ。北欧神話のオーディンが乗る8本足の馬**スレイプニル**も空を駆け、フレイが乗る黄金の猪**グリンブルスティ**は空中も水中も進むことができる。インド神話では、インドラが乗る7つの頭の馬**ウッチャイヒシュラヴァス**や白い巨象**アイラーヴァタ**、ヴィシュヌが乗る神鳥**ガルダ**など、神の乗りもの**ヴァーハナ**が設定されている。

馬車のように、動物が引く乗りものも多い。ギリシア神話では、太陽は**ヘリオス**という神が走らせる4頭立ての燃える馬車だと考えられていた（プロメテウスはこの馬車から火を盗んで人間に与えた）。北欧神話の雷神**トール**は2頭の山羊の引く戦車に、女神**フレイヤ**は2匹の猫の引く車に乗っている。**サンタクロース**（3〜4世紀のキリスト教の聖人ミラのニコラオスがモデル）がトナカイに引かせる橇もここに分類できる。

船の類いを見てみると、エジプト神話の太陽神ラーは**太陽の船**に乗って、昼は天空を、夜は地下の冥界を航行するといわれる。北欧神話の**スキーズブラズニル**は、つねに帆に風を受けて海でも空でも進めるだけでなく、神々が全員入れるほど大きいのに、袋に入るほど小さく折りたためるという便利な帆船である。また、**ノアの箱舟**のように船に乗って洪水を生き延びたという話は、メソポタミアにもギリシアにもある。

こうして見てくると、空を飛べる乗りものの多さに気づかされる。飛行の道具はほかにも、**魔女の箒**、**魔法の絨毯**、**ダイダロス**が迷宮から抜け出すために作った翼などバリエーションが多く、古くからの人間の願望が如実に表れているといえるだろう。

第 6 章

異世界

01 オリュンポスの宮殿

ギリシア神話の神々の住居

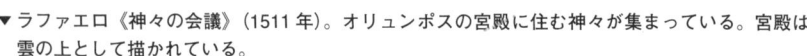

▼ラファエロ《神々の会議》（1511 年）。オリュンポスの宮殿に住む神々が集まっている。宮殿は
　雲の上として描かれている。

リシア神話では、聖山オリュンポスの山頂にある宮殿に神々が住むと
された。中でもゼウスはもっとも高い場所にいるという。

① オリュンポス 12 神の住まう聖山。
② 神々は饗宴をして日々をすごしている。

オリュンポス山は、ギリシア北部のテッサリアとマケドニアの
境界にある最高峰の山である。海抜 2917 メートルで、ギリシア
神話の最高神**ゼウス**（14 ページ）をはじめ、**オリュンポス 12 神**
が住む聖山とされている。神々の暮らす山頂の**オリュンポスの宮
殿**は、雲の上として絵画に描かれることが多い。

　神々は宮殿で、神の食べもの**アンブロシア**や神の酒**ネクタル**
（216 ページ）を楽しみ、絶えることのない饗宴をくり広げなが
ら日々をすごしているとされる。ゼウスは、オリュンポスの宮殿
の中でももっとも高い場所にいて、そこから下界を見たり、ほか
の神々に向けて話しかけたりしている。

　オリュンポスに住んでいない冥府や海の神々は、必要に応じて
ゼウスによってオリュンポスに呼び出される。冥府は**ハデス**（20
ページ）が、海は**ポセイドン**（17 ページ）が支配している。

02 アヴァロン

アーサー王終焉の地にして恵みの島

◀ジェームズ・アーチャー《アーサー王の死》（1860年頃）。アーサー王はアヴァロンで最期を迎えたとされる。

アヴァロンはアーサー王物語の最後の舞台で、恵みの楽園である。

アヴァロンは、ブリテン島のどこかにあるとされる伝説の島である。歴史家ジェフリー・オブ・モンマスによれば、この島では農夫による耕作なしに実りを得ることができ、刈り取られた草から自然に林檎の木が生えた。そのため「林檎の島」と訳されることが多い。時間の流れが外と異なり、この島の20年は、人間世界の200年に匹敵するという。

ここは、**アーサー王物語**の舞台として知られる。戦いで致命傷を負った**アーサー王**（41ページ）が最期を迎えた場所であり、彼の墓はここにあるといわれている。聖剣**エクスカリバー**（201ページ）も、この島で鍛造されたとされる。

また、**イエス・キリスト**がブリテン島を訪れた際の上陸地であり、のちにイギリス最初の教会が成立したという伝説もある。

1191年、グラストンベリーの修道院でアーサー王の墓が発見されたと発表され、その地がアヴァロンであるという説が出たが、修道院の権威づけのためであるとして疑問視する声も多い。

Check

① 傷ついたアーサー王がこの島に眠るという。

② 果実が自然に実る癒やしの島。

第1章
第2章
第3章
第4章
第5章
第6章 異世界
第7章

03 エデンの園

アダムとイブの暮らした楽園

◀ルーカス・クラナッハ《エデンの園》（1530年）。アダムとイブの物語が、ひとつの画面の中に畳み込まれている。

エデンの園は、旧約聖書に記されている楽園である。多くの樹が繁り、安らかで豊かな時間が流れていた。

Check

① 罪を知る前のアダムとイブが暮らした。

② 多くの樹が実をつけている。

　旧約聖書の『創世記』には、世界創造のあと、人間が暮らせるように、**エデン**という場所に園が設けられたと記されている。エデンの位置は「東のほう」と書かれているだけで不明である。

　エデンの園には、見るからに好ましく、食べるのによさそうな実をつける樹が多く植えられており、人類の祖**アダム**と**イブ**は、その実を食べながら安らかな日々をすごしていた。園の中央には**生命の樹**と**知恵の樹**（218ページ）が植えらていた。

　エデンの園からは4つの川が流れ出ていて、それぞれピション川、ギホン川、ティグリス川、ユーフラテス川といった。ピション川では金や縞瑪瑙（きん　しまめのう）などが採れたという。

　また**ダンテ**の『**神曲**』では、エデンの園は煉獄（れんごく）（246ページ）の頂上に置かれていて、天国にもっとも近い場所とされている。

04 高天原
天津神の住む神の国

▶ 春斎年昌《岩戸神楽之起顕》（1887年）。有名な天の岩戸の挿話も、高天原での出来事とされる。

日本神話の高天原は、アマテラスをはじめとした天津神の住む場所であり、海に浮かぶ雲の中だったとされている。

　日本神話の**高天原**は、まだ日本の国土が固まっていない天地開闢の当初、神々が生まれた場所であり、『古事記』によれば、海の上の雲の中に存在したようである。**イザナギ**と**イザナミ**（74ページ）が国土を創ったあとも、**アマテラス**（76ページ）をはじめとする**天津神**たちは、ここで暮らしていたとされる。機織りなども行われており、人間生活に近い営みがあったようである。

　しかし、そこがどういう場所であったのか、具体的な記述は『古事記』にも『日本書紀』にもあまり見られない。それゆえ、高天原についてはさまざまな説があった。

　江戸時代の儒学者**新井白石**は、神話が史実を反映しているとすれば、高天原は実際は地上にあったはずだと主張している。一方、江戸時代の国学者**本居宣長**は、神々の住まう場所はあくまで空の上にあると決まっており、それ以外の場所を想定するのは不遜であるとした。

第1章
第2章
第3章
第4章
第5章
第6章　異世界
第7章

Check

① 世界の始まりにおいて、神々が生まれた場所。

② 天の雲の中にあるとされた。

⑤ ギリシア神話の冥府

いくつもの川に取り巻かれた死者の国

◀ アドルフ・ヒレミ＝ヒルシュル《アケローン河の御霊》（1898年）。ギリシア神話の冥府の川が舞台となっている。

 リシア神話の冥府は、いくつもの川に囲まれた死者の国であり、ハデスが治めている。

Check

①死者は裁判を受け振り分けられる。

②いくつもの川に取り囲まれている。

　ギリシア神話の死後の世界**冥府**は、暗い地下にあると考えられており、**ハデス**（20ページ）が治めている。人が死んだとき、英雄ならば**ヘルメス**が、一般の人々ならば**タナトス**が、魂を冥府へと運ぶ。死者たちは冥府で裁判を受け、行い正しく特別に神に愛された者は、死後の楽園**エリュシオン**（250ページ）へ行ける。重い罪のない者は、そのままハデスのもとで暮らす。罪の重い者は、地底**タルタロス**（239ページ）へと送られる。

　冥府は大河**ステュクス**とその支流に取り巻かれている。苦悩の川**アケロン**には**カロン**という長いひげを生やした渡し守がいて、死者から通行料を徴収する。忘却の川**レテ**の水を飲むと、生前のことを忘れてしまうという。嘆きの川**コキュトス**は冥府の最下層を流れており、火の川**プレゲトン**はタルタロスにつながっている。

06 タルタロス

冥府のさらに下に存在する地の底

◀ ティツィアーノ《シシュポス》（1548〜1549年）。神々を欺いた罰として、タルタロスで終わりのない苦行を強いられるシシュポス。彼は重い岩を山頂まで運ばなくてはならないが、山頂近くまで来ると岩は転がり落ち、それが無限にくり返される。

冥府のさらに下のタルタロスには、オリュンポス神族に敗れたティターン神族が幽閉されている。

ギリシア神話の**タルタロス**は、地底の暗黒の神のことであり、また、冥府の下方にある最下層の暗黒世界そのものでもある。天と地との間の距離と同じだけ、大地からさらに低いところにあるとされる。**ポセイドン**によって作られた青銅の門があり、周囲は青銅の壁で覆われているため、何人たりとも逃げることはできない。門の中に入っても底はさらに低く、霧が立ちこめる澱んだ空間で、神々ですら忌み嫌うという。

　最初は神々の王であった**ウラノス**や**クロノス**（13ページ）が、**ヘカトンケイル**や**キュクロプス**といった異形の巨人たちを幽閉するのに使っていた。のちに**ゼウス**たちがこの巨人たちを開放して**ティターン神族**を打ち倒すと、今度はティターン神族が幽閉され、ヘカトンケイルたちがその牢番となった。詩人ホメロスは、クロノスがタルタロスの王になったと述べている。ほかにも怪物**テュポン**（118ページ）がここに閉じ込められたともいわれている。

Check
① 神々すら忌み嫌う地底の暗黒。
② ティターン神族が幽閉されている。

第1章
第2章
第3章
第4章
第5章
第6章　異世界
第7章

07 ヘルヘイム
北欧神話で描かれた地下の冥界

◀ジョン・チャールズ・ドールマンの描いた死者の国ヘルヘイムと、その女王ヘル（1909年）。

北欧神話の死者の国ヘルヘイムは地下にあり、ロキの娘ヘルが治める。

　ヘルヘイムは、北欧神話の死者の国である。

　世界樹**ユグドラシル**の中にある3層に分かれた世界で、最下層に位置し、神々や人間の世界から見ると地下にあることになる。この国は、**ロキ**（34ページ）の娘**ヘル**が治めている。

　ヘルヘイムは、老年や病によって亡くなったすべての死者が来る国とされており、本来、地獄のような刑罰の場所ではない。

　しかしヘルヘイムの中には、殺人や姦淫を犯した者を罰するための**ナーストレンド**という場所がある。そこでは天窓から毒がしたたり落ち、**ニーズヘッグ**という蛇が彼らの血を啜るという。この場所は、キリスト教の地獄（244ページ）の影響を受けて作り上げられていったものだと考えられる。

　ちなみにヘルヘイムは、氷の国**ニヴルヘイム**と同一視されることもある。

Check
①すべての死者を迎える場所。
②3層の世界の中の最下層。

黄泉の国　根の国

日本神話の死後の世界

08

▼黄泉の国のイメージ。

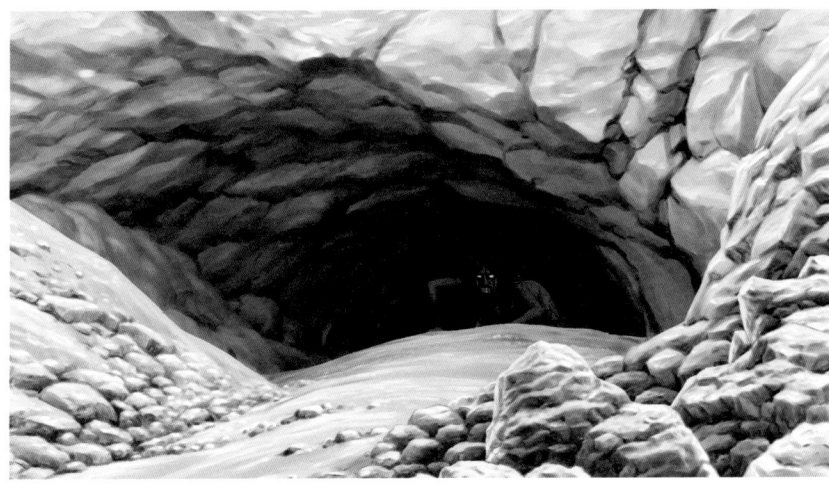

黄 泉の国は死者の住む地下の国であり、イザナギが亡きイザナミに会いにいく物語の舞台にもなっている。

　黄泉の国とは、『古事記』の**イザナミ**（74ページ）が死後に住むことになったとされる死者の国である。生者の国との境には**黄泉比良坂**という場所があり、その奥には**黄泉醜女**などの恐ろしい存在も棲んでいる。地下の国としてイメージされることが多い（じつは地下としては書かれていないと指摘する研究もある）。

　日本神話にはこのほかに、**根の国（根之堅州国）**という名の異界も登場するが、その入り口も黄泉比良坂といわれるため、しばしば黄泉の国と同一視される。地上で活躍したあとの**スサノオ**（77ページ）がここに居を構え、訪ねてきた**オオクニヌシ**（78ページ）に試練を与えた。悪霊・邪鬼の生まれるところ、罪や穢れが押し流されてくるところと考えられることもある。

Check

① 黄泉の国と根の国は同一視される。

② 死後の世界と穢れの世界。

仏教の地獄
転生と贖罪の場所

◀絵巻物『地獄草紙』（12世紀）に描かれた地獄。

教の地獄は、六道のうちの最下層で、重い罪を犯した者が死後に生まれ変わる世界である。

六道輪廻

　仏教では、人は死ぬとだれでも冥界へ行き、六文の渡し賃で渡し舟に乗って三途の川を渡るとされる。そして閻魔（70ページ）の裁きを受け、六道と呼ばれる6つの世界の中のどこかに生まれ変わるのである（輪廻転生）。

　六道のうち、天道は人間よりもすぐれた存在である天人が住む世界、人間道は人間が住む世界、修羅道は妄執によって苦しむ争いの世界である。畜生道は牛馬などの動物や人間以外のものの世界で、自力で仏の教えを得ることのできない状態であるため、救いの少ない世界だとされている。そして餓鬼道は腹が膨れた姿の餓鬼という鬼の世界だ。餓鬼は食べものを口に入れようとすると火となってしまうため、つねに餓えと渇きに悩まされる。最後に、もっとも罪の重い者が行く最下層の世界が、地獄道である。

罪の重さによる振り分け

　重い罪を犯した者が死後に生まれる地獄については、経典によって説かれていることが異なる。その中のひとつとして、罪の重さによって**八大地獄**に振り分けられるという説があり、その八大地獄とは以下のようなものである。

　❶**等活地獄**は、いたずらに殺生の罪を犯した者が行く場所である。この中の罪人は鉄棒や刀で身を寸断されて死ぬが、涼風が吹くとよみがえり、また獄卒に苦しめられるという。

　❷**黒縄地獄**は殺生に加え、盗みをはたらいた者が行く場所である。ここに落ちた罪人は高温に熱された鉄の縄で縛られ、斧や鋸で切り裂かれる。

　❸**衆合地獄**は殺生・盗み・邪淫の罪のための地獄である。鉄の山が両側から崩落して罪人を砕く。

もっとも苦しい地獄は？

　❹**叫喚地獄**・❺**大叫喚地獄**は上記に加え、飲酒や嘘（妄語）の罪を重ねた者が行く場所で、熱湯や猛火の中で苦しめられる。

　❻**焦熱地獄**は殺生・盗み・邪淫・飲酒・妄語に加え、仏教の教えに反する意見を広めた者の行く場所である。赤く熱した鉄板の上で、鉄串に刺されて焼かれる。尼僧や童女を強姦した者は、さらに苛烈な❼**大焦熱地獄**に送られる。

　そして❽**無間地獄**は、上記すべての罪に加えて、父母や阿羅漢（聖者）殺しの罪を犯した者が行く場所だ。地獄の最下層に位置し、到達するには2000年もの間落下しつづけなければならない。この無間地獄では、剣山や火熱の苦しみを絶え間なく味わう。地獄ごとに生きねばならない寿命が決まっており、無間地獄では300京年以上もの間、想像を絶する苦しみを受けつづけるという。

① 人は死後、六道に振り分けられる。

② 地獄も細かく区分けされている。

キリスト教の地獄
ダンテの『神曲』に描かれた構造

▶16世紀にポルトガルで描かれた地獄の絵。

キリスト教の地獄には明確な定義はないが、死後の罰というイメージを帯びた場所である。

ゲヘンナとハデス

　キリスト教の**地獄**は、死後に刑罰を受ける場所または状態であり、魂が神の怒りに服する場所である。ただし、聖書の中には地獄についての具体的な記述はなく、そのため多くの神学者たちがさまざまな説を唱え、論争してきた。

　ギリシア語聖書の中には、「地獄」と訳されることがある語彙として、**ゲヘンナ**と**ハデス**の2種類がある。ゲヘンナとハデスの間に厳然とした区別があるとする見解と、それほど大きな違いはないとする見解がある。

　厳然とした区別があるとする考えでは、ゲヘンナは神を信じない者が**最後の審判**のあとに罰を受ける場所とされ、ハデスは死から最後の審判・復活までの期間限定で死者を受け入れる場所であるとしている。

ダンテの描いた地獄

キリスト教徒たちの地獄観に大きな影響を及ぼしてきたのは、14世紀初頭に書かれた**ダンテ**の『**神曲**』である。その長大な詩で、ダンテは古代ローマの詩人**ヴェルギリウス**に導かれ、地獄へと足を踏み入れていく。その地獄は、地球の中心に向けて漏斗状の巨大な穴となっているという。

地獄の入り口には門がそびえ、そこには「この門をくぐる者は一切の望みを捨てよ」との銘が刻まれている。

門のすぐ内側は、ほめられも非難されもしない無為な一生をすごした者たちのための場所である。彼らは死の世界に入りきることもできず、ここで蜂や虻に刺されつづける。

その先には**アケローン川**があり、渡し守**カロン**の舟に乗せられて、9つの圏からなる地獄へと連れていかれることになる。

地獄の9圏

第1圏は**辺獄**といい、洗礼を受けなかった者やキリスト以前の人々がいる。以降、罪の重い者ほど下層に送られており、最深の地球の中心には魔王**サタン**（103ページ）が氷漬けにされている。

圏	罪人	罰など
第2圏	好色者	暴風を受ける。
第3圏	貪食者	ケルベロスに引き裂かれる。
第4圏	吝嗇者・浪費者	重い金貨の袋を転がしながら罵り合う。
第5圏	激怒者・怠惰者	血の色の沼で責め苦み合う。
第6圏	異教徒	炎の燃える墓穴に入れられる。
第7圏	暴力者	さらに3つの環に分けられる。
第8圏	欺瞞者	さらに10の嚢に分けられる。
第9圏	裏切り者	氷地獄コキュトス。4つの円に分けられる。

① 魂が神の怒りに服する場所。 ② ダンテの『神曲』にくわしく描かれる。

第1章
第2章
第3章
第4章
第5章
第6章 異世界
第7章

11 キリスト教の煉獄
天国と地獄の間にある浄めの場所

◀サンタ・マリア・デル・フィオーレ大聖堂のフレスコ画、ドミニコ・ディ・ミケリーノ《ダンテ、『神曲』の詩人》（1465年）。ダンテと、彼が『神曲』に書いた世界が描かれている。正面奥に描かれた山が煉獄である。

キリスト教の煉獄は、天国へ行く前に罪を浄（きよ）める場所である。

浄めの場所

　キリスト教では、たとえ罪を犯しても神に罪を許される可能性がある。しかし、許されるには償いが必要だ。死後、至福の状態に導かれる前に、償いを果すために置かれるところが**煉獄（れんごく）**である。**浄罪界（じょうざいかい）**ともいう。

　東方正教会や**プロテスタント**は、聖書に明確な記述のない煉獄の存在を認めていない。しかし**カトリック**の教理では、比較的小さな罪を犯した死者の霊魂は、天国に入る前に、火によって罪の浄化を受けるといわれている。

　つまり煉獄は、天国と地獄の間にあり、死者が一時的な浄めのために赴くところなのだ。地獄行きとまではいかないもののストレートに天国の門をくぐれない魂が、天国に行く前に罪を焼き浄める場所なのである。

『神曲』の煉獄の山

『**神曲**』で、地獄を脱した**ダンテ**の前に姿を現した煉獄は、ひとつの山であった。入り口の**ペトロの門**で、ダンテは額に**7つ**の「**P**」を刻まれる。これは高慢・嫉妬・憤怒・怠惰・強欲・暴食・色欲という**七つの大罪**を象徴する印である。

　煉獄の死者たちは、生前になした罪を浄化しながら、山を上へ上へと登る。高慢な者は重い岩を背負わされ、嫉妬深い者は瞼（まぶた）を縫い留められ、憤怒の者は煙にむせながら、聖歌を歌うことで罪を浄めていく。怠惰に生きた者は山の周囲をぐるぐる回り、欲深い者は地に伏して嘆き悲しみ、暴食に明け暮れた者は果実の幻を前に食欲を節制し、色欲にふけった者は抱擁を交わして、罪を悔い改めるのである。ダンテ自身も煉獄山を登りつつ浄められ、額から「P」の字がひとつずつ消えていく。

頂上には地上楽園

『**神曲**』における煉獄の山頂には、森に囲まれた花咲く草原が広がっている。そこはかつて**アダム**と**イブ**のいた地上の楽園（236ページ）で、花も実ももぎとられた**知恵の樹**が立っている。この場所の水は神から直接与えられたものであり、地上の川のように涸れることがなく、水の精である天女がいる。

　なぜ煉獄の最上層に、このような楽園が置かれているのかというと、罪を浄化された人々が、ここを通って天国へと昇っていくからである。

　ダンテとともに地獄と煉獄をめぐってきた古代の詩人**ヴェルギリウス**は、ここで退場する。それに代わって、神々（こうごう）しく登場した初恋の人**ベアトリーチェ**がダンテを導き、ともに天国へと昇っていくのである。

① 七つの大罪を浄めるための場所。

② ダンテの『神曲』では山として表現される。

第1章
第2章
第3章
第4章
第5章
第6章　異世界
第7章

12 キリスト教の天国

清浄なる神と天使の国

◀ディエゴ・ベラスケス《聖母の戴冠》（1635年頃）。天国で聖母マリアが、父なる神とイエスから天国の女王の冠を授けられている。

　キリスト教の天国は神の国であり、罪から浄められた死者の霊魂が、永遠の祝福を受ける場所である。

天国とは

　キリスト教の**天国**は、神や天使がいる天上の場所であり、信徒の霊魂が永遠の祝福を受ける理想の世界である。聖書では「天の国」とされており、これは全知全能の神が直接統治する**神の国**を意味する。神に選ばれ浄められた正しい人たちだけが住み、人間の世界にある不公平や不平等や不正がなく、完全な正義が実現されている。

　ダンテの『**神曲**』では、2世紀に活躍した学者**プトレマイオス**の**天動説**にもとづく宇宙的な天国の構造が示されている。地獄と煉獄のある地球を中心として、各天体の軌道が同心円状に展開され、次第に高次の天国になっていくのである。

『神曲』の宇宙的天国観

番号	名称	性質・住人など
	火焔天	地球と月の間。
第一天	月天	神への誓願をすべては果たせなかった者がいる。
第二天	水星天	野心や執着を断ち切れなかった者がいる。
第三天	金星天	愛の情熱に流されてしまった者がいる。
第四天	太陽天	深い知恵をもつ者たちがいる。トマス・アクィナスなど。
第五天	火星天	キリスト教のために戦った者たちがいる。
第六天	木星天	正義の統治者たちがいる。
第七天	土星天	信仰を貫いて生きた者たちがいる。
第八天	恒星天	至高天からの光を分ける。聖ペトロなど聖人たちがいる。
第九天	原動天	恒星天までのすべての天を動かす。
第十天	至高天	永遠なる神がいる。

千年王国

キリスト教には、**千年王国**という独自の終末思想も存在する。これは新約聖書の『ヨハネの黙示録』の神秘的な記述にもとづくものである。**イエス・キリスト**が地上に再臨して千年王国を築くときが近づいてきているので、そこに入るために自分たちの罪を悔い改めなければならない、という発想である。

キリストが地上を直接統治する千年王国は、**至福千年期**とも呼ばれ、地上における天国だといえる。そこでは**サタン**（103ページ）が人間を惑わすことがない。

ちなみに千年王国思想の中にも、キリストの再臨のあとに千年王国が実現するという**前千年王国説**と、地上のキリスト教化によって人間の歴史の中で実現した千年王国のあとにキリストが再臨するという**後千年王国説**と、千年王国を比喩的なものとしてのみとらえる**無千年王国説**などがある。

Check

① 『神曲』では宇宙として示される。
② 神や天使のいる天上の世界。

249

第1章
第2章
第3章
第4章
第5章
第6章 異世界
第7章

⑬ エリュシオン
ギリシア神話の死後の楽園

▶ ジョセフ・アビル《エリュシオンのクロップストック》（1800年代）。

　リシア神話のエリュシオンは、神々から愛された人々が死後に幸福に暮らすための地である。世界の西の果てにあるとされた。

① 西の果てにある住みよい場所。　② ラダマンテュスが支配している。

エリュシオンは、ギリシア神話において、英雄や神々に愛された人々が死後に送られる幸福の地である。

雪も嵐もなく、白ポプラの木が生い茂っており、人間にとってもっとも住みよい場所である。

エリュシオンを支配しているのは、ゼウスとフェニキア王女エウロペの子**ラダマンテュス**である。法と秩序を重んじる性格を買われ、兄の**ミノス**や敬虔さで知られた**アイアコス**とともに、冥府で死者を裁く裁判官に任じられているのだ。

エリュシオンは、世界の西の果て、外洋の海流を神格化した**オケアノス**の岸辺にあるといわれている。ただし、前1世紀のローマの詩人**ヴェルギリウス**の『**アエネイス**』など後代の説では、地下にあり**ハデス**（20ページ）が直接治めているともいう。

⑭ ヴァルハラ
北欧神話の神々の宮殿

◀マックス・ブラックナー
《ヴァルハラ》（1896
年）。

> **北**欧神話のヴァルハラは、オーディンの黄金の宮殿であり、戦士の魂が集められている場所である。

　ヴァルハラは、北欧神話における最高神**オーディン**（28 ページ）の黄金の宮殿である。古ノルド語で「戦死者の館」という意味だ。

　この宮殿には 540 の扉、槍の壁、楯の屋根、鎧に覆われた長椅子があり、西の扉の前には狼がぶら下がっていて、その上空を鷲が飛んでいるという。ヴァルハラの周囲では、山羊などさまざまな生きものが暮らしている。

　ヴァルハラには、**ワルキューレ**（36 ページ）によって選別された戦死した戦士たちの魂（**エインヘリャル**）が集められている。彼らは毎日、昼間の間は広い中庭で真剣勝負をくり広げ、夕方からはオーディン主催の宴会で英気を養う。彼らは、**ロキ**（34 ページ）たち巨人族との最終戦争**ラグナロク**でオーディンたち**アース神族**に加勢するべく、訓練を積んでいるのである。

Check

① 戦死者の魂が集められている。
② ラグナロクに備えて訓練が行われる。

⑮ アアル

危険な旅路の先にある楽園

◀ 善とされた死者の魂は、死後の世界アアルでのんびりとすごす。

エジプト神話の死者の楽園アアルに到達するためには、死者の審判を突破し、さらに長く危険な旅を経なければならない。

Check

① 魂は天秤で死後の審判を受ける。

② 到達するまでに多くの困難が待ち受ける。

アアルとは、古代エジプト神話における死後の楽園である。「エジプトの葦の原野」とも呼ばれ、**ヘリオポリス9柱の神々**（52ページ）のひとりである**オシリス**が支配している。

太陽が昇る東にあり、ナイル川の三角州によく似た、自然豊かな土地だという。死者たちは、ここで狩りをしたり漁をしたりして、永遠に穏やかに暮らす。

ここに来ることができるのは、**ラーの天秤**を用いた死者の裁判（55ページ）で、罪がないと認められた者だけである。

また死者は、地下の冥界**ドゥアト**を通ってアアルに着くまでの長い旅の途中、15から20もの関門を通過しなければならず、多くの危険に遭遇するとされた。古代エジプトで死者とともに埋葬された**「死者の書」**は、アアルに至るまでの道しるべであった。

⑯ 天　浄土　極楽

仏教の理想郷

◀浄土のイメージ。昔から浄土は、曼荼羅として表現されてきた。

仏教には、天国に似た場所を指しているように見える言葉がいくつかある。それらには、どんな違いがあるのだろうか。

　仏教における**天**とは、**六道**（242ページ）における最上位の**天道**のことで、地上からはるか上方にあるとされ、もっとも苦悩の少ない世界であるが、**輪廻**からは解放されていない。

　浄土は、仏のいる清らかな理想郷で、輪廻から解放された清浄な土地を指し、欲望にまみれた衆生の生きる**穢土**と対比される。「自らの心のありようによって、この世界をそのまま浄土にできる」というような考え方もある。**阿弥陀仏**信仰の隆盛により、阿弥陀仏の**極楽**を指すことが多くなった。

　その**極楽**は、阿弥陀仏が西方の彼方に作った浄土である。広々として際限のない世界であり、建物や木々には、清らかに光り輝く金銀珠玉がちりばめられている。衣服や食事は意のままに得ることができ、寒くも暑くもない。一切の苦はなく、ただ楽のみがあるので極楽と呼ばれる。阿弥陀仏はこの極楽で、現在も人々のために説法しているという。

Check

① 輪廻から解放されているかどうかがポイント。

② 極楽は阿弥陀仏の浄土。

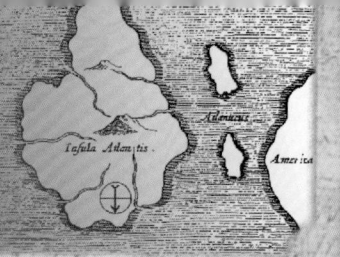

17 アトランティス
大西洋に沈んだ覇権国家

① かつて大西洋に存在した。

② 神罰で海に沈んだ。

　1万2000年ほど前、大西洋上に**アトランティス**と呼ばれる陸地があり、同名の国が栄えていたと、古代ギリシアの哲学者**プラトン**が著作『ティマイオス』『クリティアス』の中で述べている。

　その国は豊かな資源をもち、交易を盛んに行うだけでなく、強大な軍事力によって海上を支配し、周囲の国から莫大な富を集めていた。しかしその国の人々の心が堕落したので、神罰として大災害が起こり、海に沈んでしまったという。プラトンはアトランティスを、理想の国家とは逆の道をたどった「反面教師」として創作したのだろうと、歴史学者の庄子大亮は論じている。

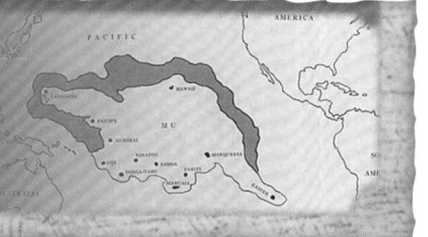

18 ムー大陸
世界中を植民地にした高度な文明

① 太平洋に存在し、世界を制覇。

② 世界中の文明の基礎を作った。

　19世紀後半、「**マヤ文明**の文書に、海に沈んだムーという大陸のことが記されている」とする研究が発表された（のちに誤読と判明）。その影響を受けた**ジェームズ・チャーチワード**という人物が、20世紀前半に**ムー大陸**論を展開して人気を得る（彼はインドの寺院に伝わる秘密の粘土板を解読して知ったと主張した）。

　チャーチワードによると、太平洋にはかつて広大な陸地が存在し、そこに栄えたムー帝国は、**アトランティス**を含む世界中を植民地にして全文明の発展の基礎となった。しかし1万2000年ほど前、大災害で水没。ハワイやタヒチなどはその名残だという。

インド洋 **失われた陸地** **水　没**

⑲ レムリア
インド洋にはかつて広大な陸地が存在した？

　　インド洋についても、「かつて陸地が存在し、水没したのではないか」という説が 19 世紀後半に現れた。アフリカ大陸の東のマダガスカル島には**レムール**（キツネザル）が生息するのだが、その近縁種がインドやマレー半島にも生息しており、このことを説明する仮説として、インド洋の東西をつなぐような陸地**レムリア**が想定されたのだ。この説は学術的には、のちに**大陸移動説**の登場によって力を失うのだが、オカルトとしては人気を獲得した。

　　19 世紀後半から 20 世紀前半には、ほかにもいくつもの**失われた大陸**についての説が、学術もオカルトも含めて提唱された。

近世の創作 **理想郷** **島**

⑳ ユートピア
完全に合理化された管理社会

　　ユートピア（「どこでもない場所」の意味）というと空想的な理想郷といったイメージがあるかもしれないが、これはもともと、15 ～ 16 世紀のイギリスの思想家**トマス・モア**が 1516 年に発表した小説『**ユートピア**』で語られる、架空の国家の名前である。

　　大規模な工事で大陸の端を切り離して作られた島に、54 の壮麗な計画都市と農村をもつその国は、産業も人口も完全に管理された一種の共産主義社会であり、食料も物資も必要なだけ無償で国民に配分されるという。モアはそのようなフィクションを通じて、同時代のヨーロッパ社会の不合理な面をあぶり出した。

Check

① レムール近縁種の分布を説明。
② オカルトとして人気を得る。

Check

① 一種の共産主義社会。
② モアの同名小説で語られる。

第1章　第2章　第3章　第4章　第5章　第6章　異世界　第7章

アジア	理想郷	地 下

㉑ アガルタ
地球内部の空洞に築かれた先進文明

Check

① 地下に存在する進んだ文明。
② すぐれた地底人が住む。

　19世紀末から20世紀にかけて、**アガルタ**という地下世界が存在するという話が、**地球空洞説**（地球の内部は空洞になっているとする考え方）のひとつとして人気を博し、広く信じられた。

　アガルタがどんな場所であるかについてはさまざまな説があるが、地下には地上の人間よりもすぐれた能力をもった人間などが住んでおり、地球の中心近くに進んだ文明の都市を築いているという。そこは無数のトンネルによって世界各地につながっており、中央アジアや北極などから入っていけるとされた。伝説の仏教王国**シャンバラ**と同一視されることもある。

アジア	理想郷	僧 院

㉒ シャングリラ
ゆるやかな時の流れるチベット奥地の僧院

Check

① チベット山中で外界から隔絶。
② 時間の流れが遅い。

　シャングリラとは、イギリスの作家**ジェームズ・ヒルトン**の小説『**失われた地平線**』（1933年）の舞台として設定された、チベット奥地に建つ不思議な僧院である（伝説の仏教王国**シャンバラ**から発想されたという）。シャングリラでは時間の流れが遅く、住人は何百年もの時を生きる中で深い知恵を身につけていく。外界から遮断されているが、運営者は独自ルートから世界中の知識を集めており、充実した図書館や最新の暖房装置が備わっている。

　小説の大ヒットにより、シャングリラは神秘的な理想郷の代名詞のひとつとなった。

23 黄金の国ジパング

金で覆われた宮殿を擁する島国

イタリアのジェノヴァ出身で、13世紀後半にシルクロードを旅した商人**マルコ・ポーロ**は、著書『**東方見聞録**』の中で、豊富に金を産出する島国「ツィパング」について記述している。中国の東の海洋上に位置するその国の巨大な宮殿は、すべて純金で覆われており、屋根も金で葺かれているという。

その名が「ジパング」と読まれて**黄金の国ジパング**の伝説が生まれ、日本のことだと考えられたが、じつは近年の研究では、これに疑義が呈されている。歴史学者の的場節子は詳細な調査を行い、黄金の国とされたのはフィリピンではないかと論じている。

Check

① 日本とする説には異論も。

② 『東方見聞録』に黄金の国の記載。

24 エル・ドラード

黄金の噂が人々を探索に駆り立てた

大航海時代、ひと旗揚げようと南アメリカ大陸に進出したスペインの人々は、先住民の間で語られる黄金の噂を聞きつけた。

その噂の出どころは、現在のコロンビアの首都ボゴタ近くに住んでいた**ムイスカ族**の儀式である。ムイスカ族の首長は、体に砂金をまぶして湖に入る儀式を行っていた。その「**黄金の人（エル・ドラード）**」の話に尾ひれがついてスペイン人に伝わると、スペイン人たちは黄金の国を求めて奥地を探索した。いつしかその黄金郷自体がエル・ドラードと呼ばれるようになったが、もともとの実態とはかけ離れたそんな場所は見つかりはしなかった。

Check

① ムイスカ族の儀式から。

② スペイン人が必死で探索。

第1章　第2章　第3章　第4章　第5章　第6章　異世界　第7章

㉕ ガリバーの旅した国々

架空の国を通して同時代の社会を諷刺

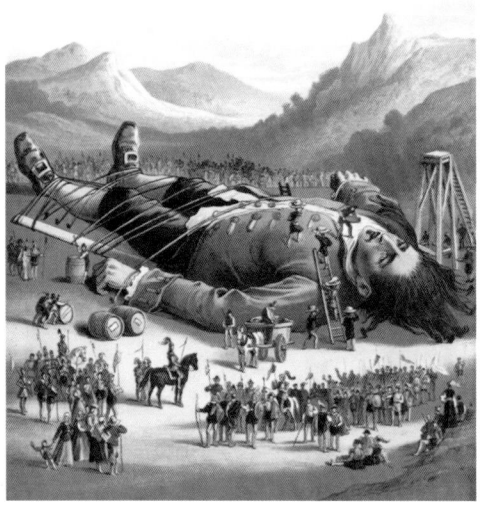

◀19世紀末に出版された、子ども向けの『ガリバー旅行記』の挿絵。小人国でのガリバーが描かれている。

ガリバーは小人国、巨人国、空に浮かぶ国、馬の国などを旅した。

アイルランドの作家**ジョナサン・スウィフト**の小説『**ガリバー旅行記**』（初版1726年）で、主人公のイギリス人医師**ガリバー**は、船に乗ってさまざまな奇妙な国を訪れ、ことあるごとにカルチャー・ショックを受ける。そしてその記述は、**モア**の『**ユートピア**』（255ページ）と同じように、**同時代の社会に対する批判・諷刺**にもなっている。

Check

① イギリス人医師がさまざまな国を訪問。

② 同時代の社会への諷刺。

訪れた国	特　徴
リリパット	小人たちの国。隣国と戦争中。
ブロブディンナグ	巨人たちの国。あらゆる生物が巨大。
ラピュタ	磁力で空に浮いた島。住人は科学に没頭。
バルニバービ	ラピュタに支配される地上の国。
グラブダブドリップ	死者召喚の降霊術を使う魔法使いたちの島。
ラグナグ	ときどき不死の人間が生まれる。
日本	エドという首都に皇帝が住んでいる。
フウイヌム	知性ある馬が、人間に似た野蛮なヤフーを飼う。

第1章
第2章
第3章
第4章
第5章
第6章　異世界
第7章

中国伝説　仙境　山

26 蓬莱山
不老不死の秘密を抱えた島

　蓬莱山は、中国の神仙思想の理想郷で、不老不死の仙人が住まう、俗界を離れた仙境と考えられていた。白い鳥獣が棲み、玉の木が生えている中に金銀で建てられた宮殿があるという。

　前3世紀の**徐福**という人物は、その地に不老不死の妙薬が存在するはずだと、秦の**始皇帝**に進言した。探検隊のリーダーに任命された徐福は、3000人の若い男女と多くの技術者を従え、五穀の種をたずさえて、蓬莱山をめざして出航した。しかし結局、たどり着いた地で王となり、始皇帝のもとには戻らなかったという。彼が蓬莱山を発見できたのかはわからない。

Check
① 神仙思想の理想郷。
② 不老不死の仙人が住む。

中国伝説　理想郷　里

27 桃源郷
戦乱を避けた隠れ里

　桃源郷とは、4世紀頃の詩人**陶淵明**の『**桃花源記**』で知られる、桃林の奥の平和で豊かな隠れ里である。探し求めてもたどり着けない場所とされる。桃源郷の物語は、次のような内容である。

　あるとき、桃林に迷い込んだ漁師が狭い穴を抜けると、美しい田畑の広がる村に出た。その村の人々は戦乱を避けるため、外の社会と交わらないようにして暮らしていた。村人たちは漁師を数日歓待したのち、帰ろうとする彼に、村のことを外の人間に話さないよう頼んだ。村を出た漁師は、約束を破って村のことを太守に伝えたが、いくら探しても村はもう見つからなかったという。

Check
① 桃の林の先にある。
② 戦乱のない豊かな暮らし。

転生の思想

近年ライトノベルなどで、中世ヨーロッパ風のファンタジー世界に生まれ変わる「異世界転生」ものが人気を博しているが、人類は太古の昔から、「人間は死んだあと、何らかの形で**転生する**」という死生観をもつことが多かった。たとえば正統派のキリスト教の教義は転生を認めないが、にもかかわらず現在、世界中でキリスト教徒を含む多くの人々が、「死んだら生まれ変わるだろう」と考えているという統計結果が存在する。

人類学者の竹倉史人は、転生にまつわる古今東西の思想を広く研究し、大きく3つのタイプに分類している。

第1は、人類が非常に古くからもっていたと考えられる**再生型**の考え方である。「死者は儀式を通じて、親族やゆかりのある人のもとに転生する」というもので、現在でも部族社会に残っている。その特徴は、**個人単位の転生ではないことだ。共同体の中で、故人の特徴が何人かの新生児に分配され、自然の循環のように生命がリサイクルされていく。

第2のタイプは、古代インド起源の**輪廻型**の思想である。インドに入ってきた**古代アーリア人**の信仰と、先住民の再生型の転生思想が融合して生まれたと考えられる。ここでは**個人単位の転生**が考えられ、「欲望にとらわれるせいで、嫌でも生まれ変わりつづけてしまう」「生前の行為＝**業（カルマ）**によって、何に転生するか決められてしまう」とされる。転生の単位として、**アートマン**と呼ばれる不滅の霊魂が想定されている（ただし、仏教はアートマンなしで輪廻を説明している）。

第3のタイプは、19世紀にフランスで生まれた**リインカネーション型**。当時流行していた**心霊主義**（死者を呼び出す降霊術など）の中から出てきた思想である。ここでも転生の単位として、霊界に住む不滅の霊魂が想定される。その霊魂が、人間の肉体に宿って人生の苦しみを経験することで、霊的に成長していくという**進歩主義的な性格**が特徴である。

第 7 章

社会・制度・冒険の舞台

01 国家の統治制度

その国の政治的意思決定の主体は？

◀ フィリップ・フォン・
フォルツ《ペリクレ
スの葬儀演説》（1852
年）。ペリクレス（前
495頃〜前429年）は、
古代ギリシアの都市国
家アテナイの民主政時
代、もっとも長く統治
した指導者だった。

 家の統治体制にはさまざまな形態があるが、ここでは君主制、貴族政、
共和政、民主政という分類を見てみよう。

君主制の国家

ファンタジー世界の冒険では、いくつかの国をまたいで旅をす
ることが多い。その際、国によって統治制度が異なる場合もある。
ファンタジーに多いのが、世襲（せしゅう）の君主（王など）が統治する君
主制（くんしゅせい）の国家である。

ただし、その中にも、君主が自由に政治的意思決定を行う専制（せんせい）
的な体制や、重臣たちが議論して政策決定する合議（ごうぎ）的な体制、憲
法によって君主の権力を制限する立憲君主制（りっけんくんしゅせい）、君主が実質的な政
治権力をもたない象徴君主制（しょうちょうくんしゅせい）など、さまざまな形態がある。

貴族政・共和政

　名目上の君主が存在せず、一部の特権階級が統治を行う体制もある。たとえば古代ギリシアの都市国家（ポリス）**アテナイ**は、前8世紀半ばに王政から**貴族政**に移行した。大土地所有の貴族たちの中から、任期1年の**アルコン**という執政官が9人選ばれて統治を担ったのである。

　古代ローマも前6世紀末に王を追放して、貴族たちによる**共和政**を開始したという。共和政とは、政治的な意思決定が選挙や熟議などによって行われる体制だが、政治権力が、限られた数の特権階級やエリートに独占されることもある。共和政ローマでは、有力貴族たちが終身のメンバーとなる**元老院**が、政治的な最高機関として国政を牛耳った（ちなみに、前1世紀にローマが**帝政**に移行したのち、元老院の権限は弱まっていった）。

民主政

　一般の人民の意思を広く集め、政治に反映させることをめざす政治のあり方を、**民主政**という。アテナイが貴族政から**僭主政治**（人民の人気を得た人物が非合法に権力を握って独裁を行う政治）を経て、前6世紀末頃から民主政に移行したのは有名である。

　民主政には、人民全員が政治的意思決定に参加する**直接民主政**と、選挙によって選ばれたメンバーが意思決定する**間接民主政**がある。メンバーの数が多いと直接民主政を行うのに非常に大きいコストがかかるため、日本を含む現在の民主主義国家は、おもに間接民主政を採用している。しかし、アテナイでは直接民主政が行われた。代表者だけに政治を任せると、いつの間にか独裁が行われるかもしれない。かつて僭主政治を経験したアテナイの人々は、独裁者が現れる危険性に非常に敏感だったのである。

Check

① 君主制にもいくつもの種類がある。

② 共和政と民主政には微妙な違いがある。

第1章
第2章
第3章
第4章
第5章
第6章
第7章　社会・制度・冒険の舞台

王と皇帝

国を統べる君主の称号

02

◀ アルブレヒト・デューラー《カール大帝》(1511 ～ 1513 年)。カール大帝(シャルルマーニュ、742 ～ 814 年)は、中世のフランク国王にして、西ヨーロッパ世界の統一を果たし、ローマ教皇から帝冠を授けられた。この「カール戴冠」(800 年)は、中世を代表する国家のひとつ、神聖ローマ帝国(古代ローマ帝国を継承する国家)の起源とみなされる(962 年のオットー１世の戴冠を起源とする説もある)。

王 と皇帝はともに、しばしばファンタジーに登場する君主だが、歴史的には違いがある。

　　君主制の国家を統治する君主として、ファンタジー世界によく登場するのは、「王」と「皇帝」である。

　　それぞれの位置づけは歴史的に複雑で一概にはいえないが、ごく大まかにいうと、王は普通、地理的に限定された領域や、文化的にまとまった人々によって構成されるひとつの国を統治する。

Check

① 王はひとつの国を統治。
② 皇帝は広い領域を統治。

　　それに対して**皇帝**は、複数の国や多様な民族を含む広い領域を統治することが多い。「皇帝」の称号(**エンペラー**や**カイザー**)は、ヨーロッパでは古代ローマの**インペラトール**(軍の最高指導者)や英雄**ユリウス・カエサル**に由来する。

　　原則として、皇帝の統治する国が**帝国**、王の統治する国が**王国**と呼ばれ(例外もある)、帝国の中に複数の王がいることもある。ほかにも**大公国**など、貴族が君主となっている国もある。

貴族

受け継がれる称号と特権

◀ 初代アーレンベルク侯など、いくつもの爵位をもつ貴族シャルル・ダランベール（1550〜1616年）とその家族の肖像。

公　爵などの称号をもつ貴族階級は、中世ヨーロッパで確立された。

　大土地所有を行って特権を握る**貴族**は古代ギリシアやローマから存在していたが、異民族の侵入に脅かされる中世ヨーロッパにおいて、軍事力をもって領地を守る貴族の存在感は増大した。

　そして、貴族階級の中での序列として、下の表（序列の高い順）のような**爵位**も生まれた。爵位はもともと、君主が功績のあった人物個人に一代限りで授けるものだったが、やがて世襲化した。

爵位	特徴
大公	しばしば独立した国の君主としての権限をもつ。
公爵	広大な領地を支配し、重要な地位を占める。
侯爵	大きな領地をもつが、公爵ほどの権限はない。
伯爵	地方の主要な領主。自領内での広範な権限をもつ。
子爵	小規模ながら独自の領地をもつことが多い。
男爵	もっとも低位の爵位。領地と権限は限られている。

Check

① もともと一代限りの爵位が世襲に。
② 中世ヨーロッパにおいて、貴族の存在感が増大。

04 戦う人々

ファンタジーの勇者のルーツは？

◀ ポール・メルキュリによる、馬に乗った中世の騎士のイラスト（1861年）。騎士が身につけた防具は、15世紀初め頃までは鎖帷子（くさりかたびら）がおもで、そののち、金属板で作られたプレートアーマーへと変わっていった。

フ ァンタジー世界で活躍する戦士や騎士には、どのようなルーツがあるのか、ヨーロッパ圏を中心に見てみよう。

古代の軍隊と戦争

　古代ギリシアの**アテナイ**では、戦争の際には市民が兵士となって、自国のために戦った。特に裕福な市民は、強固な盾や鎧を身につけて**重装歩兵**（じゅうそうほへい）となった。彼らが密集して進軍し、槍を突き出して攻撃する**ファランクス**と呼ばれる陣形は大きな戦果をあげた。また、財産のない市民は船のこぎ手となって海軍力に貢献し、そのことによって次第に社会的地位を高めていった。

　別の都市国家**スパルタ**（ポリス）では、男子全員が平素から厳しい訓練を行い、圧倒的な陸軍力を誇った。

　しかし、軍隊は次第に金銭で雇われる**傭兵**（ようへい）に頼るようになり、結束力を失って弱体化していった。同じことは、ギリシア文化を継承した古代ローマでも起こった。

中世ヨーロッパの戦争

　ローマ帝国が分裂し（395年）、**西ローマ帝国**が滅亡（476年）したあとの中世ヨーロッパは、個々の国家の力が比較的弱く*、常備軍が存在しなかった。王や領主が戦争のたびに、領地の中から兵士を集めて戦っていた。

　特に有名なのが、**ローマ教皇**（269ページ）の呼びかけを受け、イスラム勢力から聖地**エルサレム**を奪還するという名目で派遣された**十字軍**（11〜13世紀）である。

　むろん、非ヨーロッパ圏にも強力な軍隊があり、キリスト教圏のヨーロッパを脅かした。12世紀に十字軍からエルサレムを再奪還した、**サラディン**（**サラーフ・アッディーン**）率いるイスラムの**アイユーブ朝**や、13世紀にユーラシア大陸を席巻した**モンゴル帝国**の軍隊がその筆頭だろう。

＊中世の西ヨーロッパでは、ローマ・カトリック教会の権威のもと、各国の世俗権力は完全な主権をもてずにいた。

騎士の登場

　ファンタジー世界のモデルとなることが多い中世ヨーロッパについて掘り下げると、その時代の西ヨーロッパを特徴づけるのは、主君が臣下に土地を与えて保護し、臣下は主君に仕えるという**封建制度**である。

　そしてこの制度から、**騎士**（**ナイト**）と呼ばれる身分が誕生した。馬に乗って戦い、主君のために功績をあげた戦士が、騎士の称号を与えられるのである。馬上での戦闘を可能にしたのは、9世紀頃にヨーロッパに普及した鐙をはじめとする、騎馬技術の発達だった。

　騎士は新しい**貴族階級**（265ページ）を形成すると同時に、忠誠などの封建的道徳を期待され、「誇り高い騎士」といったイメージ（**騎士道精神**）が作られていった。

Check

① 中世ヨーロッパで騎士が登場。
② 古代アテナイでは重装歩兵が活躍。

05 宗教者
人々の信仰を支える存在

◀ヌルシアのベネディクトゥス（480頃〜543年頃）を描いた絵。イタリアのモンテ・カシノに「ベネディクト修道会」を開き、修行者たちに「祈り、かつ働け」と説いて禁欲的な信仰生活を送らせたベネディクトゥスは、西ヨーロッパにおける修道院制度の起源とされる（修道自体は東方を起源とする）。

宗教関係者にはどんなタイプがあるのか、「アブラハムの宗教」と呼ばれる類縁関係をもつユダヤ教、キリスト教、イスラム教から見てみよう。

大祭司と預言者

　信仰が重視される共同体においては、神とコミュニケーションを取る儀式や、神との約束によって定められた儀礼が、実際的な意思決定に大きくかかわる。そして、それらをつかさどる宗教的指導者が、政治的実権を握ることもある。

　たとえば古代ユダヤ人の宗教的指導者である**ユダヤ教の大祭司**は、ある時期から政治的指導者にもなった。

　一方、体制から距離を取る宗教者もいる。ユダヤ教の**預言者**の多くは、神の言葉を預かって人々に伝えるという形で、世の中の過ちを鋭く指摘し、変革を訴えた。

正教会とカトリック

キリスト教は古代から、教義の違いによって分裂をくり返していたが、中世には、東ヨーロッパやロシアに広まった**東方正教会**と、西ヨーロッパの**ローマ・カトリック教会**に大分裂した*。

東方正教会は、国（民族）ごとに**総主教**をトップとする組織をもっている。東方正教会の聖職者は**神品**と呼ばれる。

ファンタジー世界のモデルになることが多いのは、カトリックの強力な影響下にあった中世の西ヨーロッパである。カトリックは**ローマ教皇**を頂点に、世界各地の教区に**司教**という指導者を置く。カトリックの聖職者は**神父**と呼ばれる。

古代から、俗世を離れて修行を行う**修道士**たちも存在しており、中世には教会の腐敗を戒める動きを起こした。また、カトリックは近世以降、非キリスト教圏に積極的に**宣教師**を送り伝道した。

＊教義上の対立を背景に、ささいなきっかけから1054年、東西の教会の代表が互いに破門し合った。

「聖職者」のいない宗教など

中世の終わり、カトリックから分裂する形で成立していったキリスト教の**プロテスタント**諸教派では、「すべての信徒は神の前で平等である」とする**万人祭司**の考え方から、序列のついた「聖職者」を置かない。代わりに、信仰生活を指導する「**教役者**」の**牧師**がいる。

イスラム教も「すべての信徒は同列」とし、教会組織も専門の聖職者も置かないが、礼拝の指導者**イマーム**や、クルアーン（コーラン）の解釈やイスラム法をつかさどる法学者**ウラマー**がいる。

以上をふまえつつ一般論として、ファンタジー作品に登場する宗教者を考えると、ある教えを創始した**教祖（開祖）**、儀式を執り行う神官や祭司、神の言葉を預かり伝える預言者、教えを広める伝道者、精神的な高みをめざす修行者などが挙げられる。

Check

① 古代のユダヤ教には大祭司や預言者がいた。
② 教会組織や聖職者がない宗教もある。

さまざまな職業

それぞれのもち場で活躍する人々

06

▶吟遊詩人のイメージ。中世の吟遊詩人
たちが語ったアーサー王物語（41 ペー
ジ）などの騎士物語は、後世のファン
タジーの源泉となった。

フ　ァンタジー世界に
おいて旅の途中で
出会ったり、パーティーに
加わったりする職業には、
どんなものがあるのか。

自然と接する職業

　ファンタジー世界のおもなモデルとなる中世ヨーロッパにおい
て、**農民**は**封建制度**（267 ページ）の下層を担い、領主のもとで
土地に縛られて食糧生産に従事していた（**農奴**）。しかし、14 世
紀頃から封建制度が衰退すると、農民の地位向上と独立の動きが
現れ、束縛をゆるめまいとする領主に対する**一揆**も起こった。

　神話や伝説において独特の象徴性をもっていた職業に、**羊飼い**
がある。特に古代のユダヤ人は牧畜を行う民族だったので、聖書
の文化圏において、羊飼いは人を導いたり何かの前兆を察知した
りする役割を担うことが多い。

　狩人もファンタジーらしい職業だが、じつは中世ヨーロッパで
は狩猟は貴族の特権とされ、一般的な職業にはならなかった。

都市で活躍する職業

　都市に見られる職業としては、貿易を行う**商人**や、**鍛冶屋**などの**職人**がある。

　中世ヨーロッパでは、商工業の発達した都市（273ページ）が、領主の支配から独立して**自治権**を獲得していく様子が見られた。都市には**ギルド**と呼ばれる同業組合が作られ、**商人ギルド**の大商人たちは、経済力を背景に都市の政治を牛耳った。手工業の職人たちも、職種ごとの**同職ギルド**を結成して発言力をつけていった。

　また、**吟遊詩人**たちは農村と都市を渡り歩いて、音楽に乗せてさまざまな物語を語った。

盗賊と海賊

　中世ヨーロッパの街道には、移動する商人などを襲って品物を奪ったり、誘拐して身代金を要求したりする**盗賊**たちが出没した。ただし、イギリスのシャーウッドの森にひそみ、悪辣な聖職者や貴族の富を奪って民衆に与えたとされる**ロビン・フッド**（13世紀頃）のような**義賊**の伝説もある。

　海で船を襲うのが**海賊**だ。古代から存在したが、**ローマ帝国**が取り締まったため、地中海では一時下火になった。しかしローマが衰えると力を取り戻し、近世には、各国の海軍力の一端を担うまでになった。イギリスが海上の覇権をスペインと争った際には、スペイン船への海賊行為を許可する**私掠特許状**まで発行されたのである。

▲ロビン・フッドを描いたイラスト。

Check

① 農業、牧畜、商工業など、さまざまな職業がある。

② 盗賊や海賊も暗躍し、恐れられる。

07 さまざまな町
ひとつひとつが歴史と特徴をもつ

▶ユネスコ世界遺産にも登録されている、フランスの歴史的城塞都市カルカソンヌの城壁。

古代から中世にかけてのさまざまな都市のあり方は、ファンタジー世界で主人公が立ち寄る町の設定に役立てることができる。

都市の誕生

　人類史上最初の都市は、灌漑農業の発達したメソポタミア南部で、前3500年頃から**シュメール人**によって作られたとされる。それ以前からあった大村落の中に、支配階級や各種専門職人、商人が現れ、守護神の神殿を中心として周辺地域を含めた**都市国家**が形成されていったのだ。もっとも古い**エリドゥ**、最古の印章(ハンコ)と文字が発見された**ウルク**、聖なる塔**ジッグラト**を擁した**ウル**などが有名である。

　インダス文明やエジプト文明でも都市が築かれた。古代ギリシアでも前8世紀頃から、**アクロポリス**と呼ばれる丘を中心に人々が集まり、都市国家(**ポリス**)を多数作っていった。

中世ヨーロッパの都市

　中世ヨーロッパでは、農業生産の増大や、**十字軍**遠征の影響による交通の発達、遠隔地との貿易の活発化などを受けて、11〜12世紀に商業が隆盛した。貿易や工業の拠点となった諸都市は、教会や貴族などの支配下に収まらないほどに発言力を高め、自治権をもつ**自治都市**となった。防衛のために設けられた城壁の中には封建領主の束縛は届かず*、ほとんど独立した国家のようになるものも少なくなかった。

　東方との貿易で莫大な富を得た北イタリアの**ヴェネツィア**や**ジェノヴァ**、北海やバルト海の商業圏で栄えた北ドイツの**ハンブルク**や**リューベック**などが有名である。都市どうしは安全保障などのため、北イタリアの**ロンバルディア同盟**や北ドイツの**ハンザ同盟**のような**都市同盟**を結ぶこともあった。

*周辺の農奴（270ページ）が、自由を求めて都市に流入する様子も見られた。

それぞれの性格をもつ都市

　ファンタジー世界における町の設定を作る際には、下の表のように、それぞれ特徴的な性格をもつ都市を考えることができる。

都市	性格
城下町	国王や領主の城のもとで繁栄している。
港町	海に面しており、船員向けの商店や施設もある。
オアシス都市	砂漠の中のオアシスで旅人を迎える。
鉱山都市	金、銀、鉄などを採掘する労働者たちが住む。
学術都市	大学や図書館などがあり、研究と教育が行われる。
芸術都市	美術館や劇場があり、芸術家たちが集う。
宗教都市	宗教の聖地であったり、信徒が多く住んでいたりする。
城塞都市	防衛や侵攻の拠点となる、軍事的に重要な都市。

Check

① 中世ヨーロッパの自治都市。
② 古代メソポタミアやギリシアの都市国家。

第1章
第2章
第3章
第4章
第5章
第6章
第7章　社会・制度・冒険の舞台

施設と商店

町で主人公たちを迎えるもの

◀ヨーロッパの都市の中心部のイメージ。教会に面した広場に市が立っている。

都市の中には、どのような施設や商店が見られるのだろうか。

領主の城と牢獄

　　都市の中にある施設や商店は、時代や場所によって大きく異なるが、ここでは中世ヨーロッパの典型的なケースを見てみよう。

　　その都市に領主がいる場合、**領主の城や館**は、しばしば高台などの戦略的に重要な場所に位置していた。

　　要塞としての城は攻められたときにもちこたえられるよう、壁を分厚くしていたので、城の中は狭かった。また、1階には窓を作らず、倉庫として使っていた。時代が下って、敵から攻められる危険が減少すると、領主は要塞には住まなくなり、もっと居心地のよい城や館を別に建てて住んだ。

　　犯罪者を入れる**牢獄***は、城の地下や近くに作られることが多かった。というのも、中世ヨーロッパでは犯罪を取り締まるのは領主やその代理人だったからだ。

＊当時の刑罰は鞭打ちなどの身体刑がおもだったので、牢獄は刑罰が行われるまでの一時的な拘留や、刑の執行の場だった。

広場と教会など

　都市の中央部には**広場**がある。これは公共の集会場所として機能しており、市(いち)が立ったり、祭りが行われたりした。また、公開裁判や公開処罰が行われることもあった。

　教会や**大聖堂**は、都市の中心の広場に面して建てられることが多かった。**修道士**（269 ページ）たちが禁欲的な宗教生活を送る**修道院**(しゅうどういん)は、都市の中心部に位置することも、郊外に位置することもあり、そこでは教育や医療、巡礼者の宿泊も行われていた。

　商店や職人たちの**工房**、一般市民の**住居**は、市場や主要な道路沿いに、密集して建てられていた。これらは通常、木造または石造の建築物で、狭い通路や路地で隔てられていた。

　中世の都市には、劇場が作られることはあまりなかった。演劇は教会、修道院、広場、貴族の館などで上演された。

さまざまな施設・商店

　そのほか、中世ヨーロッパにはあまり見られなかったものも含め、ファンタジー世界の設定に使えそうな施設や商店を、下の表に示す。

施設・商店	備考
市庁舎	議会が開かれたり、行政に関する仕事が行われたりする。
練兵場	兵士たちの訓練が行われる。一般化したのは近代以降。
大学	教会の付属学校をもとに、12 世紀頃から生まれた。
図書館	古代エジプトのアレクサンドリアの図書館が有名。
宿屋	貴族や商人が利用した。居酒屋を兼ねることも多かった。
施療院	貧民や巡礼者への慈善のために作られ、宿泊に用いられた。
薬草店	薬草や自然由来の治療品を提供する。

Check
① 都市の中心には広場がある。
② 教会は広場に面して建てられることが多い。

冒険のフィールド

主人公たちが越えていく試練の場

09

◀イワン・クラムスコイ『曠野のイイスス・ハリストス』(1872年)。イイスス・ハリストスとはイエス・キリストのこと。

神 話や伝説において山や森などの特徴的な地形は、それぞれ象徴的な意味をもち、主人公の冒険に少なからぬ影響を与える。

荒れ地と砂漠

　ファンタジーの世界で主人公が旅する場所には、象徴的な意味を込めることができる。

　新約聖書によると、**イエス**は植生の乏しい**荒れ地**（**荒野**）に40日間とどまり、悪魔の誘惑を受けつつもこれを斥けたという。そのことから荒れ地には、試練とそれを乗り越えての成長というイメージがある。

　砂漠も苦難の場所であり（イエスがとどまった荒れ地は砂漠と訳されることもある）、生命が危機に瀕する過酷な環境だといえる。だからこそ、砂漠の中で水と植物に出会える**オアシス**は生命の横溢を感じさせるし、砂漠を越えたときには大きな達成感がもたらされる。

山と森

多くの神話や伝説において、**山**は神をはじめとする超自然的な存在の住処、あるいは神に近づくことのできる場所だとされる。

たとえば、ギリシア神話の主要な神々の多くは**オリュンポス山**の宮殿（234ページ）に住んでいる。旧約聖書では、イスラエルの民（ユダヤ人）の祖先**アブラハム**が息子**イサク**を生け贄に捧げるよう命じられ、神から指定された山に登る。預言者**モーセ**は**シナイ山**の上で、神から**十戒**の石板を受け取る。新約聖書でも、高い山に登った**イエス**は神性を発揮して不思議な輝きを放ち、姿を現した旧約聖書の預言者たちと語り合う*。

暗い**森**は、**グリム童話**（19世紀初頭）などで描かれるように未知と危険の領域であり、悪人や魔法使い、人外のものたちが潜んでいると考えられていた。

＊このエピソードは「イエスの変容」と呼ばれる。

川・湖・沼・海

エジプト文明がナイル川流域で発展したように、**川**は恐ろしい氾濫を起こす一方で、恵みをもたらしてくれるものでもある。また、川で水浴びをしている美女を覗き見る物語は、ギリシア神話の**アクタイオン**（女神**アルテミス**の裸体を見たせいで鹿の姿に変えられ、犬に喰い殺される）をはじめ、数多く存在する。

湖は、静けさと安らぎを象徴している。**アーサー王物語**に登場して聖剣**エクスカリバー**（201ページ）を授ける**湖の乙女**のように、神秘の存在が宿ることもある。一方、**沼**には無気味さと不安がよどんでおり、しばしば魔女や怪物がいると考えられた。

海はいくつもの神話で原初の生命の源と考えられた。また、**オデュッセウス**（25ページ）の遍歴が示すように、苦難の冒険の舞台でもある。

Check

① 試練を象徴する荒れ地、過酷な砂漠。

② 神の住む山、危険な森、神秘の湖など。

第1章
第2章
第3章
第4章
第5章
第6章
第7章 社会・制度・冒険の舞台

⑩
ダンジョン
敵と罠が待ち受ける未知のゾーン

◀地下のダンジョンのイメージ。

魅力的なダンジョンを設定すると、ファンタジー世界の冒険にメリハリがつく。

原義は中世の城の一部

　ファンタジー世界を舞台にしたゲームなどでよく用いられる「ダンジョン」という言葉は、中世ヨーロッパにおいて、城の中心となる建造物を表す**ドンジョン**に由来している。それは日本の城の**天守閣**にも類比されるような場所で、敵に攻め込まれとき、最終的にはこのドンジョンに立てこもって戦うのである。のちに、城の地下に作られた牢獄が**ダンジョン**と呼ばれるようになった。

　この言葉は現代のファンタジーでは、非常に広い意味で使われている。閉ざされた場所の中が迷路状になっていて、強力な敵や罠が潜んでおり、主人公たちは何らかの目的を達成するためにそのダンジョンに入っていくのである。

神話・伝説の中のダンジョン

　下の表は、世界の神話や伝説の中から、広い意味でダンジョンと呼べる場所をリストアップしたものである。本書の第6章で扱った異世界も、ダンジョンとしてファンタジー作品に登場させることは可能だろう。

場　所	神話・伝説	備　考
ヘスペリデスの園	ギリシア神話	ラドンが黄金の林檎を守っている。
ラビュリントス	ギリシア神話	クレタ島の迷宮。ミノタウロスが棲む。
キュクロプスの洞窟	ギリシア神話	オデュッセウスが閉じ込められた。
エーリューズニル	北欧神話	死者の国の女王ヘルの宮殿。
ガンズィル	メソポタミア神話	冥界の女王エレシュキガルの宮殿。
バベルの塔	旧約聖書	驕った人類が天に達しようとして建設。
ソドムとゴモラ	旧約聖書	悪徳の人々が住む町。神に滅ぼされる。

オリジナル設定のダンジョン

　ファンタジー創作の際に設定するダンジョンとして、よく見るのは**洞窟**である。もともとの言葉の意味に近いのは、敵がいる**城**や**塔**、**地下迷宮**などだろう。ファンタジー世界の構築の中でも特に腕の見せどころなので、下の表のような例も参考に魅力的なダンジョンを設定してみよう。

ダンジョンの例	備　考
幽霊屋敷	死者の霊が棲みついているとされる。
水中都市	水没した都市、または水中に建設された都市。
遺　跡	かつての文明が遺した廃墟。
地下墳墓	ローマ周辺の初期キリスト教のカタコンベが有名。
異教の聖地	異教徒や異教の怪物と戦うことになる。

Check

① もともと城の構造物や地下牢に由来。

② 現代では広い意味で用いられる。

⑪ 世界の七不思議
見るべき驚嘆の建造物

◀アレクサンドリアの大灯台を描いた絵。

世界の七不思議と呼ばれる建築物についての知識は、ダンジョンの設定などに役立つ。

古代の七不思議

　世界の七不思議とは、世界に数多く存在する驚嘆すべき建造物の中でもぜひ見るべきものベスト７という意味で、一般的には下の表の７つが挙げられる。前３世紀にビザンティウムのフィロンが選んだリストがもとになっているが、フィロン自身はアレクサンドリアの大灯台の代わりにバビロンの城壁を入れていた*。

*フィロン以外にも何人もの人物が、自分なりの七不思議を選定している。

建造物	備　考
ギザの大ピラミッド	古代エジプトの王の墓（異説あり）。
バビロンの空中庭園	どのような構造だったかすら不明。
エフェソスのアルテミス神殿	大理石でできた神殿。
オリンピアのゼウス像	約12メートルの巨大座像。
ハリカルナッソスのマウソロス霊廟	知事夫妻の遺体を安置。
ロドス島の巨像	約34メートルの太陽神ヘリオス像。
アレクサンドリアの大灯台	約134メートルの大理石の灯台。

中世の七不思議

　古代の七不思議のうち、完全に現存するのはギザの大ピラミッドだけである。中世には中世の七不思議が選ばれた。一般的には下の表の7つで＊、南京の大報恩寺瑠璃塔以外は現存する。

＊選定者は不明。

建造物	備考
ローマのコロッセウム	古代ローマを代表する円形闘技場。
アレクサンドリアのカタコンベ	地下に作られた墓地。
中国の万里の長城	秦の始皇帝以来、何度も修築・移転。
イギリスのストーンヘンジ	イギリス先史時代の直立巨石の遺跡。
ピサの斜塔	ピサ大聖堂の鐘楼。
南京の大報恩寺瑠璃塔	約78メートルの美しい塔。
イスタンブールの聖ソフィア大聖堂	東ローマ帝国時代に建てられた大聖堂。

新・世界七不思議

　2007年にはスイスの新世界七不思議財団が、世界中からの投票によって**新・世界七不思議**を選出した。その結果は下の表のとおりである（ギザの大ピラミッドは名誉称号を獲得）。

Check

① 古代の七不思議のほとんどが失われた。
② 中世や現代の七不思議もある。

建造物	備考
中国の万里の長城	中世の七不思議と重複。
インドのタージ・マハル	ムガル皇帝が妃のために建てた廟堂。
ローマのコロッセウム	中世の七不思議と重複。
ヨルダンのペトラ	古代都市の遺跡群。
コルコバードのキリスト像	リオデジャネイロに建つ巨像。
ペルーのマチュ・ピチュ	「空中都市」とも呼ばれるインカ帝国の遺跡。
メキシコのチチェン・イッツァ	ピラミッドを擁するマヤ文明の遺跡。
ギザの大ピラミッド	名誉称号を獲得。

COLUMN 7

宗教・信仰のさまざまなタイプ

　古今東西、人類史にはさまざまな宗教や信仰が登場した。それらは簡単に分類・整理できるものではないが、いくつかの分類の視点を知っておくと、ファンタジー世界の宗教や信仰を設定するときにも役立つだろう。

　まず、崇拝の対象となる神の数に注目しよう。神がいない宗教だけでも、いくつものパターンが存在する。人格をもたない**精霊**を信仰する**アニミズム**や、超自然的なマナという力を信じる**マナイズム**、神の崇拝ではなく思想や生き方を説いた**原始仏教**などである。

　多数の神を崇拝する宗教は**多神教**という。アニミズムと多神教の境界がどこにあるかは一概にはいえないが、信仰の対象が人格化されているか、神の活躍のエピソードが神話として語られているかといった指標が有効な場合がある。

　そして唯一の神を信仰する宗教が**一神教**である。じつは一神教の中にもさまざまな形態が考えられるのだが（多数の神の存在を認めたうえで崇拝する対象をひとつにしぼるのか、そもそもほかの神を認めないのか、など）、その細かい分類は割愛する。

　次に、自然に生まれてきた宗教か、だれかが提唱して始まった宗教かという分類がある。人々の間に自然発生した宗教を**自然宗教**（しぜんしゅうきょう）といい、だれかが新しく教えを説いて始めた宗教を**創唱宗教**（そうしょうしゅうきょう）という。アブラハムの宗教でいうと、ユダヤ教は自然宗教、キリスト教とイスラム教は創唱宗教である。

　信仰する者の範囲も、分類の視点となりうる。ユダヤ教は、ユダヤ人の間で受け継がれていた教えであり、ほかの民族を積極的にこの教えに改宗させようとはしなかった。そのような、ひとつの民族に密着した宗教を**民族宗教**（みんぞくしゅうきょう）という。それに対して、キリスト教やイスラム教は民族の枠を超えた教えであろうとし、実際にそのように広まっている。そのような宗教は**世界宗教**（せかいしゅうきょう）と呼ばれる。

　そのほか、教えや戒律の書かれた**教典**（きょうてん）があるかないか、というのも分類のポイントになる。

巻末付録

ギリシア神話の世界観

　前15世紀頃から語り継がれてきたギリシア神話は、前8世紀頃の**ホメロス**の叙事詩『**イリアス**』と『**オデュッセイア**』、ヘシオドスの『**神統記（しんとうき）**』と『**仕事と日々**』で大きく取り扱われ、今日（こんにち）に伝わる。前5世紀頃に最盛期を迎えた**ギリシア悲劇**も、同じ神話や英雄譚（えいゆうたん）を題材とした。また、古代ローマ人もギリシア文化の影響を受け、自分たちの神話をギリシア神話に対応させていった。ギリシア・ローマ神話は、欧米文化に共通の古典神話といえるのである。

　ギリシア神話には、世界の成り立ちを説明する神話がいくつかあったようだが、中でももっとも体系化された創世神話は、ヘシオドスによるものである。それによると、世界の始めに空隙（くうげき）**カオス**があり、次に大地**ガイア**と地底の暗黒**タルタロス**、愛**エロス**が誕生した。ガイアは自分自身の中から天空神**ウラノス**を産み、さらに彼と交わって、**ティターン神族**の12神と異形の巨人たちを産む。

　そのあとは、血で血を洗う王位継承争いがくり返される。ティターン12神の末弟**クロノス**は、父ウラノスを去勢し追放して神々の王となるが、息子**ゼウス**たちとの戦い（**ティタノマキア**）に敗れ、王座を明け渡す。新世代の神族**オリュンポス12神**の頂点に立ち王になったゼウスだが、今度は**ギガンテス**という巨人族と戦わねばならなくなる（**ギガントマキア**）。ギガンテスは神々には殺せない存在であったため、ゼウスは人間と交わって半神半人の英雄**ヘラクレス**を誕生させ、参戦させた。結果、ギガントマキアはゼウスらオリュンポスの神々の勝利に終わった。

　やがてギリシア神話は英雄の時代に入る。**イアソン**率いる**アルゴー船**の冒険や、**オイディプス**に代表されるテーバイ王家の悲劇なども有名だが、ギリシア神話最大のイベントのひとつといえるのが、**トロイア戦争**である。神々の嫉妬をきっかけに始まったこの戦争では、**アキレウス**や**オデュッセウス**など多くの英雄が活躍した。

〔古代ギリシア語・ラテン語ファンタジー単語対照表〕

日本語	古代ギリシア語	ラテン語	英　語
火	ピュール	イグニス	ファイア
水	ヒュドール	アクア	ウォーター
土	ゲー	テッラ	ソイル
空気	アーエール	アーエール	エア
風	アネモス	ウェントゥス	ウィンド
氷	クリュスタッロス	グラキエース	アイス
木	デンドロン	アルボル	トゥリー
海	タラッタ	マレ	シー
虹	イーリス	プルウィウス・アルクス	レインボー
雲	ネポス	ヌーベース	クラウド
雨	ヒューエトス	プルウィア	レイン
雷	ブロンテー	トニトルス	サンダー
自然	ピュシス	ナートゥーラ	ネイチャー
星	アステール	ステルラ	スター
太陽	ヘーリオス	ソール	サン
宇宙	コスモス	ムンドゥス	コスモス
光	ポース	ルーメン	ライト
闇	スコタディ	テネブライ	ダークネス
影	スキアー	ウンブラ	シャドー
生命	ビオス	ウィータ	ライフ
死	サナトス	モルス	デス
復活	アナスタシス	レスッレクティオ	レザレクション
永遠	アイオーン	アエテルヌム	エターニティ
神	テオス	デウス	ゴッド
人間	アントローポイ	ホーモ	ヒューマン
仲間	ヘタイロス	ソキウス	コンパニオン
息	プネウマ	スピーリトゥス	ブレス
力	デュナミス	ウィース	パワー
魂	プシューケー	アヌムス	ソウル
夢	エニュプニオン	ソムニウム	ドリーム
予言	プロペーテイアー	プラエディクティオー	プリディクション
剣	クシポス	グラディウス	ソード
徳	アレテー	ウィルトゥース	ヴァーチュー
奇跡	テラス	ミーラークルム	ミラクル

北欧神話の世界観

　ノルウェー、スウェーデン、デンマーク、アイスランド、フェロー諸島などに住む北方のゲルマン民族が、キリスト教化される前に信仰していた多神教の神話が、北欧神話である。キリスト教の伝来以降も口承で残り、記録された。

　北欧神話における世界の始まりには、炎の国**ムスペルヘイム**と氷の国**ニヴルヘイム**、そしてその間の裂け目**ギンヌンガガップ**だけがあったとされる。あるときこのギンヌンガガップで、ニヴルヘイムの氷塊にムスペルヘイムの熱風が吹きつけ、氷塊からしずくがしたたった。これが人の形をとり、巨人族の祖**ユミル**となった。また別のしずくは、巨大な牝牛**アウズンブラ**を生んだ。アウズンブラはユミルに乳を飲ませながら、自分は氷塊の中にある岩をなめて生きる糧にしていたが、なめているうちにこの岩が溶け、中から最初の神**ブーリ**が誕生した。このブーリの孫が最高神**オーディン**である。オーディンはやがて巨人ユミルを疎ましく思うようになり、これを殺して解体する。このときにバラバラにされたユミルの体から、世界が創造されたという。

　世界は**ユグドラシル**という巨木（**世界樹**）によって形成されている。この樹の中に、神々の国や巨人の国、人間の国や小人の国など、9つの国があるという。ユグドラシルには3本の根があり、1本はオーディンを主神とする**アース神族**の国**アースガルズ**の**ウルズの泉**に伸びている。次の1本は、**霜の巨人**の国**ヨトゥンヘイム**の**ミーミルの泉**につながる。最後の1本は、ニヴルヘイムの**フヴェルゲルミルの泉**に通じている。

　そして、北欧神話の世界は、終わりのときが定められている。オーディンのユミル殺害以来、因縁のあった神族と巨人族の間で、**最終戦争ラグナロク**が戦われるのである。この戦争によって世界は焼き尽くされ、9つの国は滅びるが、わずかに生き残った神や復活した神により、新たな世界が創られることになるという。

キーワード	内　容
古エッダ	9〜13世紀に成立した詩群。古ノルド語で神話や英雄伝説を語る。
サ ガ	中世アイスランドで作られた散文作品の総称。神話の断片を収録。
スノッリのエッダ	13世紀にまとめられた詩の教本。北欧神話の挿話を収録。
ユミル	世界の始まりに出現した巨人。氷塊が解けたしずくから生まれた。
アウズンブラ	ユミルと同様しずくから生まれた牝牛。ユミルに乳を飲ませる。
ブーリ	アウズンブラが舐めた岩の中から現れた、最初の神。
アース神族	最高神オーディンに連なる神の一族。北欧神話の主役たち。
ヴァン神族	アース神族と争った神の一族。ニョルズらを人質として送り和解。
霜の巨人	ユミルの血を引く巨人ベルゲルミルの子孫。神々や人間と対立。
ムスペル	炎の巨人族。その長スルトは、炎の剣で世界を焼き尽くす。
山の巨人	霜の巨人やムスペルとは別の巨人の一族。丘の巨人とも。
ユグドラシル	宇宙そのものとしての樹（世界樹）。3層9国を内包。
アースガルズ	ユグドラシルの第1層（最上層）にある、アース神族の国。
ヴァナヘイム	ユグドラシル第1層、ヴァン神族の国。
アルフヘイム	ユグドラシル第1層、光のエルフ（妖精）の国。
ミズガルズ	ユグドラシルの第2層（中間層）、人間の国。
ヨトゥンヘイム	ユグドラシル第2層、霜の巨人と山の巨人の国。
ニザヴェッリル	ユグドラシル第2層、小人ドヴェルグたちの国。
スヴァルトアルフヘイム	ユグドラシル第2層、黒い妖精の国。ニザヴェッリルと同じとも。
ヘルヘイム	ユグドラシルの第3層（最下層）、死の国。ロキの娘ヘルが統治。
ニヴルヘイム	ユグドラシル第3層、氷の国。ヘルヘイムと同一視されることも。
ムスペルヘイム	ユグドラシル第3層、炎の国。ムスペルたちが住む。
ビフレスト	ユグドラシルの第1層と第2層を結ぶ虹の橋。
ギンヌンガガップ	ニヴルヘイムとムスペルヘイムの間の大きな裂け目。
フィンブルの冬	ラグナロクの前兆。3度の冬が続き、世界と人心が荒れ果てる。
ラグナロク	「神々の黄昏」。神々と巨人が戦う、世界最終戦争。

ケルト神話の世界観

　広くヨーロッパに広がっていた**ケルト民族**は、前１世紀以降ローマ帝国やゲルマン人に征服・同化されたが、今もその文化は、イギリス、フランス、スペインの一部で受け継がれている。

　多神教のケルト神話には、**ダーナ神族**という神々が登場する。これはケルト民族がアイルランドに上陸する前に住んでいた先住民族だと考えられている。ケルト人との戦いの末、先住民は駆逐されてしまうが、その末裔が妖精となり、地下で暮らしているとされた。

　ケルトの神話・伝説のうちでかろうじて残ったものは、中世以降アイルランドやウェールズで文字化された。その中には、**アーサー王**の伝説も含まれている。

キーワード	内容
神話物語群	アイルランドの神話群。ダーナ神族の上陸、戦いなどを描く。
アルスター物語群	アイルランドの物語群。クー・フーリンを中心とした英雄伝説。
フィン物語群	アイルランドの物語群。フィアナ騎士団にまつわる伝説。
歴史物語群	アイルランドの物語群。古代から中世にかけての王たちの伝説。
『マビノギオン』	ウェールズの神話やアーサー王伝説を含む物語集。
ダヌ	ダーナ神族を生み出した生命の女神。
ヌアザ	ダーナ神族の王。アイルランドを支配した。
ルー	ダーナ神族の太陽神。ヌアザに次いで王に。クー・フーリンの父。
フィル・ボルグ族	ダーナ神族以前にアイルランドを支配していた民族。
フォモール族	フィル・ボルグ族よりもさらに前からアイルランドにいた先住民族。
ミレー族	あとからアイルランドにやってきて、ダーナ神族を駆逐した民族。
ドルイド僧	ケルトの社会における神官。ときに生け贄も用いて魔術を使う。
マーリン	アーサー王伝説に登場する魔術師。アーサー王を助ける。
モーガン	モーガン・ル・フェイ。異父弟のアーサー王を憎む邪悪な魔女。

ユダヤ・キリスト教の世界観

　前13世紀にエジプトから脱出したユダヤ人は、**カナン**に定着して自分たちの国を作るが、王国の分裂や滅亡などの苦難を経験したという。そんな中、「選ばれた民族であるユダヤ人は、唯一神**ヤハウェ**に従うことで救済される」とする**ユダヤ教**が形成された。正典のヘブライ語聖書（旧約聖書に相当）では、世界の創造からの神話と歴史が語られる。それによると、神は6日間で世界を創造し、7日目に休んだという。

　1世紀に、従来のユダヤ教を批判する**イエス**が現れ、新しい教えを説いたのちに処刑された。彼の教えは弟子たちによって広められ、**キリスト教**となる。その教えによると、イエスは人類の罪を許すために神が遣わした**救世主（キリスト）**であり、神を信じる者はみな救われるという。

キーワード	内　容
失楽園	アダムとイブが禁断の実を食べ、楽園から追放された。
ノアの箱舟	神の洪水が人間を滅ぼし、ノアたちだけが生き延びた。
アブラハム	神の啓示を受けた「啓典の民」の始祖。
モーセ	ユダヤ人をエジプトから脱出させ、神から十戒を授かる。
イスラエル王国	ユダヤ人は前1021年に王国を築くも、前930年頃、南北に分裂。
バビロン捕囚	前6世紀、南のユダ王国が滅ぼされ、人々はバビロンに強制移住。
メシア	多くの苦難を経験したユダヤ人が待ち望む救世主。
キリスト	「メシア」のギリシア語訳。イエスをキリストとするのがキリスト教。
原罪	アダムの犯した神への不従順の罪を、全人類が背負うとする考え方。
三位一体	父なる神・子キリスト・聖霊は、同一の本質をもつとする考え方。
最後の審判	世界の終わりに全人類が裁かれ、天国か地獄に送られる。
カトリック	キリスト教の宗派。11世紀に東方正教会と分裂。頂点はローマ教皇。
東方正教会	キリスト教の宗派。11世紀に西方のカトリックと分裂。
プロテスタント	キリスト教の宗派。16世紀以降カトリックから分離。

イスラム教の世界観

　610年頃にアラブ人の**ムハンマド**が創始したイスラム教は、ユダヤ教・キリスト教の流れを汲む宗教である。**アッラー**を唯一の神とし、**クルアーン**（コーラン）を聖典とするが、理論的には、旧約聖書と新約聖書も神の啓示を記した書物として認めている。モーセやイエスも神の言葉を預かった預言者だとしたうえで、ムハンマドを最後にして最高の預言者とする。

　イスラム教はユダヤ教・キリスト教と多くの共通点をもつ。宇宙のすべてはアッラーによって創造されたものであり、いつかアッラーによる**最後の審判**が訪れるとされる。そのとき、人々は現世での生き方が裁かれ、楽園のような天国か、灼熱の地獄に送られるのである。

キーワード	内　容
イスラーム	アラビア語で、唯一神への絶対的な服従を意味する。
タウヒード	アラビア語で「神はただひとり」という根本の価値観を指す。
クルアーン	コーラン。啓典。ムハンマドが神から受けた啓示が書かれてある。
六信	アッラー・天使・啓典・預言者・来世・天命（定命）を信じる義務。
五行	信仰告白・礼拝・断食・喜捨・巡礼。六信五行は信者の実行義務。
カダル	六信のひとつ。万物の運命は神が定めたということ。定命。
メッカ	イスラム教最高の聖地。信者は一生に一度の巡礼を求められる。
ヒジュラ	ムハンマドが迫害を避け、メッカからメディナに逃れた事件。
カリフ	預言者ムハンマド亡きあとの指導者、最高権威者の称号。
ジハード	異教徒に対するイスラム教徒の拡大・防衛の戦い。聖戦。
シーア派	最後の「正統カリフ」アリーとその子孫のみを指導者と認める宗派。
スンニ派	代々のカリフを正統と認めるイスラム教の多数派。
スーフィズム	イスラム神秘主義。初期の行者がスーフ（羊毛）をまとったことに由来。
啓典の民	聖書などの啓典をもつユダヤ教・キリスト教に対する呼称。

メソポタミア神話の世界観

　チグリス川とユーフラテス川にはさまれたメソポタミアで信仰されていた多神教の神話を、メソポタミア神話という。前4000年頃に最初の都市国家を作り文明を開いた**シュメール人**の神話が、のちにメソポタミアを支配したアッカド人に大きな影響を与え、アッシリアやバビロニアに受け継がれた。

　シュメールの神話では、世界の始まりには原初の海**ナンム**から天空神**アン**と大地の女神**キ**が生まれ、夫婦になったとされる。そしてアンとその子どもが神々の会議**アヌンナキ**を開き、世界と人間の創造を決定したという。また、半神半人の王**ギルガメシュ**の英雄譚も、シュメールをルーツとしてアッカド語版、バビロニア語版などにまとめられた。

キーワード	内　容
ナンム	原初の海の女神。天（アン）と地（キ）を産んだ。ティアマトの原型。
アブズ	地底の淡水の海。バビロニアではアプス、神としても描かれる。
ア　ン	ナンムの息子で天空の神。神々の父で最高神。アッカド以降はアヌ。
キ	ナンムの娘で地と冥界の女神。神々の母。
アヌンナキ	アンとその子たちが構成する神々の会議。
エンキ	水と知恵の神。アブズの孫とも。アッカド以降はエア。
エンリル	嵐の神。マルドゥク以前は最高の実力をもつ神だった。
ウトゥ	太陽と正義の神。アッカド以降はシャマシュ。
ナンナ	エンリルの子で月の神。アッカド以降はシン。
『ギルガメシュ叙事詩』	英雄ギルガメシュ王をめぐる物語を綴った叙事詩。
エンキドゥ	ギルガメシュの友。粘土で造られた野人だが、知恵と理性を獲得。
ググランナ	ギルガメシュにふられた女神が地上に放った巨大獣「天の牡牛」。
ウトナピシュティム	「大洪水伝説」の主人公。箱舟を作り、人と獣を乗せ洪水から逃れる。
『エヌマ・エリシュ』	バビロニア神話の創世記を綴った叙事詩。人が神に奉仕する世界観。

エジプト神話の世界観

前5000年頃からナイル川下流域にはエジプト文明が生じ、前3000年頃には統一国家が成立した。この古代エジプトの信仰が、一般にエジプト神話と呼ばれる。特にヘリオポリスを中心とする**ヘリオポリス神話**では、原初の水から創造神**アトゥム**が生じ、その子・孫・曾孫が主要な神々として世界を構成したとされる。

古代エジプトでは、人間は死後に審判を受け、冥界を通って楽園で復活できると信じられていた。復活のためには肉体が保存される必要があるとされ、死者の**ミイラ**が作られたと考えられている。**ピラミッド**のような立派な墓（異説もあり）が建設されたり、楽園に至るまでの過程を記した**「死者の書」**と呼ばれる文書が作成されたりもした。

キーワード	内　容
エジプト古王国	前27～前22世紀。都はメンフィス。ピラミッドが多く建設される。
エジプト中王国	前21～前18世紀。都はテーベ。中央集権化を進めた。
エジプト新王国	前1567～前1085年。都はおもにテーベ。
ファラオ	古代エジプトの王の称号。太陽神ラーの子とされ、神権政治を行う。
ヘリオポリス神話	現在のカイロ近郊にあったヘリオポリスで信じられていた神話。
ヌン	原初の水。この中から創造神アトゥムが生じ、世界が創られた。
ミイラ	復活を願って死体を乾燥させ、長期間原形をとどめさせたもの。
ピラミッド	四角錐状の巨石建造物。王墓であるという説は疑問視されつつある。
死者の書	死者の冥福を祈ってともに埋葬する、死出の旅路のガイドブック。
太陽の船	エジプト第4王朝クフ王のために作られた2隻の船。その用途は不明。
アテン	アメンホテプ4世が信仰を強要した唯一神。
ヒエログリフ	エジプト文字のひとつ。神聖文字。神殿・墓に刻まれた象形文字。
デモティック	エジプト文字のひとつ。民衆文字。簡略化された書体。
ロゼッタ・ストーン	ロゼッタで発見された碑の一部。ヒエログリフ解読の手がかりに。

ペルシア神話の世界観

　ペルシア、すなわち現在のイランの神話・伝説には、3つの層がある。前2000年から前1500年頃にやってきた**古代アーリア人**の神話と、前7世紀頃（前1200年頃との説も）に**ザラスシュトラ・スピターマ**が興したとされる**ゾロアスター教**の神話、そして詩人**フェルドウスィー**が1010年に完成させた叙事詩『**シャー・ナーメ**』で語った神話である。

　古代アーリア人の神話は、自然現象を神格化したものだった。それはのちに、ゾロアスター教の善悪二元論の神話に包摂された。さらに7世紀以降イランはイスラム化し、『シャー・ナーメ』の神話は、先行文化とイスラム文化の混成となった。今日のイランの人々は、おもに『シャー・ナーメ』の神話を自分たちの神話としている。

キーワード	内　容
ゾロアスター教	古代ペルシアで生まれた、善悪二元論にもとづく宗教。
アヴェスター	ゾロアスター教の聖典。3世紀頃に文字として記される。
スプンタ・マンユ	ゾロアスター教の善の最高神アフラ・マズダに次ぐ神。
アナーヒター	古代アーリア人の神話から受け継がれた水の女神。
ミスラ	古代アーリア人の神話から受け継がれた契約の神。
テシュトリヤ	古代アーリア人の神話から受け継がれた雨の神。
ウルスラグナ	古代アーリア人の神話から受け継がれた戦勝の神。
ガヨーマルト	世界創造の最後に創られた、人間の祖。
ズルワーン	ゾロアスター教の一派における創造神。善神と悪神を生んだ。
『シャー・ナーメ』	ペルシアの神話・伝説・歴史を集大成した叙事詩。11世紀成立。
クルサースパ	邪竜アジ・ダハーカを打ち倒した英雄。
ザール	霊鳥に育てられた白髪の英雄。ロスタムの父。
シームルグ	ザールを育てた霊鳥。羽毛に治癒力をもつ巨大な鳥の王。
ロスタム	巨象のような体躯で700年も生き、イランを守った最強の英雄。

インド神話の世界観

　前15世紀頃にインドに侵入した**古代アーリア人**は、自然神を讃美する信仰をもっていた。その信仰から**ヴェーダ**という宗教文書群が生まれ、やがてそれらを聖典とする**バラモン教**が形成される。前5世紀頃の**仏教**や**ジャイナ教**の誕生を経てバラモン教は力を失うが、民間の信仰を取り込みながら、**ヒンドゥー教**へと再構成された。

　現在のインド神話は、ヒンドゥー教にもとづくものである。そこでは世界は創造・維持・破壊をくり返すとされ、創造を司る**ブラフマー**、維持・繁栄を司る**ヴィシュヌ**、破壊・再生を司る**シヴァ**の3神が、一体のものとして神々の頂点に立つ（**トリムルティ**）。特にヴィシュヌとシヴァの人気が高い。

キーワード	内　容
ヴェーダ	古代インドで編纂された宗教文書群の総称。バラモン教の根本聖典。
『リグ・ヴェーダ』	最古のヴェーダ。讃歌集。神や霊薬ソーマを称える。
ヒラニヤ・ガルバ	次々に創造神を生む黄金の胎児。宇宙卵とも呼ばれる。
「ブラーフマナ」	ヴェーダの注釈書。祭祀の実行方法や目的、多数の神話伝説を補完。
ウパニシャッド	ヴェーダの一部を構成する哲学的文献。
『マハーバーラタ』	古代インドの叙事詩。ふたつの王家の闘争を軸にした壮大な物語。
『ラーマーヤナ』	古代インドの叙事詩。王子が誘拐された妻を奪還する物語が軸。
デーヴァ	ブラフマー、ヴィシュヌ、シヴァ、インドラなど崇拝される神々。
アスラ	デーヴァと対立する悪しき神々、魔族。仏教の阿修羅のルーツ。
ソーマ	インド神話に登場する神々の飲料。滋養強壮の霊薬。
アムリタ	飲む者を不死にする秘薬。デーヴァとアスラ族の共同制作品。
乳海攪拌	ヒンドゥー教の創世神話。乳の海をまぜて、さまざまなものを創造。
ヤマ	閻魔の原型で冥界の王。人間の祖にして最初の死者。
ガネーシャ	ヒンドゥー教の商業・学問の神。太鼓腹で片牙の象頭、4本腕をもつ。

中国神話の世界観

　中国は一般に「神話なき国」と呼ばれるが、もちろん、中国に神話や伝説が存在しないわけではない。多くの民族がそれぞれの伝説をもっており、長く覇権を握っていた漢民族の神話も首尾一貫した形で体系化されているわけではなく、**儒教**や**道教**や民間信仰といった複数の系列の説話があるため、「これが中国の神話だ」と統一的に語ることが難しいのである。加えて、中国社会には実利主義的な伝統があり、神話よりも歴史が重んじられた。

　世界の始まりについては、**盤古**（ばんこ）という巨人から世界が生まれた話がある。人類の祖としては、洪水を生き延びた**伏羲**（ふっき）と**女媧**（じょか）の説話が有名である。そして伝説的な君主たちの物語が、歴史へと引き継がれていく。

キーワード	内　容
儒　教	孔子を祖とする思想・信仰。五条（仁義礼智信）を尊ぶ。
道　教	神仙思想、陰陽五行説、道家思想、仏教などを取り入れた宗教。
神農（しんのう）	医薬と農業の神。中国古代三皇五帝（さんこうごてい）のひとり。
元始天尊（げんしてんそん）	道教神学中の最高神。三清（さんせい）の一柱。
霊宝天尊（れいほうてんそん）	別名を太上道君（たいじょうどうくん）。道教の唱える「道」を神格化。三清の一柱。
道徳天尊（どうとくてんそん）	別名を太上老君（たいじょうろうくん）。道教の祖「老子」を神格化。三清の一柱。
玉皇大帝（ぎょくこうたいてい）	道教で、実際のこの世界を統括する神。四御（しぎょ）の一柱。
北極紫微大帝（ほっきょくしびたいてい）	道教の神で、北極星を神格化。自然現象・鬼神を統括する神。四御の一柱。
天皇大帝（てんのうたいてい）	宇宙の中心である北辰（ほくしん）を神格化。四御の一柱。
后　土（こうど）	四御唯一の女神。土地と陰陽を司る墓所の守り神。
東王父（とうおうふ）	男の仙人を統括する。古代中国の神仙思想で西王母の対として創造された。
西王母（せいおうぼ）	女仙。西方の崑崙山に住む（す）。すべての女仙を統べる聖母。
祝　融（しゅくゆう）	中国神話の火の神。神農の子孫で、獣面人身の姿。
牛郎織女（ぎゅうろうしょくじょ）	中国の神話伝説。日本では織姫彦星（おりひめひこぼし）の七夕伝説として知られる。

日本神話の世界観

　今日、日本神話とされるのは、712年に成立した『**古事記**』を中心に、『**日本書紀**』（720年）や各地の**風土記**に記載された神話である。それによると、世界の始まりには天と地が生じ、天は**高天原**という神の国になった。高天原に**別天津神**および**神世七代**の神々が現れては姿を隠したのち、**イザナギ**と**イザナミ**が地上の国土を固め、イザナギの娘**アマテラス**が**天津神**を率いて高天原を治めた。地上の**葦原中国**には**オオクニヌシ**たち**国津神**が住んでいたが、やがてアマテラスの子孫に対して国を明け渡した（**国譲り**）。アマテラスの子孫は日本の皇室の祖となったという。

　また、神話という形を取っていない民間伝承も豊富に存在する。これはもちろん、日本以外の地域も同様である。

キーワード	内　容
『**古事記**』	日本最古の歴史書。神話・伝説・歌謡・系譜を中心に構成。
『**日本書紀**』	持統天皇までを記した最初の勅撰正史。
風土記	各地方の産物、地名の由来、伝承などが記されている。
国産み	イザナギとイザナミが混沌を矛でかき混ぜて島を創ったこと。
神産み	国産みのあと、イザナギとイザナミが多くの神を生み出したこと。
天の岩戸隠れ	太陽神アマテラスが岩の洞窟の奥に隠れ、世界を暗闇にした出来事。
国造り	オオクニヌシが地上の葦原中国を整備し、豊かな国にした事業。
国譲り	オオクニヌシが、天津神に対して国土を献上し、隠退したこと。
天孫降臨	アマテラスの孫ニニギが天上の高天原から地上に降り立ったこと。
ホオリ	ニニギの息子、別名「山幸彦」。海の神の娘との間に子をもうけた。
日向三代	九州の日向国で暮らしたニニギ、ホオリ、ウガヤフキアエズの3代。
東征（神武東征）	ニニギの子孫カムヤマトイワレビコが東へ攻め進んだ伝説。
八百万の神	自然崇拝が特徴の、日本古来の神に対する観念。多くの神の意。
神仏習合	日本古来の神と伝来宗教の仏を調和させ、同一視する思想。

索引

アメリカ大陸の神話の世界観

　ヨーロッパ人の到達・侵略以前のアメリカ大陸には、中米のマヤ文明とアステカ王国、南米のインカ帝国といった古代アメリカ文明が存在し、それぞれの神話をもっていた。

　マヤの神話では、**テペウとグクマッツ**らの神が話し合い、世界を創造したという。人間は泥や木で試作されたのち、トウモロコシを素材とすることで完成された。

　アステカの神話では、原初の神**オメテオトル**の生んだ**ケツァルコアトル**や**テスカトリポカ**といった神々が、世界を創造していったとされる。

　インカ帝国では**太陽神**が信仰されていたが、帝国に征服される以前の諸部族の伝承が、国家的宗教の中に混入していったようである。

キーワード	内　容
『チラム・バラムの書』	マヤ族の最高神官チラム・バラムが語った預言を記録した文章。
『ポポル・ヴフ』	マヤ人キチェ族の伝承来歴を記した文章。
ヴクブ・カキシュ	マヤ神話でフンアフプーとイシュバランケーが退治した巨人。
トゥラン	マヤ神話で、神によって創造された最初の人間たちが住んだ都市。
イツァムナー	マヤ神話の善意の神。文字・暦・農耕・医学を人にもたらす。
夜の九王	1週間が9日のマヤ暦を1日単位で支配する神々。
オメテオトル	アステカ神話の両性具有の創造神。光と闇、生死など相反を内包する。
コアトリクエ	アステカ神話の地母神。子宮と墓場を同時に体現した神。
ウィツィロポチトリ	アステカ神話の太陽神。軍神。ハチドリをかたどった頭飾りが特徴。
コヨルシャウキ	アステカ神話の女神。弟ウィツィロポチトリに八つ裂きにされてしまう。
ビラコチャ	インカ神話の創造神。自分の創った世界を消滅させ、再創造した。
インティ	インカ神話の太陽神。金の円盤に人面を描いた姿で表現される。
スーパイ	インカ神話の死の神。冥界の王。悪魔。
アマル	インカ神話の双頭有翼の竜神。冥界と地上を自由に出入りする。

▼た行

増補改訂版　創作者のためのファンタジー世界事典

2024 年 2 月 3 日　第 1 刷発行

編集製作 ◉ ユニバーサル・パブリシング株式会社
デザイン ◉ ユニバーサル・パブリシング株式会社
編集協力 ◉ 北田　瀧、平林慶尚、Ars Intellectualis
イラスト ◉ 岩崎こたろう、Ars Intellectualis

編　　者 ◉ 幻想世界探究倶楽部
発 行 人 ◉ 松井謙介
編 集 人 ◉ 長崎　有
企画編集 ◉ 宍戸宏隆

発 行 所 ◉ 株式会社　ワン・パブリッシング
　　　　　　 〒 110-0005 東京都台東区上野 3-24-6
印 刷 所 ◉ 大日本印刷株式会社

この本に関する各種のお問い合わせ先

◉ 本の内容については、下記サイトのお問い合わせフォームよりお願いします。
　 https://one-publishing.co.jp/contact/
◉ 在庫・注文については　書店専用受注センター　Tel 0570-000346
◉ 不良品（落丁、乱丁）については　Tel 0570-092555
　 業務センター　〒 354-0045 埼玉県入間郡三芳町上富 279-1

ワン・パブリッシングの書籍・雑誌についての新刊情報・詳細情報は、下記をご覧ください。
https://one-publishing.co.jp/

❖ 主要参考文献 ❖

歴史雑学探究倶楽部編『ヴィジュアル版　神話世界の幻獣 FILE』（学研）
歴史雑学探究倶楽部編『ヴィジュアル版　神話世界の武器・兵器 FILE』（学研）
歴史雑学探究倶楽部編『世界の魔法・魔術事典』（学研）
歴史雑学探究倶楽部編『ヴィジュアル版　世界の神々と神話事典』（ワン・パブリッシング）
月本昭男監修『図説　一冊で学び直せるキリスト教の本』（学研）
島田裕巳監修『図説　一冊で学び直せる日本の神様の本』（ワン・パブリッシング）

青木健『ゾロアスター教』（講談社）／青木健『古代オリエントの宗教』（講談社）／朝里樹監修、えいとえふ著『創作のための呪術用語辞典』（玄光社）／朝里樹監修、高橋郁丸・毛利恵太・怪作戦テラ著『日本怪異妖怪事典中部』（笠間書院）／阿部年晴ほか『世界の神話伝説・総解説』（自由国民社）／荒木正純監修『知っておきたい天使・聖獣と悪魔・魔獣』（西東社）／大林太良・伊藤清司・吉田敦彦・松村一男編『世界神話事典』（KADOKAWA／角川学芸出版）／岡田明子・小林登志子『シュメル神話の世界』（中央公論新社）／学研辞典編集部編『ネーミング辞典』（学研）／学研辞典編集部編『クリエーターのためのネーミング辞典』（学研）／かみゆ歴史編集部『ゼロからわかるエジプト神話』（イースト・プレス）／かみゆ歴史編集部『ゼロからわかるインド神話』（イースト・プレス）／日下晃『中世ヨーロッパの教科書』（Kindle 出版）／草野巧『図解　錬金術』（新紀元社）／クロノスケープ『「伝説の乗り物」がわかる』（ソフトバンク クリエイティブ）／ケルト神話研究会編『ケルト神話全書』（日本文芸社）／小林登志子『シュメル』（中央公論新社）／近藤好和ほか『図解　武器と戦争の世界史』（洋泉社）／佐藤次高・木村靖二・岸本美緒ほか『詳説世界史 改訂版』（山川出版社）／庄子大亮『アトランティス・ミステリー』（PHP 研究所）／庄子大亮『アトランティス＝ムーの系譜学』（講談社）／白川静『中国の神話』（中央公論新社）／新星出版社編集部編『ビジュアル図鑑　中世ヨーロッパ』（新星出版社）／神話雑学研究会編著『全部わかる　世界の神々と神話』（成美堂出版）／聖書協会共同訳『聖書』（日本聖書協会）／世界の妖精研究会編『世界の妖精全書』（日本文芸社）／関哲行『ヨーロッパの中世4　旅する人びと』（岩波書店）／全国歴史教育研究協議会編『世界史B用語集 改訂版』（山川出版社）／高橋信之監修『クリエイターのためのファンタジー大事典』（ナツメ社）／竹倉史人『輪廻転生』（講談社）／立川武蔵『ヨーガの哲学』（講談社）／筒井賢治『グノーシス』（講談社）／中村圭志『世界の深層をつかむ　宗教学』（ディスカヴァー・トゥエンティワン）／長谷川明『インド神話入門』（新潮社）／北欧神話研究会『北欧神話全書』（日本文芸社）／松平俊久、蔵持不三也監修『図説 ヨーロッパ怪物文化誌事典』（原書房）／的場節子『ジパングと日本』（吉川弘文館）／ミスペディア編集部、高安正明「ミスペディア神話シリーズ」（Kindle 出版）／三橋健監修『詳解　神道と日本の神々』（学研）／目崎茂和『図説　風水学』（東京書籍）／柳田国男『一目小僧その他』（KADOKAWA）／山我哲雄『一神教の起源』（筑摩選書）／山北篤『ゲームシナリオのためのファンタジー事典』（SB クリエイティブ）／山北篤・佐藤俊之監修『悪魔事典』（新紀元社）／山室静『ギリシャ神話』（グーテンベルク21）／山室静『ニーベルンゲンの歌』（グーテンベルク21）／吉田敦彦編『世界の神話101』（新書館）／アポロドーロス、高津春繁訳『ギリシア神話』（岩波書店）／トマス・ブルフィンチ、大久保博訳『新訳　アーサー王物語』（KADOKAWA）／ダンテ・アリギエーリ、三浦逸雄訳『神曲』（KADOKAWA）／ヨハン・ヴォルフガング・フォン・ゲーテ、高橋義孝訳『ファウスト』（新潮社）／ローズマリ・エレン・グィリー、荒木正純・松田英訳『魔女と魔術の事典』（原書房）／R・G・グラント編著、樺山紘一日本語版総監修『戦争の世界史大図鑑』（河出書房新社）／ローズマリー・エレン・グィリー、大出健訳『図説　天使と聖霊の事典』（原書房）／ゼヴ・ベン・シモン・ハレヴィ、大沼忠弘訳『イメージの博物誌 11　ユダヤの秘儀』（平凡社）／ジェイムズ・ヒルトン、池央耿訳『失われた地平線』（河出書房新社）／ホメロス、松平千秋訳『イリアス』（岩波書店）／ホメロス、松平千秋訳『オデュッセイア』（岩波書店）／ヴェロニカ・イオンズ、酒井傳六訳『エジプト神話』（青土社）／アドリアン・レノーシス、林屋永吉訳『マヤ神話　ポポル・ヴフ』（中央公論新社）／トマス・モア、平井正穂訳『ユートピア』（岩波書店）／ジョン・ミルトン、帆足理一郎訳『失楽園』（温古堂文庫）／オウィディウス、中村善也訳『変身物語』（岩波書店）／プラトン、岸見一郎訳『ティマイオス／クリティアス』（白澤社）／ボイス・ペンローズ、荒尾克己訳『大航海時代』（筑摩書房）／マルコ・ポーロ、長澤和俊訳『東方見聞録』（KADOKAWA）／キャロル・ローズ、松村一男監訳『世界の怪物・神獣事典』（原書房）／キャロル・ローズ、松村一男監訳『世界の妖精・妖怪事典』（原書房）／ジョナサン・スウィフト、山田蘭訳『ガリバー旅行記』（KADOKAWA）／カール・タウベ、藤田美砂子訳『アステカ・マヤの神話』（丸善）／ローラ・ウォード、ウィル・スティーズ、小林純子訳『悪魔の姿』（新紀元社）　ほか

❖ 写真協力 ❖
Pixabay ／ Wikimedia Commons

生態人類学は挑む　SESSION 2
わける・ためる
© Hideaki TERASHIMA 2021

2021 年 7 月 10 日　初版第一刷発行

編　者　　寺　嶋　秀　明

発行人　　末　原　達　郎

京都大学学術出版会
京都市左京区吉田近衛町 69 番地
京都大学吉田南構内（〒606-8315）
電　話　（075）761-6182
FAX　（075）761-6190
Home page http://www.kyoto-up.or.jp
振　替　01000-8-64677

ISBN978-4-8140-0344-0
Printed in Japan

ブックデザイン　森　華
印刷・製本　亜細亜印刷株式会社
定価はカバーに表示してあります